Die 8 wichtigsten Diskussionen zur biblischen Prophetie

Ron Rhodes

In liebevoller Erinnerung an Tom, Alpha und Paul – «Ausheimisch von dem Leib und einheimisch bei dem Herrn».

2. Korinther 5,8 (Elberfelder 2003)

Die 8 wichtigsten Diskussionen zur biblischen Prophetie

Ron Rhodes

Dank

Nur wenige Bücher sind das Ergebnis der Bemühungen Einzelner. Wie Ihnen jeder Autor berichten kann, bedeuten die meisten Bücher nicht nur für den Verfasser eine Menge Arbeit, sondern auch für zahllose Helfer. Ein Buch wird ebenso von den persönlichen Interaktionen des Autors mit seiner Familie, seinen Freunden und seinen Berufskollegen beeinflusst wie mit den Gläubigen in der Gemeinde, den Lesern, Konferenzteilnehmern und natürlich den vielen Mitarbeitern des Verlagshauses. Je mehr Bücher ich schreibe, umso bewusster wird mir, wie vielen Personen ich in all diesen Bereichen und darüber hinaus zu Dank verpflichtet bin.

Ich möchte jedem danken, der mir in den Sinn kommt, aber der Platz erlaubt es mir nur, ein paar aufzuführen. Meiner Familie bin ich ewig dankbar – meiner Frau Kerri und meinen beiden erwachsenen Kindern David und Kylie. Ich danke dem Verlag Harvest House, dessen Mitarbeiter engagierte und professionell arbeitende Christen sind. Aber mein grösster Dank gilt unserem Herrn Jesus Christus, der selbst Herz und Mittelpunkt der biblischen Prophetie ist. Möge Er in diesem Buch verherrlicht werden!

Die 8 wichtigsten Diskussionen zur biblischen Prophetie
Ron Rhodes

Originally published in English under the title:
The 8 great Debates of Bible Prophecy

Published by Harvest House Publishers
Eugene, Oregon 97402, USA
www.harvesthousepublishers.com

Zitierte Bibelübersetzungen:
Bibelzitate folgen, wenn nicht anders bezeichnet,
der Schlachter Version 2000, © 2000 Genfer Bibelgesellschaft (sch).

Ansonsten werden folgende Übersetzungen zitiert:
Walter K. Price, The Coming Antichrist (Neptune: Loizeaux Brothers, 1985), S. 145,
Price, The Coming Antichrist, S. 146–147.

1. Auflage 2017 (Koproduktion)

Verlag Mitternachtsruf, CH 8600 Dübendorf
www.mitternachtsruf.ch
Bestell-Nr. 180084
ISBN 978-3-85810-411-3

Christliche Verlagsgesellschaft GmbH, DE 35683 Dillenburg
www.cv-dillenburg.de
Bestell-Nr. 271.479
ISBN 978-3-86353-479-0

Übersetzung aus dem Amerikanischen: Martin Plohmann
Umschlag, Satz und Layout: Cicero Studio AG, CH 9442 Berneck, www.cicero-studio.ch
Herstellung: GU-Print AG, CH 6312 Steinhausen
Bildnachweis Titelseite: shutterstock.com: Milosz_G, MaluStudio, Paola Crash, IM_photo, Webicon, Pasha_Barabanov, Classica2

Inhalt

Einleitung

Über biblische Prophetie diskutieren

Es lassen sich viele Arten von begeisterten Studenten der biblischen Prophetie finden. In Bezug auf das Tausendjährige Reich gibt es Prämillennialisten, Amillennialisten und Postmillennialisten. Beim Thema Entrückung unterscheidet man zwischen Prätribulationisten, Posttribulationisten und jenen, die glauben, die Entrückung würde zur Mitte der Drangsalszeit stattfinden. Andere Christen halten an der Theorie von der Teilentrückung fest, und noch andere vertreten die Sicht, dass die Entrückung gegen Ende der Drangsalszeit vor dem Zorn Gottes stattfindet. Einige Christen sind Dispensationalisten, während sich andere im Lager der Bundestheologie eingefunden haben. Doch auch im dispensationalistischen Lager haben wir traditionelle Dispensationalisten, revidierte Dispensationalisten und progressive Dispensationalisten. In ähnlicher Weise gibt es unter Bundestheologen solche, die der klassischen bundestheologischen Sicht zustimmen, und andere, die eine modifizierte Sicht vertreten. So verwundert es kaum, dass die feinen Unterschiede in der biblischen Prophetie viele Christen verwirren.

Wir Christen haben unsere eigene Terminologie, und wir lieben es, über unsere verschiedenen prophetischen Ansichten zu diskutieren und manchmal auch zu streiten. Wir müssen ehrlich zugeben, dass wir uns in vielen Fällen gegenseitig mehr unter Druck setzen, als Einsicht zu gewinnen, wenn wir über unsere prophetischen Differenzen diskutieren.

Ich habe dieses Buch geschrieben, um Christen zu helfen, den biblischen Hintergrund dieser unterschiedlichen prophetischen Standpunkte zu verstehen. Ein Buch wie dieses hat eine ganze Reihe von Vorteilen:

- Nachdem Sie es gelesen haben, werden Sie zweifelsohne besser verstehen, warum Sie glauben, was Sie in Bezug auf die biblische Prophetie glauben. Ihre persönlichen Überzeugungen über biblische Prophetie werden gestärkt.
- Sie werden wahrscheinlich die Tatsache zu schätzen wissen, dass jene, die eine andere Position als Sie vertreten, ebenso an die Bibel glauben wie Sie. Sie legen sie nur anders aus.
- In jeder der acht grossen Diskussionen der biblischen Prophetie werde ich Ihnen meinen persönlichen Standpunkt nennen und den Grund dafür angeben. Wenn Sie mir schliesslich zustimmen, wunderbar. Sollten Sie aber nicht einer Meinung mit mir sein, ist das auch in Ordnung. Mir ist es nur wichtig, dass Sie «das Wort der Wahrheit recht» teilen (2. Tim 2,15). Schliesslich richten wir uns nach der Bibel aus, nicht nach einem von Menschen gemachten theologischen System.
- Im Verlauf hoffe ich, dass wir alle freundlich miteinander umgehen, wenn wir uns in gewissen Punkten widersprechen. Vielleicht lernen wir, mehr Einsicht zu gewinnen, als uns gegenseitig unter Druck zu setzen.

Freiheit in nicht entscheidenden Punkten

Ich glaube, die biblische Prophetie ist eine wichtige Komponente auf dem weiten Feld biblischer Studien. Von den 23 210 Versen des Alten Testaments sind 6641 prophetischer Natur. (Das sind etwa 28,5 Prozent.) Und von den 7914 Versen des Neuen Testaments sind 1711 als prophetisch zu betrachten (ca. 21,5 Prozent). Nimmt man das Alte und das Neue Testament zusammen, haben von ihren

31124 Versen 8352 einen prophetischen Inhalt. Das bedeutet, die Prophetie macht 27 Prozent der Bibel aus – mehr als ein Viertel. Das allein sollte uns motivieren, die biblische Prophetie zu studieren und uns eine Meinung zu bilden, und uns bei Unstimmigkeiten stets wie Christen zu benehmen.

Ich schätze es, wie mein verstorbener Kollege Walter Martin damit umging. Er stellte mich in den 1990ern am Christian Research Institute ein. Das Vorstellungsgespräch dauerte mehr als eine Stunde. Wir redeten sowohl über Punkte, in denen wir übereinstimmten (von denen es eine ganze Menge gab) als auch über Bereiche, in denen wir uns uneinig waren. Beim Zeitpunkt der Entrückung waren wir beispielsweise nicht einer Meinung.

Nach dem Vorstellungsgespräch kam Walter hinter seinem Schreibtisch hervor und umarmte mich fest und innig (dafür war er berühmt). Er stellte mich ein, obwohl er die posttribulationistische und ich die prätribulationistische Sicht vertrat. Trotz geringer Differenzen in unseren prophetischen Standpunkten gingen wir in einer Weise miteinander um, die Christus ehrte. In all den grossen Fragen waren wir natürlich einer Meinung – das Wesen Gottes, die Gottheit Christi, das Evangelium des Heils und dergleichen. Gesamt gesehen, waren unsere unterschiedlichen Auffassungen über den Zeitpunkt der Entrückung nur ein relativ kleines Problem.

Walter und ich vertraten seit Langem den alten Grundsatz: «Einigkeit in den wesentlichen Punkten; Freiheit in nicht entscheidenden Punkten; Barmherzigkeit in allen anderen Dingen». An diesen grossartigen Grundsatz sollten wir uns erinnern, wenn wir uns die verschiedenen christlichen Standpunkte der biblischen Prophetie anschauen.

Zum Aufbau des Buches

Dieses Buch beschäftigt sich mit acht grossen Diskussionen der biblischen Prophetie. Jeder Teil dieses Buches konzentriert sich jeweils auf eine Diskussion und enthält ein paar kurze Kapitel, in denen die verschiedenen Ansichten beschrieben werden, die Christen zu diesem Thema haben.

Ihnen wird auffallen, dass die acht wesentlichen Diskussionsthemen auf 27 Kapitel verteilt sind. Das bedeutet, dass einige Diskussionen eine Reihe von Unterthemen beinhalten. Wie zu erwarten, muss ein Buch mit 27 Kapiteln zwangsläufig inhaltlich selektieren. Kürze ist eine Regel. Aufgrund des begrenzten Platzes skizziere ich viele Dinge nur grob, damit Sie das Gesamtbild erkennen können, ohne von unnötigen Details erschlagen zu werden. Dieses Buch soll präzise und nutzerfreundlich sein und Ihnen hilfreiche Informationen liefern, ohne sich mit langweiligen theologischen Details herumzuschlagen, die besser ins theologische Seminar gehören.

Wenn Sie soweit sind, dann schnallen Sie sich an und kommen mit auf unsere prophetische Reise. Vor uns liegt eine Menge, die es zu erforschen gilt.

Vater, wir bitten dich, dass du uns die Augen unseres Verständnisses öffnest, während wir die wichtigen Themen der biblischen Prophetie studieren. Hilf uns, Klarheit über die verschiedenen Standpunkte zu bekommen, und festige uns in dem Glauben an die Dinge, die wir für richtig halten. Lehre uns, richtig mit dem Wort der Wahrheit umzugehen. Wir bitten dich auch, dass du uns hilfst, Menschen, die andere Ansichten vertreten, in einer Christus ehrenden Weise zu behandeln. Hilf uns zu verstehen, damit wir in den Themen der biblischen Prophetie persönlich zu felsenfesten Standpunkten gelangen und unsere Worte gegenüber Andersdenkenden gleichzeitig Gnade und Barmherzigkeit enthalten. Hilf uns in allem, Herr, einen demütigen und belehrbaren Geist zu bewahren. In Jesu Namen, Amen.

Diskussion 1

Sollte Prophetie wörtlich oder allegorisch ausgelegt werden?

In diesem Abschnitt

Kapitel 1

Die Hermeneutik der biblischen Prophetie: wörtlich oder allegorisch?

Sollten prophetische Verse allegorisch oder wörtlich ausgelegt werden? Das ist eine grundlegende Frage. Da von der Antwort offensichtlich die ganze Eschatologie einer Person abhängt, werden wir uns an dieser Stelle mit dieser Frage befassen.

Standpunkt 1: Die Prophetie sollte allegorisch ausgelegt werden

Schon früh in der Geschichte der christlichen Gemeinde (ca. 190 n. Chr.) entstand in Alexandria, Ägypten, eine Schule, die die Prophetie allegorisch auslegte. In dieser Schule wurde die Schrift durchgehend nicht wörtlich ausgelegt. Es wurde nach verborgenen, symbolischen Bedeutungen gesucht. Das Aufkommen dieser allegorischen Auslegungsschule führte zum Aufstieg des Amillennialismus in der frühen Gemeinde. Dieser Sicht zufolge sollte die Prophezeiung in Offenbarung 20 über das Tausendjährige Reich nicht als eine buchstäblich 1000 Jahre dauernde Herrschaft Christi auf Erden ausgelegt werden. Vielmehr bezieht sie sich auf die gegenwärtige geistliche Herrschaft Christi über die Gemeinde, die Er jetzt aus dem Himmel ausübt.

Die grammatisch-historische (wörtliche) Herangehensweise an die Schrift wurde von den Kirchenvätern weitgehend im zweiten und dritten Jahrhundert wieder aufgenommen. Der Prämillennialismus, der auf einer wörtlichen Auslegung der Prophetie basiert und eine wörtliche, 1000 Jahre dauernde Herrschaft Christi auf der Erde vertritt, blieb jedoch auf der Strecke. Vor allem Nordafrika tat sich als Zentrum der alexandrinischen Allegorisierung hervor.[1]

Dieses frühe Auftreten der allegorischen Methode hatte einen gewaltigen Einfluss auf nachfolgende Generationen. Der grosse Theologe Augustinus übernahm den Standpunkt, dass die Schrift natürlich und wörtlich ausgelegt werden sollte, mit Ausnahme der Prophetie. Aber auch hinsichtlich der Prophetie war Augustinus inkonsequent. Er akzeptierte ein wörtliches zweites Kommen Christi ebenso wie einen buchstäblichen Himmel und eine Hölle, kam aber zu dem Schluss, dass die Prophezeiungen über ein zukünftiges Tausendjähriges Reich nicht wörtlich erfüllt werden würden. Würde man diese Stellen wörtlich nehmen, glaubte er, müsse man zu der Schlussfolgerung kommen, dass sich die Menschen im Tausendjährigen Reich regelmässig an übermässigen Schlemmereien beteiligen, die er als fleischlich und der Gläubigen nicht würdig ansah. So schloss er, dass die Gemeinde bereits im Tausendjährigen Reich lebte, das Teil des geistlichen Reiches Gottes war. Er glaubte, dass Christus schon jetzt in den Herzen der Christen regiert.

Augustinus' Standpunkt wurde zur vorherrschenden Sicht der römisch-katholischen Kirche. Auch berühmte Reformatoren wie Martin Luther und Johannes Calvin übernahmen diese Sichtweise. Da solch bekannte Theologen in der Kirchengeschichte die Prophezeiungen über das Tausendjährige Reich allegorisch auslegten, haben sich auch heute viele diese Ansichten zu Eigen gemacht. Die allegorische Methode wird von einigen heute nicht nur auf das Tausendjährige Reich angewandt, sondern ebenso auf andere Aspekte der biblischen Prophetie.

Ob Prophetie nun allegorisch oder wörtlich ausgelegt wird, bestimmt die Antwort auf viele Fragen, die mit der biblischen Prophetie zusammenhängen.

- Wird Jesus Christus im Tausendjährigen Reich buchstäblich 1000 Jahre lang auf der Erde herrschen, oder bezieht es sich auf Seine gegenwärtige geistliche Herrschaft aus dem Himmel?
- Werden die Bundesverheissungen, die Israel im Alten Testament empfing (im abrahamitischen und davidtischen Bund), wörtlich an Israel erfüllt werden, oder werden sie geistlich und allegorisch in der Gemeinde erfüllt?
- Sind die verschiedenen Gerichte in der prophetischen Schrift (wie der Richterstuhl Christi für Gläubige, das Gericht über die Nationen nach der Rückkehr Christi und das Gericht über die Ungläubigen vor dem grossen weissen Thron nach dem Tausendjährigen Reich) voneinander getrennt und eigenständig (wovon eine wörtliche Auslegung ausgeht), oder beschreiben diese unterschiedlichen Begriffe ein allgemeines Gericht am Ende des Zeitalters (wie die allegorische Auslegung annimmt)?
- Beschreibt die prophetische Schrift unterschiedliche Auferstehungen (bei der Entrückung, der ersten Auferstehung, der zweiten Auferstehung und dergleichen; dies ist die wörtliche Sichtweise), oder beziehen sich die verschiedenen Begriffe auf eine allgemeine Auferstehung am Ende des Zeitalters (die allegorische Sicht)?

Amillennialisten, die die allegorische Methode anwenden, räumen ein: Eine wörtliche Auslegung der biblischen Prophetie führt tatsächlich zu dem Glauben an verschiedene Gerichte, verschiedene Auferstehungen, eine Erfüllung des abrahamitischen und davidtischen Bundes an Israel und eine buchstäbliche 1000-jährige Herrschaft Christi auf Erden. Der Amillennialist Floyd Hamilton bestätigt beispielsweise: «Wir müssen offen zugeben, dass uns eine wörtliche Auslegung der alttestamentlichen Prophezeiungen eben dieses Bild von einer irdischen Herrschaft des Messias zeichnet, wie Prämillennialisten angeben.»[2]

Die Wahl der Auslegungsmethode ist offensichtlich von enormer Bedeutung. Daher sollte man dieser Diskussion besondere Aufmerksamkeit zukommen lassen. Im Folgenden möchte ich Ihnen zeigen, was für eine wörtliche Auslegung der Prophetie spricht, was meiner Meinung nach der richtige Ansatz ist.

Standpunkt 2: Die Prophetie sollte wörtlich ausgelegt werden

Der in der Hermeneutik (die Wissenschaft von der Auslegung) verwendete Begriff *wörtlich* (engl. *literal*) stammt von dem Lateinischen *sensus literalis*, was bedeutet, den wörtlichen Sinn eines Textes herauszufinden, im Gegensatz zum nicht wörtlichen oder allegorischen Sinn. Gemeint ist das Verständnis von einem Text, das jede Person mit normaler Intelligenz bekommt, ohne spezielle Schlüssel oder Codes zu verwenden.

Über die wörtliche Herangehensweise an die Schrift kann auch gesagt werden, dass sie auf das normale, alltägliche und allgemein verbreitete Verständnis von Worten zurückgreift. Worte haben die Bedeutung, die sie auch in einem normalen Gespräch haben. Das ist die normale oder einfache Auslegung einer Stelle.

Nachdem ich dies deutlich gemacht habe, möchte ich kurz drei wichtige Einschränkungen ansprechen.

Die wörtliche Methode schliesst Redewendungen nicht aus. Wenn die Bibel von Augen, Armen oder Flügeln Gottes spricht (Ps 34,16; Jes 51,9; Ps 91,4), sollte das nicht wörtlich genommen werden. Gott hat diese physischen Merkmale nicht wirklich – Er ist ein Geist (Joh 4,24). Ebenso wenig kann Er buchstäblich ein materieller Fels sein (Ps 42,10). Allerdings wüssten wir nicht, was *nicht wörtlich* auf Gott zutrifft, wenn wir nicht zuerst wissen, was *wörtlich* für Ihn gilt.

Wüssten wir beispielsweise nicht, dass Gott ein Geist und unendlich ist, wären wir nicht in der Lage zu sagen, dass bestimmte Dinge, die Gott an anderen Stellen der Bibel zugeschrieben werden, nicht wörtlich zu verstehen sind – wie eine materielle Form und Endlichkeit. Wenn Jesus sagt: «Ich bin der wahre Weinstock» (Joh 15,1), versteht die wörtliche Auslegungsmethode das nicht als eine physische Tatsache. Vielmehr erkennen wir darin eine Redewendung, die uns verrät, dass Gläubige ihr geistliches Leben von Christus haben, unserem geistlichen Weinstock. Es ist wichtig, das zu verstehen, weil die prophetische Endzeitliteratur – wie die Bücher Daniel und die Offenbarung – regen Gebrauch von Redewendungen macht.

Manchmal ist es schwer zu bestimmen, wann eine Stelle wörtlich genommen werden sollte und wann nicht. Bei der Unterscheidung helfen uns gewisse Richtlinien. Kurz gesagt, ein Text sollte im übertragenen Sinne verstanden werden, wenn ...

- er offensichtlich bildlich ist, z. B. als Jesus sagte, Er wäre die Tür (Joh 10,9);
- der Text selbst zum bildlichen Verständnis berechtigt, z. B. als Paulus sagte, er würde die Schrift im bildlichen Sinn auslegen (Gal 4,24); oder
- eine wörtliche Auslegung anderen Wahrheiten in und ausserhalb der Bibel widersprechen würde, z. B. wenn die Bibel von «den vier Enden der Erde» spricht (Offb 7,1).

Der Bibelausleger David Cooper schlägt vor: Wir sollen «jedes Wort bei seiner primären, gewöhnlichen, normalen wörtlichen Bedeutung nehmen, es sei denn der unmittelbare Kontext, prüft man ihn im Licht verwandter Stellen und axiomatischer und grundlegender Wahrheiten, weist deutlich auf etwas anderes hin.»[3]

Die wörtliche Methode schliesst den Gebrauch von Symbolen nicht aus. Die Bibel ist voller Symbole. Aber jedes Symbol steht sinnbildlich für etwas Buchstäbliches. So enthält das Buch der Offenbarung zum Beispiel viele Symbole, die tatsächliche Dinge repräsentieren. Johannes sagte, die sieben Sterne in der rechten Hand Christi sind die «Engel [Boten] der sieben Gemeinden», und die sieben Leuchter sind die sieben Gemeinden (Offb 1,20). Die Gebete der Heiligen sah er als eine goldene Schale (5,8) und die «Völker und Scharen und Nationen und Sprachen» erschienen wie Wasser (17,15). Somit repräsentiert jedes Symbol etwas Buchstäbliches. Hinweise im Text führen uns oftmals zu der wortwörtlichen Wahrheit hinter einem Symbol – entweder im direkten Kontext oder im weiteren Kontext der ganzen Schrift.

Die wörtliche Methode schliesst den Gebrauch von Gleichnissen nicht aus. Jesus benutzte häufig Gleichnisse, die nicht wörtlich zu verstehen sind. Aber Gleichnisse enthalten stets eine wörtlich zu nehmende Aussage. Jesus wollte, dass Seine Gleichnisse von Menschen, die offen dafür waren, klar verstanden wurden. So legte Er seinen Jüngern die Gleichnisse vom Sämann (Mt 13,3–9) und vom Unkraut (V. 24–30) sorgfältig aus. Dies tat Er nicht nur, um ihre richtige Bedeutung klarzumachen, sondern auch um den Gläubigen zu zeigen, wie sie die anderen Gleichnisse richtig auslegen können. Seine nachfolgenden Gleichnisse legte Christus nicht aus, weil Er von den Gläubigen erwartete, dass sie sich an die von Ihm angewandte Methode halten und die wörtlich zu nehmenden Wahrheiten der Gleichnisse verstehen.

Sechs gute Gründe für den wörtlichen Ansatz

Mir fallen mindestens sechs gute Gründe ein, warum die Schrift, einschliesslich der biblischen Prophetie, wörtlich ausgelegt werden sollte:

1. Eine wörtliche Auslegung ist der normale Ansatz bei allen Sprachen.
2. Wörtlich genommen ergibt der Grossteil der Bibel absolut Sinn.
3. Ein wörtlicher Ansatz berücksichtigt allegorische oder symbolische Bedeutungen, wenn der Kontext sie andeutet, was

oft in endzeitlichen Büchern wie Daniel und der Offenbarung der Fall ist.

4. Wie bereits erwähnt, sind alle allegorischen oder symbolischen Bedeutungen von der wörtlichen Bedeutung abhängig. Mit anderen Worten, wir wüssten nicht, was *nicht wörtlich* ist, wenn wir nicht zuerst wissen, was *wörtlich* zu nehmen ist.
5. Nur mittels der wörtlichen Methode können wir unsere eigenen subjektiven Vorstellungen vernünftig und sicher kontrollieren.
6. Die wörtliche Methode ist der einzige Ansatz, der durchgehend in Übereinstimmung mit dem Wesen der Inspiration steht – der Vorstellung, dass die exakten Worte der Schrift von Gott eingegeben wurden. Im Gegensatz dazu «ist das System der Vergeistlichung der Schrift eine stillschweigende Leugnung der Lehre von der verbalen, uneingeschränkten Inspiration der Schrift».[4]

Der Bibeltext bestätigt den wörtlichen Ansatz

Viele Bibeltexte enthalten eine Reihe von Bestätigungen für die wörtliche Hermeneutik. Zum Beispiel legen spätere biblische Texte frühere wörtlich aus. So wird die Schöpfung in 1. Mose 1–2 von späteren Büchern wörtlich genommen (s. 2. Mo 20,10–11). Das gilt auch für die Erschaffung Adams und Evas (Mt 19,6; 1. Tim 2,13), Adams Sündenfall und sein sich daraus ergebender Tod (Röm 5,12–14), die Flut zur Zeit Noahs (Mt 24,38) sowie die Berichte von Jona (Mt 12,40–42), Mose (1. Kor 10,2–4.11) und zahlloser anderer historischer Personen.

Ausserdem wurden beim ersten Kommen Jesu mehr als 100 Prophezeiungen über den Messias wörtlich erfüllt, dazu gehören u. a.

- Seine Herkunft aus dem Samen der Frau (1. Mo 3,15)
- Seine Abstammung aus der Linie Seths (1. Mo 4,25)

- der Nachkomme Sems (1. Mo 9,26)
- der Nachkomme Abrahams (1. Mo 12,3)
- Seine Herkunft aus dem Stamm Juda (1. Mo 49,10)
- der Sohn Davids (Jer 23,5–6)
- empfangen von einer Jungfrau (Jes 7,14)
- geboren in Bethlehem (Mi 5,1)
- angekündigt als der Messias (Jes 40,3)
- der kommende König (Sach 9,9)
- das Opfer für unsere Sünden (Jes 53)
- das Durchbohren Seiner Seite am Kreuz (Sach 12,10)
- getötet um 33 n. Chr. (Dan 9,24–25)
- auferweckt aus den Toten (Ps 16,10)

Der Theologe Charles C. Ryrie liegt mit seiner Einschätzung goldrichtig:

> Bei der Auslegung noch nicht erfüllter Prophezeiungen bilden erfüllte Prophezeiungen das Muster. ... Will man herausfinden, wie Gott Prophezeiungen in der Zukunft erfüllen wird, ist es am logischsten, sich anzusehen, wie er Prophezeiungen in der Vergangenheit erfüllt hat. Wie kann irgendeine Person die wörtliche Erfüllung von unzähligen Prophezeiungen über das zweite Kommen Christi und seine Herrschaft auf der Erde ablehnen, wenn mehr als hundert Prophezeiungen über sein erstes Kommen wörtlich erfüllt wurden?[5]

Daher sollten wir annehmen, dass die Prophezeiungen über die Endzeit ebenso wörtlich erfüllt werden wie die Prophezeiungen über das erste Kommen Christi. Der Theologe Charles Feinberg fasst diesen Punkt so zusammen:

> Nehmen wir die Worte Gabriels im ersten Kapitel des Lukas-Evangeliums, wo er die Geburt Christi vorhersagt. Den Worten

> des Engels zufolge empfing Maria ihn buchstäblich in ihrem Leib; brachte buchstäblich einen Sohn zur Welt; sein Name war buchstäblich Jesus; er war buchstäblich gross; und er wurde buchstäblich der Sohn des Höchsten genannt. Sollte es nicht ebenso wörtlich erfüllt werden, dass Gott Christus den Thron seines Vaters David geben, er ewiglich über das Haus Jakobs herrschen und sein herrliches Reich kein Ende haben wird?[6]

Bevor ich schliesse, möchte ich kurz noch ein paar andere Beobachtungen hinzufügen. Erstens, wenn der Bibeltext ausdrücklich auf ein Gleichnis (s. Mt 13,3) oder einen bildlichen Sinn (Gal 4,24) hinweist, macht die Schrift dadurch deutlich, dass die normale Bedeutung wörtlich zu verstehen ist. Und durch Seine Auslegung eines Gleichnisses zeigte Jesus, dass Gleichnissen eine wörtliche Bedeutung zugrunde liegt (Mt 13,18–23).

Zweitens, als Jesus jene tadelte, die die Auferstehung nicht wörtlich verstanden, machte Er deutlich, dass die wörtliche Auslegung des Alten Testaments richtig ist (Mt 22,29–32). Wir können sagen, so wie Jesus die Schrift benutzte, ist das einer der überzeugendsten Beweise, dass sie wörtlich ausgelegt werden sollte.

Somit können wir Gottes prophetische Offenbarung am besten verstehen, wenn wir den wörtlichen Ansatz wählen. Nur durch diese Herangehensweise erhalten wir die beabsichtigte Bedeutung des biblischen Verfassers, und nur diese ist die wahre Bedeutung.

Schlussgedanken

Diejenigen, die an einer allegorischen Methode der Bibelauslegung festhalten, kommen zu verschiedenen Bedeutungen ein und derselben Bibelstelle. Letztlich sind sie nicht nur anderer Meinung als die Prämillennialisten (die einen wörtlichen Ansatz bevorzugen), sondern auch untereinander. Damit sollte man bei einer allegorischen Methode natürlich rechnen. Von denen, die eine subjektive

Methodik anwenden, können wir keine objektive Übereinstimmung erwarten.

Kapitel 2

Bundestheologie kontra Dispensationalismus

Im ersten Kapitel habe ich mich mit der Diskussion befasst, ob die biblische Prophetie wörtlich oder allegorisch ausgelegt werden sollte. Es sind verschiedene Lehrmeinungen über die Auslegung der Schrift entstanden, die ein Spektrum vom wörtlichen Verständnis bis zur Allegorie abdecken. Fünf wichtige Lehrmeinungen möchte ich kurz ansprechen:

- Traditioneller Dispensationalismus
- Revidierter Dispensationalismus
- Progressiver Dispensationalismus
- Klassische Bundestheologie
- Modifizierte Bundestheologie

Diese Begriffe mögen seltsam klingen, aber bleiben Sie dran. Wir werden uns das Gesamtbild anschauen, und es wird nicht lange dauern und Sie werden den Sinn dahinter verstehen.

In vielen wichtigen Bereichen der biblischen Lehre sind sich diese verschiedenen Ansätze einig. Der Grund dafür ist, dass alle fünf eine eher wörtliche Hermeneutik verwenden, wenn es um Lehren geht über Gott, Jesus, den Heiligen Geist, die Dreieinheit, Errettung aus Gnade durch den Glauben und dergleichen. Hinsichtlich der biblischen Prophetie verfolgen einige jedoch einen wörtlichen Ansatz, während andere eher eine bildliche Herangehensweise wählen.

Alle fünf Richtungen nehmen an der Diskussion über die wörtliche oder allegorische Auslegung teil. Ebenso streiten sie sich, ob Israel von der Gemeinde unterschieden werden muss. In diesem Buch finden sich verschiedene Kapitel zu diesen Kernfragen. Daher werde ich sie in diesem Kapitel nur kurz streifen, während ich die fünf angeführten Lehrmeinungen vorstelle.

Traditioneller Dispensationalismus

Der Dispensationalismus ist ein theologisches System, das gekennzeichnet ist von 1) einer durchgehend wörtlichen Auslegungsmethode der Bibel, 2) einer klaren Trennung von Israel und der Gemeinde und 3) der Herrlichkeit Gottes als Gottes letztendlichem Ziel in der Welt. Das Wort Dispensation – von dem griechischen *oikonomia* («Verwaltung») – bezieht sich auf unterscheidbare Haushaltungen, mit denen Gott Sein Ziel erreichen will.

Dieses theologische System betrachtet die Welt als einen von Gott geführten Haushalt. In diesem Haushalt delegiert Gott Pflichten und weist der Menschheit gewisse Verantwortlichkeiten zu. Wenn die Menschen Gott in dieser Dispensation gehorsam sind, verspricht Er ihnen Segen. Sind sie ungehorsam, kündigt Er Gericht an. In jeder Dispensation sehen wir im Allgemeinen, dass die Menschheit geprüft wird, dass sie versagt und als Folge das Gericht zu tragen hat. Mit der Zeit gibt Gott eine fortschreitende Offenbarung Seines Plans mit der Geschichte.

Der traditionelle Dispensationalismus beinhaltet sieben Dispensationen:

1. *Die Dispensation der Unschuld (1.Mo 1,28–3,6).* Diese Dispensation beinhaltet Adam und Eva vor ihrem Sündenfall.
2. *Die Dispensation des Gewissens (1.Mo 3,7–8,14).* Diese Dispensation umfasst die Zeit zwischen dem Sündenfall und der Flut (s. Röm 2,15).

3. *Die Dispensation der menschlichen Regierung (1. Mo 8,15–11,9).* Nach der Flut begann Gott eine neue Dispensation und setzte die menschliche Regierung ein, die vermitteln und das Böse auf der Erde zurückhalten sollte.
4. *Die Dispensation der Verheissung (1. Mo 11,10–2. Mo 18,27).* Diese Dispensation handelt von der Berufung Abrahams und den speziellen Verheissungen Gottes an ihn und seine physischen und geistlichen Nachkommen.
5. *Die Dispensation des Gesetzes (Israel) (2. Mo 19–Joh 14,30).* Diese Dispensation ist gekennzeichnet von der Gesetzgebung an Israel als Richtschnur, nach der sie leben und die jeden Aspekt ihres Lebens bestimmen sollte. Berücksichtigen Sie, dass das Gesetz nicht als Mittel zur Errettung präsentiert wurde. Beachten Sie auch, dass das Gesetz vorübergehend war und nur Bestand hatte, bis Christus kam und es erfüllte.
6. *Die Dispensation der Gnade (die Gemeinde) (Apg 2,1–Offb 19,21).* In dieser Dispensation regelt die Gnade das Leben in der Gemeinde.
7. *Die Dispensation des Tausendjährigen Reiches (Offb 20,1–16).* Diese Dispensation ist das zukünftige Tausendjährige Reich Christ, über das Er 1000 Jahre lang auf dem Thron Davids herrschen wird. Die Gemeinde wird mit Christus regieren als Seiner Braut.

Der traditionelle Dispensationalismus findet sich in den Schriften von John Nelson Darby (1800–1882) und C. I. Scofield (1843–1921).[7] Dieses System nutzt eine wörtliche Hermeneutik bei der Auslegung der biblischen Prophetie und unterscheidet zwischen der Gemeinde und Israel. Es vertritt somit eine wörtliche Erfüllung der verschiedenen Bündnisse Israels (abrahamitischer, davidischer und Neuer Bund). Ein Unterscheidungsmerkmal dieses Standpunkts ist, dass er zwei neue Bündnisse anerkennt – eines für Israel (noch zu erfüllen) und eines für die Gemeinde (wird gegenwärtig erfüllt). In manchen Bibelversen sieht man den Neuen Bund für die Gemeinde (z. B. Hebr 8,6; 9,15; 10,29; 13,20) und in anderen den Neuen Bund für Israel (z. B. Hebr 8,7–13; 10,16). Diese Sichtweise betrachtet Israel und die Gemeinde als zwei verschiedene Völker mit zwei unterschiedlichen Schicksalen – das eine im Himmel (die Gemeinde) und das andere auf der Erde (Israel).

Revidierter Dispensationalismus

Der revidierte Dispensationalismus, repräsentiert in den Schriften von John F. Walvoord (1910–2002) und Charles C. Ryrie (geb. 1925), verwendet ebenfalls eine wörtliche Hermeneutik bei der Auslegung der biblischen Prophetie[8] und vertritt somit eine wörtliche Erfüllung der alttestamentlichen Bündnisse an Israel. Im Gegensatz zum traditionellen Dispensationalismus ist diese Sichtweise jedoch der Meinung, dass es nur einen Neuen Bund gibt, der gegenwärtig Anwendung bei der Gemeinde findet und später wörtlich an der Nation Israel erfüllt wird.

Obwohl der revidierte Dispensationalismus Unterschiede zwischen Israel und der Gemeinde anerkennt, werden beide zusammen als ein Volk Gottes angesehen, das an der geistlichen Erlösung in Christus teilhat. Traditioneller und revidierter Dispensationalismus haben viel gemeinsam, aber diese feinen Nuancen in Bezug auf Israel und die Gemeinde sind wichtige Aspekte in der Entwicklung des Dispensationalismus. Der revidierte Dispensationalismus wurde in vielen dispensationalistischen Seminaren gelehrt, auch wenn sich in letzter Zeit einige für den progressiven Dispensationalismus entschieden haben.

Progressiver Dispensationalismus

Der progressive Dispensationalismus – repräsentiert in den Schriften von Robert Saucy (geb. 1930), Craig Blaising (geb. 1949) und

Darrell Bock (geb. 1953) – ist in gewissem Masse offen für eine bildliche Auslegung der biblischen Prophetie.[9] Diese Form des Dispensationalismus macht einen Schritt in Richtung Bundestheologie (wird später in diesem Kapitel besprochen), indem sie die Vorstellung von einer festen objektiven Bedeutung des biblischen Textes ablehnt. Er ist vielmehr der Ansicht, dass in einem biblischen Text viele Bedeutungen enthalten sind und wir nach einem tieferen Verständnis suchen sollten als die vom Verfasser zum Ausdruck gebrachte Bedeutung. Craig Blaising und Darrell Bock vertreten eine sogenannte «ergänzende Hermeneutik». Der Prophetieexperte Thomas Ice erklärt: «Eine ergänzende Hermeneutik scheint eine Synthese aus den beiden älteren Ansätzen zu sein – dem geistlichen und dem wörtlichen –, die sich jahrelang in der Frage bekämpft haben, wie das Neue Testament das Alte Testament benutzt.»[10]

Dieser Standpunkt legt nahe, dass es im ethnischen Israel zu einer wörtlichen Erfüllung des abrahamitischen, davidischen und Neuen Bundes kommen wird, diese verschiedenen Bündnisse aber auch schon jetzt anfänglich in der Gemeinde erfüllt werden. Dieser Sicht zufolge begann die Erfüllung des davidischen Bundes, als Christus zur Rechten Gottes auffuhr. In seiner Auslegung von Psalm 110 sagt Robert Saucy beispielsweise, dass der Sohn Davids auf zwei Thronen herrscht – einem im Himmel (jetzt) und einem auf der Erde (später im Tausendjährigen Reich).[11] In ähnlicher Weise glaubt Darrell Bock, dass das Reich Gottes gleichzeitig gegenwärtig als auch zukünftig ist. Somit unterscheidet sich das momentane Zeitalter der Gemeinde nicht völlig vom zukünftigen Reich. Vielmehr enthält unser jetziges Zeitalter die Herrschaft Jesu über das unsichtbare Reich.

An diesem Punkt kommt das Wort *progressiv* ins Spiel. Progressive Dispensationalisten «benutzen das Wort ‹progressiv› für die progressive Erfüllung des Plans Gottes in der Geschichte. Zwischen vergangenen Dispensationen und der gegenwärtigen erkennen sie ebenso eine progressive Beziehung wie zwischen der gegenwärtigen und der zukünftigen Dispensation».[12]

Wie Bundestheologen betonen progressive Dispensationalisten, dass es ein Volk Gottes gibt, und sie vertreten eine Hermeneutik, die die alttestamentlichen Verheissungen an Israel im Licht ihrer anfänglichen Erfüllung in Christus und Seiner Gemeinde versteht. Das weicht sowohl vom traditionellen als auch vom revidierten Dispensationalismus deutlich ab.

Hier einige der bedeutsameren Kritikpunkte am progressiven Dispensationalismus:

- Jene, die sich der Prophetie mit einer Haltung nähern, die offen für bildhafte Auslegung ist, sind inkonsequent, da sie den Rest der Schrift wörtlich auslegen. Das erklärt, warum traditionelle und revidierte Dispensationalisten in manchen Aspekten der Lehre einer Meinung mit progressiven Dispensationalisten sind, während sie in Fragen der Prophetie keine Einigung erzielen können. Sich der ganzen Schrift mit einer einheitlich wörtlichen Hermeneutik zu nähern, macht mehr Sinn.
- Traditionelle und revidierte Dispensationalisten halten fest, dass es keine objektiven Kriterien gibt, anhand der sich eine vermeintlich bildliche Bedeutung bestimmen lässt. Allegorie ist viel zu subjektiv. Fünf verschiedene Personen können zu fünf unterschiedlichen bildlichen Auslegungen derselben Bibelstelle kommen. Ein wörtlicher Ansatz ist viel objektiver und konsequenter.
- Die Prophezeiungen über das erste Kommen Jesu Christi haben beispielhaft gezeigt, wie die ganze biblische Prophetie auszulegen ist. Auf den Seiten 25–26 habe ich einige der mehr als 100 messianischen Prophezeiungen aufgelistet, die Christus bei Seinem ersten Kommen wörtlich erfüllt hat. Ebenso werden auch die Prophezeiungen über Sein zweites Kommen (und die Ereignisse davor und danach) wörtlich erfüllt werden.

- Der mehrstufige Ansatz der progressiven Dispensationalisten ist unhaltbar – z. B. wenn sie Psalm 110 so auslegen, dass Christus jetzt vom Himmel aus herrscht und im Tausendjährigen Reich auf der Erde regieren wird. Das verändert die vom Psalmisten beabsichtigte textliche Bedeutung und stellt eine Form von Eisegese dar (eine Bedeutung in einen Text hineinlesen).
- Aufgrund ihrer offenkundig engen Verbindung zur Bundestheologie fragt man sich, ob sich progressive Dispensationalisten schon bald dem bundestheologischen Lager anschliessen werden. Das ist eine grosse Sorge von traditionellen und revidierten Dispensationalisten.

Die klassische Sicht der Bundestheologie

Die klassische bundestheologische Sicht – repräsentiert in den Schriften von Johannes Coccejus (1603–1669), Charles Hodge (1797–1878), Oswald Allis (1880–1973) und vielen im reformierten Lager – lehnt eine strikt wörtliche Auslegung der prophetischen Schrift klar ab.[13] Das bedeutet, dass dispensationalistische Auslegungen komplett abgelehnt werden (mit der möglichen Ausnahme einiger Aspekte des progressiven Dispensationalismus).

Die Bundestheologie ist auf zwei Hauptkennzeichen aufgebaut – den Bund der Werke und den Bund der Gnade. Laut Bundestheologie schloss Gott vor dem Sündenfall einen Bund der Werke mit Adam. Bei Gehorsam gab Gott die Verheissung auf ewiges Leben. Doch Adam versagte, und in Adam versagte die ganze Menschheit.

Nach dem Sündenfall schloss Gott einen anderen Bund mit Adam – den Bund der Gnade. In diesem Bund verhiess Gott allen, die an Jesus Christus glauben würden, ewiges Leben.

Dies alles basiert auf dem grundlegenderen Bund der Erlösung, den der dreieine Gott in der vergangenen Ewigkeit gemacht hat, in dem «der Vater den Sohn beauftragte, der gewillt war, der Welt durch seinen Sühnetod die Erlösung zu bringen. Der Bund der Gnade wird als Anwendung des Bundes der Erlösung verstanden und ist daher auf die Auserwählten beschränkt».[14]

Dieser Lehrmeinung zufolge werden die mit Israel geschlossenen alttestamentlichen Bündnisse an der neutestamentlichen Gemeinde erfüllt, Gottes «geistlichem Israel», statt wörtlich an der Nation Israel. Statt einer buchstäblichen 1000-jährigen Herrschaft Christi auf Erden steht das Tausendjährige Reich symbolisch für das Zeitalter der Gemeinde.

> So wie Christus die Erfüllung des Opfersystems Israels ist, so soll er die Erfüllung der abrahamitischen und davidischen Verheissungen auf das Land bzw. den Thron sein, durch die dem Messias die politische Herrschaft gegeben wird. Folglich sollten Gläubige die alttestamentlichen Verheissungen an Israel durch diese geistliche Linse sehen, und dadurch werden sie feststellen, dass die neutestamentliche Gemeinde das geistliche Israel ist, eine Fortführung des alttestamentlichen ethnischen Israel. Eine zukünftige wörtliche Erfüllung dieser alttestamentlichen Prophezeiungen ist nicht zu erwarten.[15]

Traditionelle und revidierte Dispensationalisten halten diese Position für Eisegese (eine Bedeutung in einen Text hineinlesen) statt Exegese (die Bedeutung aus dem Text ableiten). Sie behaupten, dass diese Position nicht vereinbar ist mit dem Gebrauch der historisch-grammatischen Methode, sondern prophetische Teile der Schrift bildlich auslegt. Mit anderen Worten, klassische Bundestheologen verwenden eine wörtlich historisch-grammatische Methode, um den Rest der Schrift auszulegen (deshalb sind sie bei nicht prophetischen Lehren auch einer Meinung mit Dispensationalisten), aber die Prophetie legen sie bildlich aus. Ausserdem wird das Alte Testament nach diesem theologischen Denkschema nicht in seinem eigenen alttestamentlichen Kontext ausgelegt. Vielmehr wird das Neue Testament (und die neutestamentliche Eschatologie) in diese alttestamentlichen Texte hineingelesen. Das ist keine angemessene Auslegungsmethode.

Die modifizierte Sicht der Bundestheologie

Wie die klassische Bundestheologie lehnt die modifizierte Bundestheologie, repräsentiert in den Schriften von Anthony Hoekema (1913–1988) und Vern Poythress (geb. 1944), eine strikt wörtliche Auslegung der biblischen Prophetie ab.[16] Allerdings modifiziert dieser Standpunkt die Dinge ein bisschen, indem er eine zukünftige wörtliche Erfüllung der Verheissungen an Israel auf das Land und den Thron in Betracht zieht (1.Mo 12,7; 13,15; 15,18–21; 2.Sam 7,12–16). Diese Verheissungen werden zunächst geistlich in der Gemeinde erfüllt, aber in der Zukunft werden Israel und die Gemeinde an einer vollständigeren und wörtlichen Erfüllung teilhaben. Die meisten modifizierten Bundestheologen glauben, dass die Verheissungen an Israel in den Bündnissen nicht während einer buchstäblichen 1000-jährigen Herrschaft Christi erfüllt werden (dem Tausendjährigen Reich), sondern im neuen Himmel und der neuen Erde.

Obgleich modifizierte Bundestheologen einen Schritt in die richtige Richtung gemacht haben, halten traditionelle und revidierte Dispensationalisten ihre Sicht für nicht weniger problematisch, da sie auf derselben fehlerhaften Hermeneutik aufgebaut ist. Statt zu versuchen, einen Fuss in beide Lager zu setzen (Bundestheologie und Dispensationalismus), wären die Vertreter der modifizierten Bundestheologie besser beraten, vollständig zum Dispensationalismus zu wechseln. Dann würden sie zumindest eine einheitliche Hermeneutik verwenden. Ein konsequenter Einsatz der historisch-grammatischen Methode verlangt, dass die bedingungslosen Verheissungen auf das Land und den Thron wörtlich an Israel erfüllt werden.

Auch aus der Sicht Jesu war die Gemeinde nie eine Fortführung des alttestamentlichen Israels. Er sah sie vielmehr als eine Einheit an, die während Seines irdischen Dienstes noch zukünftig war. Er sagte: «Ich *werde* meine Gemeinde bauen» (Mt 16,18 [Rev. Elberfelder 2006]; s. auch Eph 3,1–10). Die Gemeinde wurde zu Pfingsten eingeführt, als der Heilige Geist kam (Apg 2,1–12; 1. Kor 12,13). Deshalb unterschied Paulus in 1. Korinther 10,32 die Gemeinde auch weiterhin von Israel. Und es ist der Grund, weshalb die Gemeinde als eine neue Schöpfung Gottes bezeichnet wurde (2. Kor 5,17). In Übereinstimmung mit dieser Unterscheidung war dem Apostel Paulus klar, dass die Nation Israel vor der Rückkehr Christi wiederhergestellt wird (Röm 11,1–2.29). Sowohl die klassische als auch die modifizierte Bundestheologie berücksichtigen nicht die ganze biblische Lehre über die Gemeinde und Israel.

Schlussgedanken

Sicher könnten diese verschiedenen Lehrmeinungen noch ausführlicher beschrieben und deutlicher überprüft werden. Das Gesagte sollte jedoch ausreichen, um Ähnlichkeiten und Unterschiede zu verdeutlichen. Nach einer intensiven Überprüfung aller Fakten bin ich zu einer klaren Übereinstimmung mit dem revidierten Dispensationalismus gekommen. Diese Position legt die biblische Prophetie konsequent wörtlich aus, unterscheidet zwischen der Gemeinde und Israel und erkennt einen einzigen Neuen Bund an, der sowohl der Gemeinde als auch Israel gilt.

Diskussion 2

Werden Israel und die Gemeinde in der biblischen Prophetie voneinander unterschieden?

In diesem Abschnitt

Kapitel 3

Was spricht dafür, dass die Gemeinde Israel ersetzt?

Werden Gottes Verheissungen an Israel in den alttestamentlichen Bündnissen wörtlich an Israel erfüllt oder bildlich an der Gemeinde? Wie wir im letzten Kapitel gesehen haben, glauben einige Ausleger – wie die Vertreter der Hauptrichtung des Dispensationalismus –, dass alle an Israel gegebenen Verheissungen auch an Israel erfüllt werden. Andere, wie die Bundestheologen, sind der Ansicht, dass die Gemeinde das neue Israel ist und deshalb alle alttestamentlichen Verheissungen an Israel in der Gemeinde erfüllt werden. Dieser letzte Standpunkt wird passenderweise Substitutionstheologie genannt. Im Anschluss möchte ich die wesentlichen Punkte zur Unterstützung dieser Sichtweise zusammenfassen.

Substitutionstheologie

Vertreter der Substitutionstheologie sind der Auffassung, dass die Gemeinde Israel ersetzt als Empfänger der Verheissungen und Segnungen Gottes. Diese Lehrmeinung ist auch als Supersessionismus bekannt, da man sagt, die Gemeinde habe Israel im Plan Gottes abgelöst.

Der europäische Gelehrte Ronald Diprose definiert dieses theologische System so: «Die Gemeinde hat das ethnische Israel in der Ausführung des Plans Gottes und als Empfänger der an Israel gegebenen alttestamentlichen Verheissungen vollständig und dauerhaft ersetzt.»[17] Im Gegensatz zu Kenneth Gentry ist Diprose kein Anhänger der Substitutionstheologie. Gentry sagt: «Wir glauben, die weltweite Gemeinde hat die Nation Israel ein für allemal abgelöst als Institution, die der Welt den Segen Gottes bringt.»[18] Gentry ist überzeugt, dass «die christliche Gemeinde die Verwirklichung der Heilsabsicht Gottes ist, während sich der Plan Gottes in der Geschichte entfaltet. Als solche löst die gemischtrassige weltweite Gemeinde Jesu die Nation Israel als Mittelpunkt des Reiches Gottes ab».[19]

Wie andere aus seinem theologischen Lager stützt sich Gentry auf bestimmte neutestamentliche Verse, von denen er annimmt, sie würden deutlich machen, dass die Gemeinde das neue Israel ist. So verweist er zum Beispiel auf Galater 6,16, wo die Gemeinde «das Israel Gottes» genannt wird. Er hält fest, dass die Gemeinde in Galater 3,29 als «Abrahams Same» bezeichnet wird. Zudem wird die Gemeinde in Philipper 3,3 «die Beschneidung» genannt. Das alles sind jüdische Begriffe. Ebenso werden Juden und Nichtjuden jetzt als «ein neuer Mensch» angesehen (Eph 2,15).[20] In seinem Buch *The Israel of God in Prophecy* (Das Israel Gottes in der Prophetie) kommt Hans LaRondelle zu der Schlussfolgerung: «Da die Gemeinde der Same Abrahams ist und Israel ebenfalls der Same Abrahams ist, müssen diese beiden Einheiten – die Gemeinde und Israel – ein und dasselbe sein.»[21] Angesichts dieser neutestamentlichen Aussagen scheint es klar zu sein, dass die Gemeinde Israel als Empfänger der Verheissungen und Segnungen Gottes ersetzt hat.

Vertreter der Substitutionstheologie verweisen auch auf alttestamentliche Passagen. Die möglicherweise am häufigsten zitierte Stelle ist Josua 21,43–45:

> «So gab der HERR Israel das ganze Land, von dem er geschworen hatte, es ihren Vätern zu geben, und sie nahmen es in Besitz und wohnten darin. Und der HERR verschaffte ihnen Ruhe ringsum, ganz so, wie er ihren Vätern geschworen hatte; und keiner ihrer

> Feinde konnte vor ihnen bestehen, sondern der HERR gab alle ihre Feinde in ihre Hand. Es fehlte nichts an all dem Guten, das der HERR dem Haus Israel verheissen hatte; alles war eingetroffen.»

Befürworter der Substitutionstheologie kommen zu dem Schluss: Da diese Stelle sagt, dass Gott den Israeliten das Land gab, ist Er Seiner Verpflichtung hinsichtlich des an Israel verheissenen Landes vollständig nachgekommen, und es gibt keine zukünftigen Verheissungen zu diesem Thema, die noch erfüllt werden müssen. Schliesslich sagt der Text: «Es fehlte nichts an all dem Guten, das der HERR dem Haus Israel verheissen hatte; alles war eingetroffen.» Angesichts dessen behaupten die Anhänger der Substitutionstheologie, es wäre keine Erfüllung der biblischen Prophetie, dass Israel gegenwärtig das Land besitzt. Immerhin wurden Gottes Verheissungen auf das Land in der Vergangenheit erfüllt. So etwas wie «Israel in der Prophetie» gibt es somit nicht. Unser Fokus heute gilt ganz allein der Gemeinde.

In der ganzen Kirchengeschichte haben Christen diese Vorstellung vertreten. Von den frühen Kirchenvätern schrieb zum Beispiel Justin der Märtyrer (100–165 n. Chr.): «Das wahre geistliche Israel ... sind wir, die durch diesen gekreuzigten Christus zu Gott geführt worden sind.»[22] Auch Hippolyt von Rom (gestorben 235 n. Chr.) und Tertullian (160–220 n. Chr.) zählen dazu. Von den frühen Bibelauslegern identifizierte Johannes Chrysostomos die Gemeinde mit Israel.[23] Zur Zeit der Reformation vertraten sowohl Johannes Calvin als auch Martin Luther diese Theologie. In jüngerer Vergangenheit haben so bekannte Bibelkommentatoren wie William Hendriksen, R. C. H. Lenski, J. B. Lightfoot, Herman Ridderbox und John R. W. Stott diese theologische Behauptung unterstützt.

Die katholische Kirche lehrte lange Zeit, dass die an Israel gegebenen Verheissungen auf zukünftige Segnungen von der Kirche geerbt wurden. Als vor mehr als 100 Jahren der Zionismus aufkam, machte Papst Pius X. seine Gefühle zu dem Thema deutlich. «Wir [die römisch-katholische Kirche] können diese Bewegung [den Zionismus] nicht befürworten. Wir können die Juden nicht davon abhalten, nach Jerusalem zu gehen – aber wir würden nie unsere Zustimmung dazu geben. Als Oberhaupt der Kirche kann ich keine andere Antwort geben.»[24]

In jüngster Zeit hat eine steigende Zahl von protestantischen Gelehrten ebenfalls ihre Unterstützung dieser theologischen Sicht zum Ausdruck gebracht. In seinem Buch *The Latter Days* (Die letzten Tage) bemerkte Russell Jones über die Gründung des Staates Israel:

> Viele nehmen dies als einen Beweis, dass die Juden nach wie vor Gottes auserwähltes Volk sind mit einem klaren Auftrag, der in der Zukunft ausgeführt werden soll. Das kann nicht stimmen. ... Der neue jüdische Staat mag politisch erfolgreich sein oder nicht. Aber ihnen erneut einen herausragenden Platz in Gottes zukünftigen Heilsabsichten zu geben, bedeutet, die klare Lehre des Neuen Testaments zu ignorieren und dem Kreuz des Herrn Jesu Christi Gewalt anzutun. ... Die Juden als Kollektiv können eine solche Hoffnung nicht haben.[25]

Schlussgedanken

Sowohl in katholischen als auch protestantischen Kreisen hat sich die Substitutionstheologie mittlerweile festgesetzt. Eine Reihe von Gelehrten der Substitutionstheologie ist so von ihrem Standpunkt überzeugt, dass sie es nicht einmal mehr für wert erachten, über dieses Thema zu diskutieren. In ihren Augen ist die Substitutionstheologie eine unumstössliche Tatsache. Aber ist sie das wirklich? Im nächsten Kapitel werden wir uns mit der anderen Seite der Diskussion beschäftigen.

Kapitel 4

Was spricht dafür, dass die Gemeinde und Israel zwei unterschiedliche Einheiten bleiben?

Im Gegensatz zu jenen, die meinen, die Gemeinde wäre das neue Israel, glauben viele Christen, dass die Gemeinde in der biblischen Prophetie die Gemeinde ist und Israel ist Israel. Das bedeutet, die in den alttestamentlichen Bündnissen an Israel gegebenen Verheissungen werden auch an Israel erfüllt und nicht an der Gemeinde.

Diese Sicht wird von einer ganzen Reihe von theologischen Argumenten gestützt. Als Erstes wollen wir uns mit den Schlüsselversen befassen, die von Anhängern der Substitutionstheologie angeführt werden – d. h., die Verse, in denen die Gemeinde «das Israel Gottes» (Gal 6,16), «Abrahams Same» (Gal 3,29) und «die Beschneidung» (Phil 3,3) genannt wird.

Es stimmt, Galater 3,29 sagt uns: «Wenn ihr aber Christus angehört, so seid ihr Abrahams Same und nach der Verheissung Erben.» Das bedeutet jedoch nicht, dass die Unterschiede zwischen der Gemeinde und Israel dadurch aufgehoben wurden. Thomas Constable, ehemaliger Professor für Bibelauslegung am Dallas Theological Seminary, erklärt das so:

> Wer durch den Glauben zu Christus gehört, wird ein geistlicher Nachkomme Abrahams und Nutzniesser einiger Verheissun-

> gen Gottes an ihn. Das heisst aber nicht, dass Christen Juden werden. Christen sind Christen; wir sind in Christus, der Same Abrahams (vgl. V. 16). Einige Dinge hat Gott allen physischen Nachkommen Abrahams verheissen (z. B. 1. Mo 12,1–3.7). Andere Dinge hat er den Gläubigen in dieser Gruppe verheissen (z. B. Röm 9,6.8). Wieder andere Dinge hat er dem geistlichen Samen Abrahams verheissen, die nicht Juden sind (z. B. Gal 3,6–9). Wenn man diese Gruppen und die ihnen gegebenen Verheissungen nicht unterscheidet, führt das zu reichlich Verwirrung.[26]

Obwohl die Gläubigen in Christus tatsächlich Abrahams geistlicher Same sind, unterscheiden sie sich weiterhin von Israel. Man darf nicht die ausschlaggebende Lehre des Apostels Paulus in Römer 9–11 vergessen, dass Gott nach wie vor einen Plan für das ethnische Israel hat, der sich von dem mit der Gemeinde unterscheidet.

Als er die Nachfolger Christi als «die Beschneidung» bezeichnete (Phil 3,3), sprach Paulus von der Beschneidung des Herzens, die in dem Augenblick geschieht, in dem ein Mensch Jesus Christus zur Errettung glaubt. Es ist schon ein gewaltiger Sprung in der Logik, wenn man sagt, dieser Vers würde beweisen, dass die Gemeinde das neue Israel wird.

Aber was ist mit Paulus' Äusserung über «das Israel Gottes» in Galater 6,16? Hier spricht Paulus von erlösten Juden – gemeint sind Juden, die Jesus Christus zur Errettung geglaubt haben. Es ist wichtig festzuhalten, dass der Begriff Israel überall im Neuen Testament für physische Juden gebraucht wird (ca. 65 Mal). Galater 6,16 liefert keinen Hinweis, dass der Begriff anders zu verstehen ist. In den Schriften des Paulus bleiben die Gemeinde und Israel zwei unterschiedliche Einheiten (s. Röm 9–11; 1. Kor 10,32). Der neutestamentliche Gelehrte F. F. Bruce bemerkte: «Paulus hatte eine gute Hoffnung auf den letztendlichen Segen Israels, obschon er das Gesetz und die Gebräuche zurückstufte.»[27] Angesichts dessen kann Galater 6,16 nicht zur Unterstützung der Vorstellung angeführt werden, dass die Gemeinde das neue Israel ist.

Ebenso wenig kann die Aussage in Epheser 2,15, dass Juden und Nichtjuden «ein neuer Mensch» sind, dafür geltend gemacht werden. Dieser Vers zeigt nur, dass die ehemals existierende Barriere zwischen Juden und Nichtjuden von Christus weggenommen wurde. Denn am Kreuz beseitigte Christus das alte Gesetz mit seinen peinlich genauen Vorschriften und Verordnungen. Der Vers sagt beim besten Willen nicht, dass die Gemeinde Israel ersetzt.

Was ist mit Josua 21,43–45, wo es heisst, dass «der HERR Israel das ganze Land gab, von dem er geschworen hatte, es ihren Vätern zu geben»? Gott erfüllte Seinen Teil, als Er den Israeliten das verheissene Land gab. Aber Israel schaffte es nicht, alles in Besitz zu nehmen, was Gott dem Volk verheissen hatte. Trotz der Tatsache, dass Gott ihnen das Land geschenkt hatte, versäumten sie es, alle Kanaaniter zu vertreiben. Das Land lag vor ihnen, sie brauchten es sich nur zu nehmen.

In Seiner Treue hatte Gott alles getan, was Er Israel verheissen hatte. Israel hingegen war nicht absolut treu. Der Herr hatte es nicht versäumt, Seine Verheissung zu erfüllen, aber Israel hatte im Glauben versagt, das Land vollständig zu erobern.

Jetzt kommt der ausschlaggebende Punkt: Der Gedanke, dass es keine weiteren Verheissungen auf das Land zu erfüllen gibt, ist falsch, weil viele Prophezeiungen, die vom zukünftigen Besitz des Landes durch Israel sprechen, weit nach Josuas Zeit geschrieben wurden. Dieser Punkt ist so entscheidend, dass ich eine Reihe von Beweistexten anführen möchte, die dies belegen.

- «Und dein Volk wird aus lauter Gerechten bestehen und das Land auf ewig besitzen» (Jes 60,21).
- «Ich werde ... sie wieder in dieses Land zurückbringen; und ich werde sie bauen und nicht niederreissen» (Jer 24,6).

- «So spricht der HERR: Siehe, ich werde das Geschick der Zelte Jakobs wenden und mich über seine Wohnungen erbarmen, und die Stadt soll auf ihrem Hügel wieder erbaut und der Palast wie üblich bewohnt werden» (Jer 30,18).
- «Siehe, ich will sie sammeln aus allen Ländern, wohin ich sie in meinem Zorn und Grimm und in meiner grossen Entrüstung verstossen habe, und ich werde sie wieder an diesen Ort zurückführen und sie sicher wohnen lassen; und sie sollen mein Volk sein, und ich will ihr Gott sein; und ich will ihnen ein Herz und einen Wandel geben, dass sie mich allezeit fürchten, ihnen selbst zum Besten und ihren Kindern nach ihnen. Und ich will einen ewigen Bund mit ihnen schliessen, dass ich nicht von ihnen ablassen will, ihnen wohlzutun. Und ich werde die Furcht vor mir in ihr Herz geben, damit sie nicht mehr von mir abweichen» (Jer 32,37–40).
- «Siehe, ich verschaffe ihr [der Stadt] Linderung und Heilung, und ich will sie heilen und ihnen eine Fülle von Frieden und Treue offenbaren. Und ich werde das Geschick Judas und das Geschick Israels wenden und sie wieder bauen wie im Anfang. Und ich werde sie reinigen von all ihrer Ungerechtigkeit, mit der sie gegen mich gesündigt haben, und ich werde ihnen alle ihre Missetaten vergeben, mit denen sie gegen mich gesündigt und an mir gefrevelt haben. Und Jerusalem soll mir zum Freudennamen, zum Lob und zum Schmuck dienen bei allen Völkern der Erde, die von all dem Guten hören werden, das ich ihnen tue; und sie werden erschrecken und erzittern über all das Gute und über all den Frieden, den ich ihr verschaffen will» (Jer 33,6–9).
- «So spricht GOTT, der Herr: Wenn ich das Haus Israel wieder sammle aus den Völkern, unter die sie zerstreut worden sind, so werde ich mich an ihnen heilig erweisen vor den Augen der Heiden, und sie sollen in ihrem Land wohnen, das ich meinem Knecht Jakob gegeben habe. Ja, sie sollen sicher darin

wohnen, Häuser bauen und Weinberge pflanzen; ja, sie werden sicher wohnen, wenn ich das Urteil vollziehen werde an allen denen rings um sie her, die sie verachten; dann werden sie erkennen, dass ich, der HERR, ihr Gott bin!» (Hes 28,25–26).

- «Denn so spricht GOTT, der Herr: Siehe, ich selbst will nach meinen Schafen suchen und mich ihrer annehmen! Wie ein Hirte seine Herde zusammensucht an dem Tag, da er mitten unter seinen zerstreuten Schafen ist, so will ich mich meiner Schafe annehmen und sie aus allen Orten erretten, wohin sie zerstreut wurden an dem Tag des Gewölks und des Wolkendunkels» (Hes 34,11–12).
- «Denn ich will euch aus den Heidenvölkern herausholen und aus allen Ländern sammeln und euch wieder in euer Land bringen. Und ich will reines Wasser über euch sprengen, und ihr werdet rein sein; von aller eurer Unreinheit und von allen euren Götzen will ich euch reinigen. Und ich will euch ein neues Herz geben und einen neuen Geist in euer Inneres legen; ich will das steinerne Herz aus eurem Fleisch wegnehmen und euch ein fleischernes Herz geben» (Hes 36,24–26).
- «Daran sollen sie erkennen, dass ich, der HERR, ihr Gott bin, weil ich sie unter die Heidenvölker in die Gefangenschaft führen liess und sie nun wieder in ihr Land versammle und keinen von ihnen mehr dort zurücklasse» (Hes 39,28).
- «Denn die Kinder Israels werden viele Tage ohne König bleiben und ohne Fürsten, auch ohne Opfer, ohne Bildsäule, ohne Ephod und ohne Teraphim. Danach werden die Kinder Israels umkehren und den HERRN, ihren Gott, und David, ihren König, suchen; und sie werden sich bebend zu dem HERRN und zu seiner Güte flüchten am Ende der Tage» (Hos 3,4–5).
- «Ich will dich, Jakob, sammeln, und zwar ganz sammeln; ich will den Überrest Israels vollständig zusammenbringen, will sie vereinigen wie die Schafe in der Hürde, wie eine Herde

auf ihrem Weideplatz, dass es von Menschen wimmeln soll» (Mi 2,12).

- «An jenem Tag, spricht der HERR, will ich das Hinkende sammeln und das Verstossene zusammenbringen und die, denen ich Unheil zugefügt habe. Und ich will aus dem Hinkenden einen Überrest machen und aus dem, was weit entfernt war, ein starkes Volk; und der HERR wird über sie als König herrschen auf dem Berg Zion von nun an bis in Ewigkeit» (Mi 4,6–7).
- «Und ich will das Geschick meines Volkes Israel wenden, und sie werden die verwüsteten Städte wieder aufbauen und bewohnen, Weinberge pflanzen und deren Wein trinken, Gärten anlegen und deren Früchte geniessen. Und ich werde sie einpflanzen in ihr Land; und sie sollen aus ihrem Land, das ich ihnen gegeben habe, nicht mehr herausgerissen werden!, spricht der HERR, dein Gott» (Am 9,14–15).
- «Zu jener Zeit will ich euch herbeibringen, zu der Zeit, da ich euch sammeln werde; denn ich will euch zu Ruhm und Ehren bringen unter allen Völkern der Erde, wenn ich euer Geschick vor euren Augen wenden werde!, spricht der HERR» (Zeph 3,20).
- «So spricht der HERR der Heerscharen: Siehe, ich rette mein Volk aus dem Land des Aufgangs und aus dem Land des Untergangs der Sonne; und ich will sie herbeibringen, dass sie mitten in Jerusalem wohnen sollen; und sie werden mein Volk sein, und ich will ihr Gott sein in Wahrheit und Gerechtigkeit» (Sach 8,7–8).

Ausser Jona sprechen alle alttestamentlichen Propheten davon, dass die Juden wieder in ihr Land Israel zurückkehren werden.

Zur Zeit Josuas besass Israel das Land nur teilweise, aber später wurde es ihnen wieder weggenommen. Im Gegensatz dazu finden wir im abrahamitischen Bund die Verheissung, dass Israel das Land für immer besitzen wird (1. Mo 17,8).

Ein anderes Problem der Substitutionstheologie ist die Tatsache, dass die Gemeinde und Israel im ganzen Neuen Testament voneinander unterschieden werden. In 1. Korinther 10,32 lesen wir beispielsweise: «Gebt weder den Juden noch den Griechen [Heiden] noch der Gemeinde Gottes einen Anstoss.» Israel und die Gemeinde werden in der ganzen Apostelgeschichte, wo das Wort *Israel* 20 Mal und das Wort *Gemeinde* 19 Mal vorkommt, als zwei voneinander getrennte Einheiten angesehen. Der neutestamentliche Gelehrte S. Lewis Johnson merkte an, dass «der Gebrauch der Begriffe Israel und Gemeinde in den ersten Kapiteln der Apostelgeschichte völlig harmoniert, da Israel neben der neu gebildeten Gemeinde existiert und die beiden Einheiten begrifflich getrennt werden».[28]

Nicht zu vergessen, dass die Prophezeiungen in der Schrift – wie die alttestamentlichen messianischen Prophezeiungen, die sich auf das erste Kommen Jesu Christi beziehen – schon wörtlich erfüllt wurden. Vom ersten Buch Mose bis zu Maleachi ist das Alte Testament angefüllt mit der Erwartung auf den kommenden Messias. Im Neuen Testament sind zahllose Vorhersagen bis aufs i-Tüpfelchen erfüllt worden über Seine Geburt, Sein Leben, Seinen Dienst, Seinen Tod, Seine Auferstehung und Seine Herrlichkeit (s. Seite 25–26). Diese Prophezeiungen wurden nicht nur vollständig, sondern auch wörtlich erfüllt. Das gibt uns das starke Vertrauen, dass die noch nicht erfüllten Prophezeiungen ebenso wörtlich erfüllt werden – einschliesslich der an Israel gegebenen Verheissungen auf das Land.

Die Schrift macht deutlich, dass Israel eines Tages Jesus als den Messias Gottes anerkennen und das verheissene Land vollständig in Besitz nehmen wird. Dies wird im zukünftigen Tausendjährigen Reich der Fall sein. Heute ist Israel jedoch nur teilweise wieder in seinem Land gesammelt und lebt noch im Unglauben. Diese teilweise Sammlung im Unglauben bereitet die Bühne dafür, dass Israel (auch Jakob genannt) schliesslich durch die Drangsalszeit gehen wird – die «Zeit der Drangsal ... für Jakob» (Jer 30,7) –, wenn der Überrest Israels errettet wird. Der Apostel Paulus spricht davon in Römer 9–11. Im Tausendjährigen Reich wird Israel dann sein verheissenes Land ganz in Besitz nehmen.

Was die Unterstützung der Kirchenväter für die Substitutionstheologie betrifft, wollen wir festhalten, dass die frühen Kirchenväter eine ganze Reihe von Ansichten vertraten, die die meisten in der heutigen Gemeinde nicht mehr akzeptieren. In den ersten fünf Jahrhunderten der Kirchengeschichte glaubten Christen beispielsweise, dass man durch die Wassertaufe wiedergeboren wird. Heute bevorzugen die meisten Christen die biblischere Sicht, dass ein Mensch nur durch den Glauben an Christus wiedergeboren und errettet wird.

Der Gelehrte Peter Richardson liegt mit seiner Behauptung goldrichtig, dass es keinen historischen Beweis gibt, dass der Begriff *Israel* vor 160 n. Chr. mit der Gemeinde in Verbindung gebracht wurde.[29] Das bedeutet, mehr als ein Jahrhundert nach der Zeit des Apostel Paulus wurde eine solche Verbindung nicht hergestellt.

Zum Schluss kann ich nur noch mein Bedauern zum Ausdruck bringen, dass die Substitutionstheologie der Sache Israels so viel Schaden zugefügt hat. Aufgrund dieser Theologie haben viele Christen ihre Unterstützung für Israel aufgegeben und ihm das Recht, im Land zu bleiben, abgesprochen. Auf der Grundlage des abrahamitischen Bundes – ein bedingungsloser Bund – glaube ich, dass das Land bedingungslos Israel gehört, und ich bete dafür, dass die Vereinigten Staaten Israel auch weiterhin gegen seine vielen Feinde schützen werden.

Es wäre nachlässig, nicht zu erwähnen, dass die Substitutionstheologie zumindest für einige Leute eine Motivation gewesen ist, sich am Antisemitismus zu beteiligen. Der Prophetieexperte Thomas Ice hält fest: «Wo immer sich die Substitutionstheologie ausgebreitet hat, mussten sich die Juden in Sicherheit bringen.»[30] Daher sollten sich Christen gründlich mit dieser Diskussion beschäftigen.

Schlussgedanken

Nach eingehender Prüfung bin ich zu der Überzeugung gekommen, dass ...

- Gott zur Zeit des Alten Testaments bedingungslose Bündnisse mit den Juden schloss, die noch auf ihre Erfüllung warten.
- die Gemeinde und Israel auch auf den Seiten des Neuen Testaments zwei unterschiedliche Einheiten bleiben.
- der Apostel Paulus bestätigte, dass Gott nach wie vor einen Plan mit Israel hat (Röm 9–11).

Wenn man all das berücksichtigt, lehne ich die Vorstellung, dass die Gemeinde Israel als Empfänger der Bundessegnungen und -verheissungen Gottes abgelöst hat, aufs Entschiedendste ab. Natürlich segnet Gott die Gemeinde, aber Er wird auch seine Bundesverheissungen an Israel erfüllen.

Diskussion 3

Was können wir über die Zeichen der Zeit wissen?

In diesem Abschnitt

Kapitel 5

Gibt es gegenwärtig Zeichen, die auf die Erfüllung einer biblischen Prophezeiung hinweisen?

Ein Zeichen der Zeit ist ein Ereignis von prophetischer Bedeutung, das auf die Endzeit hindeutet. In gewisser Hinsicht sind die auf den Seiten der Schrift zu findenden Zeichen der Zeit Gottes «Vorankündigung», wie die Welt in der Endzeit aussehen wird. Die Schrift gibt eine ganze Reihe von Zeichen an (z. B. Mt 24–25; 1. Tim 4,1–2; 2. Tim 4,3–4).

Dies ist stets ein bevorzugtes Gesprächsthema auf den Prophetiekonferenzen, zu denen ich als Redner eingeladen bin. Wenn ich mich auf Konferenzen mit Menschen unterhalte, tauchen oft zwei extreme Sichtweisen auf. Manche Leute betrachten nahezu alles, was in der Welt vor sich geht, als ein Zeichen der Zeit. Andere hingegen übersehen die Bedeutung der Zeichen der Zeit. Besser ist es, ein Gleichgewicht zu finden.

Zeichen, Zeichen, überall ein Zeichen

Wer nahezu überall Zeichen der Zeit sieht, ist oftmals sensationalistisch. Keine Frage, das zweite Kommen Jesu Christi wird sensationell sein. Aber das ist etwas anderes als eine sensationalistische Haltung, während wir darauf warten, dass die Endzeit näher rückt.

Einige dieser Leute scheinen sich unablässig damit zu beschäftigen, wer um alles in der Welt der Antichrist sein könnte (US-Präsidenten sind beliebte Kandidaten). Jedes Mal, wenn ein grosses Erdbeben oder ein Tsunami oder eine andere Naturkatastrophe auftritt, gehen sie gleich davon aus, dass dies das Ende ankündigt. Sie mutmassen, dass Radioprediger, die ein bestimmtes Datum für die Entrückung errechnen, richtigliegen könnten.

Der Prophetieexperte Mark Hitchcock gibt uns folgende hilfreiche Warnung: «Das Problem ist, wenn alles zu einem Zeichen wird, dann ist nichts ein Zeichen.»[31] Die Leute können so vieles in der Welt als Zeichen einstufen, dass die echten Zeichen ihre Bedeutung verlieren.

Wir sollten stets vorsichtig sein, nicht der Zeitungsexegese zum Opfer zu fallen. In seinem hilfreichen Buch *The Footsteps of the Messiah* (Die Fussspuren des Messias) merkte Prophetieexperte Arnold Fruchtenbaum an: «Aktuelle Ereignisse dürfen nie das Mittel zur Auslegung der Schrift sein, die Schrift muss vielmehr die aktuellen Ereignisse auslegen.»[32] Es stimmt, «wenn wir über die Zeichen der Zeit nachdenken, müssen wir sichergehen, dass wir die aktuellen Ereignisse im Licht der Bibel betrachten und nicht anders herum».[33]

Wenn wir sagen, dass die Schrift die aktuellen Ereignisse beurteilen muss, meinen wir, dass wir zuerst die Schrift studieren müssen, um herauszufinden, was Gott über die Zukunft geoffenbart hat. Um die Zeiten richtig zu erkennen – was Christus eindeutig von uns erwartet (Mt 16,1–3; Lk 21,29–33) –, müssen wir die aktuellen Ereignisse mit der Bibel vergleichen, um feststellen zu können, ob ein berechtigter Zusammenhang besteht. Wenn wir zu dem Schluss kommen, dass dies der Fall ist, können wir uns darüber freuen, dass Gott die Menschheitsgeschichte unter Seiner souveränen Kontrolle hat, und gleichzeitig der Versuchung widerstehen, feste Daten zu errechnen, weil wir wissen, dass Gott so etwas verbietet (Apg 1,7). Wir vermeiden Sensationsmache, weil Christus Seine Nachfolger aufruft, nüchtern und wachsam zu sein, während wir auf Sein zweites Kommen warten (Mk 13,32–37).

Sich über die Zeichen der Zeit lustig machen

Ein anderes Extrem ist, wenn sich Leute über die Zeichen der Zeit lustig machen. Ein mir bekannter christlicher Autor (ein teilweiser Präterist, der glaubt, die meisten Prophezeiungen im Buch der Offenbarung sind schon erfüllt worden) sagte, es würde ihn krank machen, wenn er sieht, wie einige Christen es schon für ein Zeichen der Zeit halten, wann immer jemand im Nahen Osten rülpst. Er und andere aus seinem Lager scheinen zu denken, dass es nicht nur ungerechtfertigt, sondern sogar töricht sei, den Zeichen der Endzeit Beachtung zu schenken.

Ich bin überzeugt, dass eine solch negative Einstellung eine biblische Kurzsichtigkeit offenbart. Denken Sie an Jesu Worte in Matthäus 16,1–3:

> «Und die Pharisäer und Sadduzäer traten herzu, versuchten ihn und verlangten, dass er ihnen ein Zeichen aus dem Himmel zeigen möge. Er aber antwortete und sprach zu ihnen: Am Abend sagt ihr: Es wird schön, denn der Himmel ist rot!, und am Morgen: Heute kommt ein Ungewitter, denn der Himmel ist rot und trübe! Ihr Heuchler, das Aussehen des Himmels versteht ihr zu beurteilen, die Zeichen der Zeit aber nicht!»

Das war eine ziemliche Zurechtweisung für diese religiösen Führer! Diese Leute – die damalige religiöse Elite – sollten wissen, was die Schrift lehrt, aber sie waren völlig unfähig, die Zeiten richtig zu erkennen. Die Pharisäer und Sadduzäer waren von geistlichen Zeichen umgeben, die auf die Person Jesu Christi hindeuteten, und dennoch hatten sie sie alle übersehen. Sie waren blind für die Realität, dass sich der Messias in ihrer Mitte befand. Die Wunder Jesu (Blinde konnten sehen, Taube hören, Lahme gehen ...) waren klare Zeichen Seiner göttlichen Identität, so wie dunkle Wolken am Himmel ein Zeichen für Regen sind. Diese Wunder wurden im Alten

Testament über den Messias vorhergesagt (Jes 35,5–6), und die Pharisäer und Sadduzäer – Experten im Alten Testament – hätten erkennen müssen, dass Jesus diese messianischen Verse erfüllte. Doch in ihrer Blindheit konnten sie «die Zeichen der Zeit aber nicht» beurteilen. Wenn wir die Zeichen der Endzeit heute ignorieren, sind wir in prophetischer Hinsicht genauso blind wie die Pharisäer und Sadduzäer.

Jesus sagte auch: «Von dem Feigenbaum aber lernt das Gleichnis: Wenn sein Zweig schon saftig wird und Blätter treibt, so erkennt ihr, dass der Sommer nahe ist. Also auch ihr, wenn ihr dies alles seht, so erkennt, dass er nahe vor der Türe ist» (Mt 24,32–33). In diesen Versen weist Jesus darauf hin, dass Gott bestimmte Dinge geoffenbart hat, damit die Menschen, die die Bibel kennen, verstehen, dass sich eine biblische Prophezeiung erfüllt (oder dass die Bühne bereitet ist für die Erfüllung einer Prophezeiung). Somit lehrt Jesus Seine Nachfolger, dass sie die Zeichen gut beobachten sollen, um die Erfüllung von biblischen Prophezeiungen erkennen zu können (s. auch Lk 21,25–28).

Eine Einschränkung

Es muss unbedingt darauf hingewiesen werden, dass der Entrückung der Gemeinde keine Zeichen vorausgehen. Die Schrift macht ganz deutlich, dass die Entrückung ein nahe bevorstehendes Ereignis ist. Der Begriff *bevorstehend* meint wörtlich «bereit, um stattzufinden». In prophetischer Hinsicht muss nichts mehr erfüllt werden, bevor die Entrückung stattfinden kann (s. 1. Kor 1,7; 16,22; Phil 3,20; 4,5; 1. Thess 1,10; Tit 2,13; Hebr 9,28; Jak 5,7–9; 1. Petr 1,13; Jud 1,21). Die Entrückung ist ein zeichenloses Ereignis, das in jedem Augenblick geschehen kann.

Das steht in klarem Gegensatz zum zweiten Kommen Christi, dem in der 7-jährigen Drangsalszeit viele Ereignisse vorangehen werden (s. Offb 4–18).

> Die Zeichen, die wir heute in der Welt sehen, greifen den Ereignissen vor, die in der Erwartung der Rückkehr Jesu nach der Entrückung geschehen. Die endzeitlichen Prophezeiungen der Bibel beziehen sich auf die 7-jährige Drangsalszeit und kündigen das zweite Kommen Christi und seine anschliessende Herrschaft an. Aber kein Zeichen weist auf die Entrückung hin. Die Zeichen sind für die Rückkehr Christi, nicht für die Entrückung der Gemeinde.[34]

Bedeutet das, dass die Zeichen der Zeit für uns, die wir vor dem Augenblick der Entrückung leben, irrelevant sind? Keineswegs! Wir sehen zurzeit viele Ereignisse in der Welt, die eindeutig die Bühne bereiten für Prophezeiungen, die in der noch zukünftigen Drangsalszeit erfüllt werden. Hier ist mein Argument: Alles, was jetzt die Bühne für die herannahende Drangsalszeit bereitet, zeigt an, dass die Entrückung immer näher kommt.

Dr. John F. Walvoord, einer meiner ehemaligen Mentoren am Dallas Theological Seminary, liefert eine nützliche Illustration, die uns hilft, das zu verstehen. Walvoord verglich die Entrückung mit Thanksgiving und das zweite Kommen Christi mit Weihnachten. Es gibt alle möglichen Zeichen, dass Weihnachten näher rückt – Werbung im Fernsehen, Radio, in der Zeitung, Krippenspiele, Weihnachtsbeleuchtung und festliche Dekoration ... die Zeichen sind überall. Aber Thanksgiving kann sich an uns heranschleichen. Wir finden keine ersichtlichen Zeichen, dass Thanksgiving naht. Aber eines ist sicher. Wenn Thanksgiving noch nicht stattgefunden hat, Weihnachten aber schon deutliche Zeichen vorauswirft, wissen wir automatisch, dass Thanksgiving umso näher ist. Das gilt auch in unserem Fall: Wenn wir heute sehen, wie die Bühne für Ereignisse bereitet wird, die in der Erwartung des zweiten Kommens Christi in der Drangsalszeit geschehen werden, wissen wir, dass die Entrückung noch viel näher ist.

Ich glaube, so wie grossen Erdbeben häufig leichte Erdstösse vorangehen, so machen sich auch einige dieser Zeichen im Voraus bemerkbar und bereiten die Bühne für die Drangsalszeit. Jemand sagte mal, dass Prophezeiungen ihre Schatten vorauswerfen. Ich glaube, das stimmt. Prophezeiungen, die sich speziell auf die Drangsalszeit beziehen, werfen zurzeit ihre Schatten voraus. Jetzt wird die Bühne für ihre Erfüllung bereitet.

Bedeutende, gegenwärtige Ereignisse

Manche Christen werden sich auch weiter über die Zeichen der Zeit lustig machen (insbesondere Christen aus dem präteristischen Lager), aber jene unter uns, die dem Auftrag Jesu nachkommen und die Zeiten genau beobachten wollen, richten ihren Blick auf die wichtigen Ereignisse in der Welt. Im Folgenden habe ich einige der bedeutenderen Entwicklungen zusammengestellt.

Die Wiedergeburt Israels

Mit der Geburt des modernen Staates Israel im Jahr 1948 als eigenständige Nation begann die Erfüllung bestimmter biblischer Prophezeiungen über die weltweite Rückführung der Juden im Unglauben, bevor in der Drangsalszeit das Gericht über sie kommt. Diese Rückführung sollte nach einem jahrhundertelangen Exil in den verschiedensten Ländern auf der ganzen Welt geschehen.

In Hesekiel 36,10 hatte Gott verheissen: «Ich will viele Menschen auf euch wohnen lassen, das ganze Haus Israel, sie alle; die Städte sollen bewohnt und die Trümmer aufgebaut werden.» Des Weiteren verhiess Gott: «Denn ich will euch aus den Heidenvölkern herausholen und aus allen Ländern sammeln und euch wieder in euer Land bringen» (V. 24). So wie Gott es gesagt hatte, würde es Israel wieder gut gehen: «Ich will auch die Früchte der Bäume und den Ertrag des Feldes vermehren, damit ihr künftig nicht mehr die Schmach des Hungers unter den Heidenvölkern tragen müsst» (V. 30).

In der Vision von den verdorrten Gebeinen in Hesekiel 37 fügt der Herr die Knochen auf wundersame Weise zusammen zu einem

Skelett, stattet es mit Muskeln, Sehnen und Fleisch aus und haucht dem toten Körper Leben ein. Dieses Kapitel spricht zweifellos von Israel: «Diese Gebeine sind das ganze Haus Israel» (V. 11). Das Kapitel stellt Israel dar, wie es zu einer lebendigen, atmenden Nation wird, die sozusagen aus den Toten zurückkehrt.

Das bedeutet, dass 1948 ein denkwürdiges Jahr war. Als Titus und seine römischen Soldaten 70 n. Chr. Jerusalem zerstörten, war dies das Ende der politischen Existenz Israels (s. Lk 21,20). Seitdem wurden die Juden viele Jahrhunderte lang auf der ganzen Welt zerstreut. 1940 hätte niemand ahnen können, dass Israel binnen eines Jahrzehnts wieder eine Nation sein würde. Und doch kam es so. 1948 wurde Israel zu einem selbstständigen Staat, und seitdem sind die Juden in ihr Heimatland zurückgekehrt.

Bis heute ist Israel noch immer im Unglauben. Doch laut Joel 3,1–2 wird es in Israel eines Tages eine geistliche Erweckung geben. Harmageddon scheint der historische Kontext zu sein, aufgrund dessen sich Israel letzten Endes bekehren wird (Sach 12,2–13,1).

Während ich dies hier schreibe (Anfang 2014), strömt das jüdische Volk weiterhin zurück in das Heilige Land. Alle Augen sind auf Israel gerichtet!

Der Abfall vom Glauben nimmt zu

Das Wort *Apostasie* stammt von dem griechischen *apostasia*, was «abfallen» bedeutet. Das Wort bezeichnet ein entschlossenes, bewusstes Abwenden oder Aufgeben des Glaubens.

Die Schrift sagt eindeutig voraus, dass der Abfall vom Glauben in der Endzeit zunehmen wird. So warnt 1. Timotheus 4,1–2 beispielsweise: «Der Geist aber sagt ausdrücklich, dass in späteren Zeiten etliche vom Glauben abfallen und sich irreführenden Geistern und Lehren der Dämonen zuwenden werden durch die Heuchelei von Lügenrednern, die in ihrem eigenen Gewissen gebrandmarkt sind.» Ausserdem warnt uns 2. Timotheus 4,3–4: «Denn es wird eine Zeit kommen, da werden sie die gesunde Lehre nicht ertragen, sondern sich selbst nach ihren eigenen Lüsten Lehrer beschaffen, weil sie empfindliche Ohren haben; und sie werden ihre Ohren von der Wahrheit abwenden und sich den Legenden zuwenden.» Wer kann daran zweifeln, dass diese Worte auf unsere Zeit zutreffen?

Zum Abfall vom Glauben kann gehören, dass man folgende Dinge leugnet:

- Gott (2. Tim 3,4–5)
- Christus (1. Joh 2,18)
- die Rückkehr Christi (2. Petr 3,3–4)
- den Glauben (1. Tim 4,1–2)
- die gesunde Lehre (2. Tim 4,3–4)
- moralische Grundsätze (2. Tim 3,1–8)
- Autorität (2. Tim 3,4)

Im letzten Jahrzehnt sind mir alle diese Punkte in der christlichen Gemeinde begegnet. Ich muss leider sagen, dass einige bekannte christliche Führungspersonen und Autoren in einigen Punkten grobe Irrlehren verbreitet haben. Wir leben in Tagen der Verführung.

Die Sehnsucht nach Frieden im Nahen Osten

Der ganze Nahe Osten ist seit mehr als sechzig Jahren ein einziges Konfliktgebiet. Schauen Sie sich nur die Liste mit Kriegen in der Region an:

- der Unabhängigkeitskrieg, oder der erste arabisch-israelische Krieg (1947–1948)
- Suezkrieg, Sinai-Feldzug, oder der zweite arabisch-israelische Krieg (1956)
- der Sechstagekrieg (1967)
- Zermürbungskrieg (1968–1970)
- Jom-Kippur-Krieg, oder Oktoberkrieg (1973)

- Bürgerkrieg im Libanon (1975–1976)
- der Iran-Irak-Krieg, oder erste Krieg am Persischen Golf (1980–1988)
- der erste Libanonkrieg (1982–1985)
- der Golfkrieg (1991)
- der Krieg mit dem Irak (1991–2003)
- der Kampf gegen den Terror (2001 bis heute)

Viele fragen sich, ob es im Nahen Osten jemals Frieden geben wird.

Heute rufen die Menschen nach einem Führer, der die Krisen in dieser Welt kontrollieren und das Nahostproblem lösen kann. Diese Sehnsucht bereitet die Bühne für das, was noch kommen wird. Die Bibel macht deutlich, dass der Antichrist – der Führer des wiedererstandenen Römischen Reiches, eine Art «Vereinigte Staaten von Europa» – einen Vertrag mit Israel unterzeichnen wird. Zum Erstaunen aller wird er den Nahostkonflikt scheinbar lösen.

Ein wiedererstandenes Römisches Reich

Die Vorstellung von einem wiedererstandenen Römischen Reich in der Endzeit basiert auf Daniel 7, wo von vier Tieren die Rede ist. Diese Tiere stehen stellvertretend für Reiche, die in der biblischen Prophetie eine wichtige Rolle spielen.

Das erste, sagt Daniel, «glich einem Löwen und hatte Adlerflügel», aber seine «Flügel wurden ausgerissen» (V. 4). Dieses Bild repräsentiert offensichtlich die Macht und Stärke Babylons.

In Vers 5 fährt Daniel fort: «Und siehe, das andere, zweite Tier glich einem Bären.» Das ist das medo-persische Reich, das für seine Stärke und Intensität im Kampf bekannt war.

Das dritte Tier war «wie ein Panther; das hatte vier Vogelflügel auf seinem Rücken; auch vier Köpfe hatte dieses Tier, und ihm wurde Herrschaft verliehen» (V. 6). Dieses Bild repräsentiert Griechenland unter Alexander dem Grossen. Die vier Köpfe stellen die vier Generäle dar, die das Reich nach Alexanders Tod aufteilten.

Das vierte Tier war ein Mischling, das sich aus Teilen eines Löwen, Bären und Panthers zusammensetzte. Es war schrecklicher und mächtiger als die drei vorangegangenen Tiere.

> «Das vierte Tier bedeutet ein viertes Reich, das auf Erden sein wird; das wird sich von allen anderen Königreichen unterscheiden, und es wird die ganze Erde fressen, zerstampfen und zermalmen. Und die zehn Hörner bedeuten, dass aus jenem Reich zehn Könige aufstehen werden; und ein anderer wird nach ihnen aufkommen, der wird verschieden sein von seinen Vorgängern und wird drei Könige erniedrigen. Und er wird freche Reden gegen den Höchsten führen (7,23–25).»

Dieses Bild bezieht sich auf das Römische Reich. Rom existierte bereits in der Antike, fiel aber im 5. Jahrhundert nach Christus auseinander. Doch in der Endzeit wird es sich wieder erheben und offenbar aus zehn Nationen bestehen, die von zehn Königen regiert werden. Aus diesem Zehnstaatenbund geht ein kleineres, elftes Horn (der Antichrist) hervor. Anscheinend fängt er klein an, wird dann aber so mächtig, dass er drei der bereits existierenden Hörner (Könige) ausreisst. Schliesslich kommt er an die Macht und herrscht über das wiedererrichtete Römische Reich.

Rom hat nie aus einem Zehnstaatenbund mit zehn gleichgestellten Herrschern bestanden. Das bedeutet, diese Prophezeiung muss für die Zukunft gelten.

Damit verbunden ist der prophetische Traum von Nebukadnezar in Daniel 2. In diesem Traum wird das endzeitliche Römische Reich als eine Mischung aus Eisen und Ton dargestellt (V. 41–43). Daniel, der grosse Traumdeuter, erkannte darin, dass das Römische Reich der Endzeit so stark sein wird wie Eisen. Aber so wie Eisen und Ton sich nicht vermischen, wird auch dieses Reich aus mehreren Teilen bestehen. Es wird nicht vollkommen einheitlich sein.

Viele heutige Bibelausleger sehen in der Europäischen Union den primären Kandidaten für die Erfüllung dieser Prophezeiung. Eine gemeinsame Währung ist der erste Schritt zu einer letzten Endes gemeinsamen und vereinigten politischen Einheit. Möglicherweise wird jetzt schon die Bühne zur Erfüllung von Daniel 2 und 7 bereitet.

Globalisierung

Heutzutage sehen wir, wie riesige Schritte in Richtung Globalisierung unternommen werden. In vielen Bereichen finden wir globale Strategien: Wirtschaft, Bankwesen, Handel und Geschäftswelt, Management, Produktion, Umweltschutz, Geburtenkontrolle, Bildung, Religion, Landwirtschaft, Informationstechnologien, Unterhaltungsbranche, Verlagswesen, Wissenschaft, Medizin und Regierung. Das Buch der Offenbarung sagt uns, dass der Antichrist letzten Endes einen gegen Gott gerichteten, weltweiten Staatenbund anführen wird (s. Offb 13), einen politischen, wirtschaftlichen und religiösen Zusammenschluss.

Betrachtet man die vielfältigen Probleme, vor denen die Menschheit heute steht – abnehmende Ölvorräte, der Nahostkonflikt, Terrorismus, Überbevölkerung, Hungersnöte, Umweltverschmutzung, nationale und internationale Kriminalität, Kriegsführung per Internet und wirtschaftliche Instabilität –, so kommen mehr und mehr Menschen zu der Überzeugung, dass derartige Probleme nur auf globaler Ebene gelöst werden können. Möglicherweise denken sie, dass die einzige Hoffnung auf Überleben eine starke und effektive Weltregierung ist.

Während die Gefahren in der Welt weiter zunehmen, verlangen die Menschen weltweit nach einem Führer, der alles kontrollieren und in Ordnung bringen kann. Die Weltwirtschaft taumelt, die Menschen leiden und man spürt, dass dringend ein starker Führer benötigt wird, der endlich einen klaren globalen Kurs einschlägt und dauerhaft für Stabilität sorgt. Ein solcher Führer wird kommen, und vielleicht lebt er heute schon auf der Welt. Die Schrift nennt ihn den Antichrist.

Die Technologie, die eine Weltregierung ermöglicht – globale mediale Erreichbarkeit durch Fernsehen, Radio, Internet etc. –, ist heute schon vorhanden. Die Technologie hat die Weichen gestellt für die Globalisierung in unserer Zeit.

Schlussgedanken

Wenn wir über die Zeichen der Zeit nachdenken, müssen wir zwei Extreme vermeiden – überall Zeichen zu sehen und uns über die Zeichen lustig zu machen. Am besten ist es, wenn wir uns zuerst einmal gründlich mit dem vertraut machen, was die Schrift über die Endzeit lehrt (inklusive der Zeichen der Zeit). Nur dann sind wir in der Lage, nach begründeten Zusammenhängen zwischen dem aktuellen Weltgeschehen und der biblischen Prophetie Ausschau zu halten. Wenn offensichtliche Zusammenhänge bestehen, können wir uns auch über Gottes «Vorankündigung» freuen. Aber wir müssen nüchtern bleiben und dürfen uns nicht von Sensationsmache anstecken lassen.

Kapitel 6

Sagt die biblische Prophetie etwas über Amerika?

Die Frage, ob die biblische Prophetie Amerika erwähnt, ist im Lauf der Jahre immer wieder Thema vieler Diskussionen gewesen. Einige sagen ja, andere nein. Viele Theorien zu diesem Thema sind spekulativ und weit hergeholt. Andere haben einen vernünftigeren Ansatz gewählt. Ich möchte zwei Hauptstandpunkte der Debatte herausgreifen: 1) Amerika wird von der biblischen Prophetie nur indirekt erwähnt, und 2) Amerika kommt in der biblischen Prophetie überhaupt nicht vor.

Indirekte Erwähnung in der biblischen Prophetie

Einige begeisterte Studenten der Prophetie glauben, dass die Vereinigten Staaten nicht direkt, sondern möglicherweise indirekt in der biblischen Prophetie erwähnt werden. Zu den möglichen indirekten Erwähnungen gehören unter anderem:

Eine der Nationen

Viele meinen, eine Reihe von allgemeinen Verweisen auf «die Völker» in der Drangsalszeit würden wahrscheinlich auch die Vereinigten Staaten einschliessen.

- Die Ereignisse in Israel werden die Völker der Erde zum Taumeln bringen (Sach 12,2–3).

- Gott wird «alle Heidenvölker erschüttern» (Hag 2,6–7).
- Gott wird unter den Nationen verherrlicht werden (Jes 66,18–20).

Auch wenn solche Stellen die Vereinigten Staaten einschliessen könnten, berichten sie uns natürlich nichts Konkretes über die Rolle der USA in der Endzeit.

Kooperation mit Europa

Obwohl die Vereinigten Staaten in der biblischen Prophetie nicht ausdrücklich genannt werden, legen einige die Möglichkeit nahe, dass die geschwächten Vereinigten Staaten – nicht länger eine Supermacht – zu einer frühen Phase der Drangsalszeit ein Verbündeter der Vereinigten Staaten von Europa (das wiedererstandene Römische Reich) werden könnten. Schliesslich haben die meisten US-amerikanischen Bürger ihre Wurzeln in Europa und dürften für eine Kooperation mit Europa offener sein als für jedes andere geopolitische Bündnis.

Der Antichrist, der als Führer des wiedererstandenen Römischen Reiches beginnt, wird letzten Endes die Weltherrschaft an sich reissen. Die Vereinigten Staaten werden sich wahrscheinlich in die globalisierte Weltordnung einfügen, die sich in der Drangsalszeit durchsetzen wird. Schon heute scheint sich unsere Regierung von einer nationalen Souveränität wegzubewegen und sich mehr und mehr zu öffnen für einen globalen Umgang mit den Problemen.

Dazu passt: Wenn es am Ende der Drangsalszeit zu Harmageddon kommen wird, werden sich Armeen aus der ganzen Welt gegen Israel versammeln, und dazu könnten auch US-amerikanische Truppen gehören. Schliesslich lesen wir in Sacharja 12,3: «Und es soll geschehen an jenem Tag, dass ich Jerusalem zum Laststein für alle Völker machen werde; alle, die ihn heben wollen, werden sich gewisslich daran wund reissen; und alle Heidenvölker der Erde werden sich gegen es versammeln.» Der Ausdruck «alle Heidenvölker der Erde» scheint auch die Vereinigten Staaten zu beinhalten.

Auch Sacharja 14,2 sagt: «Da werde ich alle Heidenvölker bei Jerusalem zum Krieg versammeln; und die Stadt wird erobert, die Häuser werden geplündert und die Frauen geschändet werden; und die Hälfte der Stadt muss in die Gefangenschaft ziehen; der Überrest des Volkes aber soll nicht aus der Stadt ausgerottet werden.» Auch hier scheint «alle Heidenvölker» ebenfalls die Vereinigten Staaten zu umfassen.

Offenbarung 16,14 spricht von «den Königen der Erde und des ganzen Erdkreises, um sie zum Kampf zu versammeln an jenem grossen Tag Gottes, des Allmächtigen». Die Könige «des ganzen Erdkreises» nehmen offensichtlich auch den Oberbefehlshaber der US-amerikanischen Streitkräfte nicht aus.

Sie fragen sich vielleicht, wie so etwas passieren kann. Vergessen Sie nicht, nach der Entrückung wird es keine Christen mehr auf der Erde geben – auch in den Vereinigten Staaten nicht, wo gegenwärtig viele Christen leben. Das bedeutet, viele Personen in den USA, die Israel lange unterstützt haben, werden nicht mehr da sein. Sie sind dann beim Herrn im Himmel. Es ist leicht zu erkennen, wie sich eine USA ohne Christen mit dem wiedererstandenen Römischen Reich verbünden kann und in der Drangsalszeit gemeinsame Sache mit dem Antichristen macht.

Babylon in Offenbarung 17–18

Einige Prophetiestudenten haben Parallelen gesehen zwischen Babylon der Grossen im Buch der Offenbarung und den Vereinigten Staaten (genauer gesagt mit New York City). Sowohl Babylon als auch die Vereinigten Staaten sind dominant, beide sind militärisch stark, beide sind unmoralisch, beide sind über die Massen reich und beide halten sich für unverwundbar. Deshalb müssen sie identisch sein.

Diese Ansicht ist heute nicht sonderlich beliebt. Die meisten Leute bemerken, dass eine solche Auffassung mehr Eisegese (eine Bedeutung in einen biblischen Text hineinlesen) als Exegese (die

Bedeutung aus dem Bibeltext ziehen) enthält. Dennoch kommt diese Theorie von Zeit zu Zeit immer wieder auf.

Das Land, das Ströme durchschneiden

Andere Studenten der Prophetie meinen, die Vereinigten Staaten könnten die Erfüllung von Jesaja 18,1–7 sein, wo von einer Nation die Rede ist, «deren Land Ströme durchschneiden» (V. 2; Rev. Elberfelder 2006). Das müssen die Vereinigten Staaten sein, wird gefolgert, da dieses Land vom Mississippi durchschnitten wird. Vers 7 zeigt, dass dies eine Nation ist, «die mit gespannter Kraft alles zertritt» (Rev. Elberfelder 2006). Das könnte sich auf die militärische Stärke und die Expansionspolitik der USA beziehen.

Dieser Standpunkt weist aber ein schwerwiegendes Problem auf. In Vers 1 wird deutlich gesagt, dass das alte Land Kusch gemeint ist, der heutige Sudan.

Das Land Tarsis

Wieder andere Ausleger der Prophetie glauben, die Vereinigten Staaten könnten zu dem in Hesekiel 38,13 erwähnten Land Tarsis gehören. In dieser Stelle erfahren wir, dass eine kleine Gruppe von Nationen vorsichtig protestieren wird, wenn ein aus dem Norden kommendes Militärbündnis, bestehend aus Russland und einer Reihe von muslimischen Staaten, in Israel einfällt. «Dann werden Saba und Dedan und die Kaufleute von Tarsis und alle ihre jungen Löwen zu dir sagen: Bist du gekommen, um Beute zu machen? Hast du deine Menge gesammelt, um zu plündern, um Silber und Gold zu nehmen, um Vieh und Güter wegzuführen und grossen Raub an dich zu reissen?»

Einige glauben, das alte Tarsis wäre das heutige Spanien. Andere sagen, es könnte Grossbritannien sein. Wieder andere meinen, es beziehe sich auf die westeuropäischen Kolonien und die Nationen, die aus diesen hervorgegangen sind wie die Vereinigten Staaten, Kanada und Mexiko. Noch andere sagen, Tarsis stehe möglicherweise für alle westlichen Nationen in der Endzeit. Das würde natürlich auch die Vereinigten Staaten mit einschliessen.

Wenn dem so ist, dann könnte Hesekiel 38,13 deutlich machen, dass die Vereinigten Staaten unter den Nationen zu finden sind, die Protest erheben gegen die massive, von Hesekiel beschriebene Invasion Israels. Es ist aber nur ein schwacher Protest ohne militärische Unterstützung.

Meine persönliche Meinung ist, dass diese Sicht zu spekulativ ist und von der Schrift kaum gestützt wird. Ausserdem kann niemand mit Sicherheit die richtige geografische Lage von Tarsis bestimmen.

Keine Erwähnung in der biblischen Prophetie

Der zweite Hauptstandpunkt in dieser Diskussion ist, dass Amerika in der biblischen Prophetie überhaupt keine Erwähnung findet. Wenn das stimmt, lautet die Frage, *warum* erwähnt die biblische Prophetie Amerika nicht? Prophetiestudenten haben eine ganze Reihe von Erklärungen vorgeschlagen.

Die meisten Nationen werden in der biblischen Prophetie nicht erwähnt

Natürlich kommen die meisten Nationen der Welt in der biblischen Prophetie nicht vor. Daher mag es keine weitere Bedeutung haben, dass auch die Vereinigten Staaten nicht erwähnt werden.

Dennoch weisen manche Leute darauf hin, dass die USA die einzige verbliebene Supermacht der Welt und Israels Hauptverbündeter sind. Aus diesem Grund könnte man doch erwarten, dass die Vereinigten Staaten zumindest beiläufig in der biblischen Prophetie erwähnt werden.

Keine wichtige Rolle

Eine zweite Möglichkeit ist, dass Amerika in der biblischen Prophetie nicht auftaucht, weil es in den Endzeitplänen Gottes keine bedeutende Rolle spielt. Angesichts Amerikas Beziehung zu Israel und seinem Platz in der Welt sollte man doch mindestens mit einer Erwähnung rechnen. Aber warum ist das nicht der Fall?

Ein möglicher moralischer Verfall

Einige meinen, Amerika komme in der biblischen Prophetie nicht vor, weil es aufgrund der ständig zunehmenden moralischen und geistlichen Degeneration zusammenbrechen könnte.[35] Das ist eine durchaus ernst zu nehmende Möglichkeit. Alarmierende Statistiken zeigen die moralischen und geistlichen Probleme in diesem Land.

- Vier von fünf Erwachsenen (ca. 83 Prozent) sagen, dass sie sich um den moralischen Zustand der Vereinigten Staaten Sorgen machen.
- Die meisten Amerikaner halten das Glücksspiel (61 Prozent), eheähnliche Gemeinschaften (60 Prozent) und sexuelle Fantasien (59 Prozent) für moralisch akzeptabel.
- Nahezu die Hälfte aller Amerikaner meint, dass Abtreibung (45 Prozent) und ein sexuelles Verhältnis mit einer Person des anderen Geschlechts ausser dem eigenen Ehepartner (42 Prozent) moralisch akzeptabel sind.
- Etwa ein Drittel der Amerikaner haben nichts einzuwenden gegen Pornografie (38 Prozent), Gotteslästerung (36 Prozent), Trunkenheit (35 Prozent) und Homosexualität (30 Prozent).

Wenn der moralische Schmutz in diesem Land weiter um sich frisst, könnte der Niedergang der Vereinigten Staaten nur eine Frage der Zeit sein.

Atomarer Angriff

Eine andere Möglichkeit, warum die USA in der biblischen Prophetie nicht erwähnt werden, ist, dass sie von einem atomaren Angriff vernichtet oder sehr geschwächt werden könnten und somit keine bedeutende Rolle in der Endzeit spielen. Dieses Szenario mag für einige Amerikaner schwer zu schlucken sein. Es besteht aber durchaus die Möglichkeit, dass die Vereinigten Staaten zukünftig einmal mit Atomwaffen angegriffen werden. Regierungsberater sagen zurzeit, die Wahrscheinlichkeit eines nuklearen Angriffs auf US-amerikanisches Territorium innerhalb der nächsten zehn Jahre sei höher, als dass es nicht geschieht.

Meiner Meinung nach würde es zu weit gehen, würde man sagen, die ganzen Vereinigten Staaten könnten zerstört werden. Aber wenn eine grosse Stadt – wie z. B. New York City, Los Angeles oder Chicago – zerstört würde, hätte das verheerende und anhaltende Auswirkungen auf die US-amerikanische Wirtschaft.

Nuklearer Terrorismus ist nicht nur das Gerede von Sensationsmachern und Schwarzsehern. Einige der grössten Denker in unserem Land läuten die Alarmglocken. Nationale Sicherheitsexperten sagen, das Risiko eines Angriffs mit Massenvernichtungswaffen in den nächsten zehn Jahren läge bei 70 Prozent. Einige US-Senatoren meinen, die Vereinigten Staaten sind der existenziellen Bedrohung durch Terroristen ausgesetzt, die Massenvernichtungswaffen in die Hände bekommen könnten. Im nächsten Jahrzehnt, sagen sie, stehen wir vor einem möglichen nuklearen Dschihad.

Die Vereinigten Staaten haben das Problem, dass man leicht ins Land gelangen kann. Ein Terrorist könnte ohne Weiteres eine Atombombe über die Grenzen oder einen Hafen einschmuggeln. Nur fünf Prozent der täglich 50 000 in die USA verschifften Frachtgutcontainer werden überprüft. Das heisst, 95 Prozent werden nicht kontrolliert. Mit einem der unkontrollierten Container könnte leicht eine Bombe ins Land gelangen.

Eine Terrorgruppe könnte auch von einem Handelsschiff vor der US-Küste eine Atomwaffe abfeuern. Etwa 75 Prozent der US-Bevölkerung leben nicht mehr als ca. 300 Kilometer von der Küste entfernt. Bei mehr als 130 000 registrierten Handelsschiffen in den US-Küstengewässern ist die nukleare Gefahr offensichtlich.

EMP-Angriff

Eine weitere Möglichkeit, weshalb die Vereinigten Staaten in der biblischen Prophetie unerwähnt bleiben, ist, dass das Land durch einen «Elektromagnetischen Puls (EMP)»-Angriff handlungsunfähig wird. Dieses realistische Szenario wurde in einem 2004 veröffentlichten Bericht einer vom amerikanischen Kongress ins Leben gerufenen, hochrangigen Kommission dokumentiert. In diesem Bericht mit dem Titel «Commission to Assess the Threat to the United States from Electromagnetic Pulse Attack» (Kommission zur Einschätzung der Bedrohung der Vereinigten Staaten durch einen Elektromagnetischen-Puls-Angriff) beklagten einige Regierungsbeamte, dass die Technologie mittlerweile existiert, um der amerikanischen Lebensweise ein Ende zu setzen.

Dem Bericht zufolge würde eine einzelne Atomwaffe, die in einer Höhe von wenigen hundert Kilometern über den USA explodiert, der Nation katastrophalen Schaden zufügen. Eine solche Rakete könnte von einem Frachter vor der Küste der Vereinigten Staaten abgeschossen werden. Die Kommission erklärte, das betroffene geografische Gebiet wäre umso grösser, je höher die Waffe detonierte. Bei einer Detonationshöhe von ca. 500 Kilometern wären die ganzen kontinentalen Vereinigten Staaten betroffen, einschliesslich Teile Kanadas und Mexikos.

Der von einer solchen Waffe ausgehende elektromagnetische Impuls würde wahrscheinlich elektronische Systeme und Informationssysteme schwer beschädigen – alles, wovon Amerikaner täglich abhängig sind. In grosser Gefahr befänden sich elektronische Kontrollzentren, die Infrastruktur von Strom-, Sensoren- und Schutzsystemen aller Art, Computer, Mobiltelefone, Telekommunikation, Autos, Schiffe, Flugzeuge, Züge, Energieproduktion, Bank- und Finanzwesen, Notdienste und sogar die Lebensmittel- und

Wasserversorgung. Alles, was in irgendeiner Weise elektronisch kontrolliert oder übermittelt wird, ist gefährdet.

Die Auswirkungen auf die amerikanische Gesellschaft wären katastrophal, da ihre Infrastruktur – die zivile wie auch die militärische – ohne Elektrizität und elektronische Komponenten völlig undenkbar ist. Die Kommission kam zu der Einschätzung, dass «Monate bis Jahre» nötig wären, um sich von einem derartigen Angriff vollständig zu erholen.

Nach einem EMP-Angriff könnte es in einigen Teilen der USA sogar zu Hungersnöten und Krankheiten kommen. Die dem Kongress vorgelegten Expertenberichte lassen erkennen, dass ein EMP-Angriff imstande wäre, die Leistungsfähigkeit der Vereinigten Staaten – was Transportmöglichkeiten und die Nahrungs- und Wasserversorgung der Bevölkerung angeht – in ein vorindustrielles Zeitalter zurückzuversetzen. Statt auf Autos, Busse und Züge wären die Menschen wieder auf Fahrräder, Pferde und Kutschen angewiesen.

Die muslimische Bedrohung: Dschihad

Möglicherweise kommt Amerika in der biblischen Prophetie nicht vor, weil es vom islamischen Dschihad heimgesucht wird. Einige muslimische Führer lehren heute, der Dschihad sei eine Option der Aussenpolitik, die helfen kann, die Autorität des Islams auf die ganze Welt auszudehnen. Viele schiitische Muslime glauben, am apokalyptischen Ende der Zeit würde ein grosser, bewaffneter Dschihad dazu führen, die ganze Welt dem Islam zu unterwerfen.[36]

Viele dieser schiitischen Muslime glauben schon lange an die Rückkehr des zwölften Imam, der ein direkter Nachkomme von Mohammeds Schwiegersohn Ali sein soll (aus dessen Familie, so glaubt man, die einzigen legitimen Nachfolger Mohammeds kommen). Der zwölfte Imam – der 941 n. Chr. als Kind verschwand – wird in der Zukunft angeblich als der Mahdi («der recht Geleitete») zurückkehren. Er soll angeblich ein messianisches Zeitalter von weltweiter Ordnung und Gerechtigkeit für Schiiten aufrichten, in dem der Islam siegreich sein wird.

Das Erscheinen des zwölften Imam kann mutmasslich beschleunigt werden durch apokalyptisches Chaos und Gewalt – d. h. indem ein apokalyptischer heiliger Krieg gegen Christen und Juden ausgelöst wird. Daher glauben einige muslimische Extremisten, sie könnten den göttlichen Zeitplan beeinflussen und das Ende der Tage herbeiführen.

Das Ziel radikaler Muslime ist eine Welt ohne Amerika und den Zionismus, und ist dieses Ziel erst einmal erreicht, kann mit der Rückkehr des zwölften Imam gerechnet werden. Einige dieser radikalen Muslime behaupten, die Menschheit würde schon bald wissen, wie es ist, in einer Welt zu leben, in der es weder Juden noch die Vereinigten Staaten gibt.

Einem Muslim, der sein Leben im Dienst für Allah verliert, wird der Eingang ins Paradies garantiert (Hadith 9:459). Das gibt den Muslimen eine religiöse Motivation, sich am Dschihad zu beteiligen. Laut muslimischer Überlieferung sagte Mohammed: «Die Person, die für Allahs Sache an (heiligen Kämpfen) teilnimmt und von nichts anderem angetrieben wird als dem Glauben an Allah und seine Apostel, wird von Allah entweder mit einer Belohnung oder einer Beute (falls er überlebt) oder mit dem Eingang ins Paradies entschädigt (sollte er im Kampf als Märtyrer getötet werden)» (Hadith 1:35). Das ist von grösster Bedeutung für Muslime, denn nur so kann ein Muslim sicher sein, ins Paradies zu kommen.

Andere radikale Muslime sind nicht auf die Zerstörung der Vereinigten Staaten aus, sondern auf ihre vollständige Bekehrung zum Islam. Die Errichtung eines weltweiten islamischen Staates ist das gemeinsame Ziel radikaler Muslime. Das schliesst natürlich auch die USA mit ein. Mit dem Koranzitat 3:85 betonen viele Muslime, dass Allah nie eine andere Religion als den Islam akzeptieren wird. Einige muslimische Führer lehren, dass die ganze Welt unter der Herrschaft des Islam sein muss – ausnahmslos.

Eine muslimische Führungsperson hat die heute lebenden Menschen gewarnt, dass wir, bevor Allah unsere Augen zum letzten Mal schliesst, miterleben werden, wie der Islam von der zweitgrössten Religion in Amerika (was heute der Fall ist) zur grössten aufsteigen wird. Zu diesem Ziel haben einige reiche Muslime – unter ihnen befinden sich einige Saudis – unzählige Millionen von Dollar an amerikanische Universitäten überwiesen, um wissenschaftliche Institute für Nahoststudien einzurichten. Sie könnten zur Ausbreitung des Islams einen wichtigen Beitrag leisten. Muslime finanzieren zudem den Bau von islamischen Zentren, Moscheen und Schulen zur Ausbildung muslimischer Kinder in Amerika.

Geschwächt durch die Entrückung

Andere Christen haben nahegelegt, dass die Vereinigten Staaten in der biblischen Prophetie nicht auftauchen, weil sie durch die Entrückung dezimiert werden. Aufgrund der vielen Christen in den USA kann man wohl sagen, dass die negativen Folgen der Entrückung in Amerika grösser sein werden als in den meisten anderen Nationen.

Nach der Entrückung werden viele Arbeitnehmer nicht mehr bei der Arbeit erscheinen; viele Rechnungen und Hypotheken werden unbezahlt bleiben; viele Studiengebühren und -kredite werden nicht bezahlt; viele Geschäftsführer werden ihren Unternehmen nicht länger vorstehen; viele Polizeibeamte und andere Gesetzeshüter werden nicht mehr zur Verfügung stehen, um den Frieden aufrechtzuerhalten; und der Aktienmarkt wird aufgrund der entstehenden Panik wahrscheinlich zusammenbrechen. Das und vieles mehr werden die Folgen der Entrückung sein.

Eine Kombination aus verschiedenen Katastrophen

Mehrere dieser Szenarien könnten gleichzeitig stattfinden, und ihre gemeinsame Wirkung könnte die Vereinigten Staaten erheblich schwächen.[37] So könnte Amerika beispielsweise moralisch zusammenbrechen, eine Atomwaffe in einer amerikanischen Stadt detonieren und die Entrückung stattfinden. Die damit verbundenen Folgen könnten die Vereinigten Staaten in die Knie zwingen.

Als amerikanischer Patriot möchte ich natürlich nur das Beste für dieses Land. Allerdings sind die eben beschriebenen Szenarien durchaus vorstellbar. Sie stehen nicht im Widerspruch zu dem, was wir aus der biblischen Prophetie wissen.

Eine historische Anmerkung: Auch grosse Zivilisationen können untergehen

In der Menschheitsgeschichte sind viele grosse Nationen aufgestiegen und wieder untergegangen. Alle diese Nationen haben ihren bevorstehenden Niedergang wahrscheinlich nicht vorausgesehen. Die meisten Bürger dieser Nationen dürften mit dem Fall ihres Landes nicht gerechnet haben. Die harte Realität der Geschichtsschreibung ist jedoch, dass auch grosse Nationen untergehen.

- Die Babylonier dachten nicht daran, dass Babylon jemals fallen würde, aber sein Niedergang kam in weniger als einem Jahrhundert.
- Die Perser dachten nicht daran, dass das Persische Reich jemals verschwinden würde, aber nach etwa zweihundert Jahren musste es schliesslich kapitulieren.
- Die Griechen dachten nicht daran, dass Griechenland jemals fallen würde, aber es verschwand in weniger als drei Jahrhunderten.
- Niemand dachte, dass das mächtige Römische Reich untergehen könnte, aber es verschwand, nachdem es neun Jahrhunderte durchgehalten hatte.

Sind die Vereinigten Staaten unbezwingbar? Wir denken gerne, dass wir etwas Besonderes sind – dass wir Erfolg haben, wo andere versagen. Aber ein solches Denken ist ebenso arrogant wie unklug. Die Forschung zeigt, dass viele gefallene Zivilisationen in der Geschichte ebenfalls dachten, sie wären ihren Nachbarn und Vorfahren überlegen. Nur wenige ihrer Bürger konnten sich vorstellen, dass ihre Gesellschaft eines Tages zusammenbrechen könnte.

Gott kontrolliert die Nationen

Gott steht absolut souverän über den Angelegenheiten der Menschen. Er herrscht über das Universum, kontrolliert alle Dinge und ist Herr über alles (s. Eph 1). In diesem Universum kann nichts passieren, was Er nicht unter Kontrolle hat. Alle Existenzformen befinden sich in Seinem Herrschaftsbereich. Gott sagt: «Mein Ratschluss soll zustande kommen, und alles, was mir gefällt, werde ich vollbringen» (Jes 46,10). Er versichert uns: «Fürwahr, es soll geschehen, wie ich es mir vorgenommen habe, und es soll zustande kommen, wie ich es beschlossen habe» (Jes 14,24).

Ebenso souverän steht Gott über allen Angelegenheiten einzelner Nationen in der Welt. Die Schrift sagt über Gott: «Er macht Völker gross, und er vernichtet sie; er breitet die Völker weit aus, und er führt sie weg» (Hi 12,23).

Wir erfahren: «Und er hat aus einem Blut jedes Volk der Menschheit gemacht, dass sie auf dem ganzen Erdboden wohnen sollen, und hat im Voraus verordnete Zeiten und die Grenzen ihres Wohnens bestimmt» (Apg 17,26).

Was bedeutet das für die Vereinigten Staaten? Gott steht absolut souverän über den Nationen, und Er ist ein heiliger und richtender Gott. Ist es somit möglich, dass Gott in Seiner Souveränität Amerika in der Endzeit richten könnte, weil es sich von Ihm abgewandt hat?

Wer dies bezweifelt, sollte einmal lesen, was der Apostel Paulus in Römer 1,18–28 geschrieben hat. Wenn diese Stelle uns etwas zu sagen hat, dann ist es die Warnung, dass Gott Seinen Zorn gegen die Nation richtet, die Ihn und Sein Wort bewusst zurückweist. Gott offenbart Seinen Zorn beispielsweise dadurch, dass Er die Menschen dieser Nation die verheerenden Konsequenzen ihrer Sünde uneingeschränkt spüren lässt.

Denken Sie nur an die weite Verbreitung von Pornografie in Amerika, vor- und aussereehelichen Geschlechtsverkehr, Homosexualität, gleichgeschlechtliche Ehen, Abtreibungen, Alkohol- und Drogenmissbrauch, Scheidungen und vieles mehr. Amerika befindet sich zurzeit in einer gefährlichen Lage!

Gottes endzeitliches Gericht über Amerika für seine moralische und geistliche Degeneration könnte nur ein weiterer Grund sein, warum die Vormachtsstellung der Vereinigten Staaten von Amerika in der Endzeit auf die Vereinigten Staaten von Europa übergehen wird. Mit dem Antichristen als seinem Herrscher wird Rom zur Macht aufsteigen.

Schlussgedanken

Meine persönliche Einschätzung ist, dass Amerika in der biblischen Prophetie nicht erwähnt wird. Ich glaube zudem, dass Amerika in der Endzeit wahrscheinlich geschwächt sein wird. Genauer gesagt, meiner Meinung nach wird Amerika moralisch weiter sinken, auf amerikanischem Boden könnten Massenvernichtungswaffen detonieren und unter der Entrückung wird Amerika mehr zu leiden haben als andere Länder.

Kapitel 7

Können wir wissen, wann die in Hesekiel beschriebene Invasion stattfinden wird?

Vor etwa 2600 Jahren sagte der Prophet Hesekiel voraus, dass die Juden in der Endzeit aus vielen Nationen wieder in ihrem Land Israel gesammelt werden würden (Hes 36–37). Anschliessend prophezeite er für einen späteren Zeitpunkt eine umfassende Invasion Israels durch eine riesige Streitmacht aus dem Norden. Angeführt wird diese aus dem heutigen Iran, Sudan, Türkei und Libyen bestehende Koalition muslimischer Nationen von Russland. Ihr Ziel ist die vollständige Auslöschung der Juden.

Die Frage ist, wann wird diese Invasion stattfinden? Mehrere Möglichkeiten wurden vorgeschlagen. Manche sagen, sie findet vor der Drangsalszeit und vor der Entrückung statt. Andere sehen sie nach der Entrückung, aber noch vor der Drangsalszeit. Manche meinen, sie würde in der ersten Hälfte der Drangsalszeit geschehen. Andere legen sie ans Ende der Drangsalszeit. Und wieder andere sind der Ansicht, sie würde sich nach der Drangsalszeit, aber noch vor dem Tausendjährigen Reich ereignen. Einige Leute datieren sie sogar an den Beginn oder das Ende des Tausendjährigen Reiches. Es ist eine schwierige Debatte, die von vielen Variablen bei der Schriftauslegung bestimmt wird.

Ich werde jede Sicht kurz darstellen. Zunächst möchte ich jedoch einige allgemeine Gesichtspunkte über den Zeitpunkt der Invasion zusammenfassen. Sie werden uns helfen, die verschiedenen Ansichten von Christen richtig einzuschätzen.

Allgemeine Faktoren

Die Schrift weist auf fünf allgemeine Faktoren hin, die hinsichtlich des Zeitpunkts der in Hesekiel beschriebenen Invasion hilfreich sein können.

Die letzten Tage

Die Invasion wird grundsätzlich «zur letzten Zeit» oder in den «letzten Tagen» bzw. «am Ende der Tage» stattfinden, womit nur die Endzeit gemeint sein kann. So wie das Alte Testament den Begriff *letzte Tage* (und ähnliche Begriffe) verwendet, meint es damit die Zeit vor dem Kommen des Messias, um Sein Tausendjähriges Reich auf Erden aufzurichten.[38] Genauer gesagt, solche Begriffe werden allgemein gebraucht, um eine Zeit der Drangsal für Israel zu beschreiben.[39] Nach langer Überprüfung der Schrift bestätigt J. Dwight Pentecost, Professor vom Dallas Theological Seminary: Wenn der Begriff *letzte Tage* in Bezug auf die alttestamentlichen Juden verwendet wurde, «dann bezieht er sich speziell auf die letzten Jahre und Tage des Handelns Gottes mit der Nation Israel, womit Gottes Handeln mit Israel in der 70. Woche aus Daniels Prophezeiung gemeint sein muss, da es noch vor dem Tausendjährigen Zeitalter stattfindet (Hes 40)».[40]

Harold Hoehner, der seinen Doktor an der Universität von Cambridge machte und im Anschluss an seine Promotion an die Universität von Tübingen ging, bestätigt ebenfalls, dass «sich die vertrauten Begriffe ‹nach vielen Tagen› (Hes 38,8) und ‹zur letzten Zeit› (Hes 38,8.16) auf die Drangsalszeit (5. Mo 4,27–30; Dan 2,28; 8,19.23; 10,14) und/oder auf die Wiederherstellung im Tausendjährigen Reich beziehen (Jes 2,2–4; Mi 4,1–7). Der Kontext bestimmt den Rahmen. Hier in Hesekiel 38–39 muss Israels grosse Drangsalszeit gemeint sein».[41]

Noch zukünftig

Keine Invasion von der Grösse, wie Hesekiel 38–39 sie beschreibt, hat jemals in Israels Geschichte stattgefunden. Gewiss, Israel hat schon unzählige Kämpfe und Invasionen erlebt. Aber es gab noch nie eine Invasion, bei der ...

- Israel von einer riesigen Allianz aus Nationen aus den heutigen Territorien von Russland, Iran, Türkei, Sudan und Libyen angegriffen wurde.
- die Allianz auf vollständige und schreckliche Weise von Gott durch ein gewaltiges Erdbeben, Feuer und Schwefel vom Himmel, armeeinternen Kämpfen und Krankheiten vernichtet wurde.
- die Zahl der Opfer so gross war, dass es sieben Monate brauchte, um alle Toten in einem breiten Tal zu begraben (Hes 39,11–12).

Diese Invasion hat bis heute nicht stattgefunden. Das wird erst in der Zukunft geschehen («zur letzten Zeit»).

Israel ist wieder in seinem Land

Vor der Invasion muss Israel erst wieder in seinem Land wohnen. Klar, wenn Israel nicht in seinem Land wohnt, kann es auch keine Invasion geben. Hesekiel 38,8 spricht vom Heiligen Land, dessen Volk «aus vielen Völkern wieder gesammelt worden ist auf die Berge Israels». Zum ersten Mal seit 19 Jahrhunderten wurde Israel im Jahr 1948 wieder zu einer Nation. Da Israel nach einer langen und weltweiten Zerstreuung der Juden unter viele Nationen wieder in seinem Land lebt, befindet sich ein entscheidendes Puzzleteil nun an der richtigen Stelle. Die Grundlage ist geschaffen für die zukünftige Invasion Israels durch eine militärische Koalition aus dem Norden.

Sicherheit und Ruhe

Die Schrift sagt, dass Israel in Sicherheit und Ruhe leben wird, wenn die in Hesekiel beschriebene Invasion stattfindet (s. Hes 38,8.11). Einige Bibelausleger glauben, Israel würde schon jetzt in Sicherheit leben, weil es über eine gut ausgerüstete Armee verfügt, eine erstklassige Luftwaffe, ein effektives Raketenabwehrsystem, eine starke Wirtschaft und eine stabile Beziehung zu den Vereinigten Staaten.

Andere Christen sind da anderer Meinung. Sie sagen, seit Israel 1948 eine Nation wurde, muss es auf der Hut sein, da die Beziehungen zu seinen arabischen Nachbarn sehr angespannt sind. Daher glauben viele, dass Israel erst wirklich in Sicherheit leben wird, wenn der Führer des wiedererrichteten Römischen Reiches – eines europäischen Superstaates – einen Friedensbund mit Israel unterzeichnet. Dieses Ereignis wird den Beginn der Drangsalszeit einläuten (Dan 9,27). Manche Bibelausleger sind der Ansicht, dass die Invasion aus Hesekiel irgendwann nach der Unterzeichnung dieses Vertrages stattfinden wird.

Nationale Allianzen

Zwischen den einmarschierenden Nationen müssen – offizielle und inoffizielle – nationale Bündnisse bestehen. Wir können ebenso Allianzen zwischen bestimmten muslimischen Nationen (Iran, Türkei, Sudan und Libyen) erwarten wie zwischen diesen Staaten und Russland. Schon heute können wir erkennen, wie sich diese Bündnisse formen.

Nun wollen wir unsere Aufmerksamkeit auf die unterschiedlichen Ansichten über den Zeitpunkt der Invasion richten.

Standpunkt 1: Vor der Drangsalszeit und vor der Entrückung

Eine heute populäre Sicht ist, dass die von Hesekiel beschriebene Invasion Israels vor der Drangsalszeit und sogar noch vor der Entrückung stattfinden wird. Dieses Szenario wurde ebenso in der beliebten «Left Behind»-Buchreihe von Tim LaHaye und Jerry Jenkins präsentiert wie in einigen von Joel Rosenbergs Büchern. Sie argumentieren wie folgt:

1. Diese Sicht bezieht die 7-jährige Drangsalszeit ein. Die sieben Jahre, in denen die Waffen der Invasion verbrannt werden (Hes 39,9), sind die sieben Jahre der Drangsalszeit.
2. Diese Sicht erklärt möglicherweise am besten, warum Israel seinen Tempel wieder aufbauen kann. Wenn Gott vor Beginn der Drangsalszeit alle muslimischen Invasionsarmeen vernichtet hat, hat Israel weniger Probleme, seinen Tempel auf dem Tempelberg in Jerusalem zu errichten. Der Widerstand wäre viel geringer.
3. Es ist das glaubhafteste Szenario. So scheint es beispielsweise höchst unwahrscheinlich, dass sich die Invasion im Tausendjährigen Reich Christi oder sogar am Ende der Drangsalszeit ereignet.

Vertreter anderer Ansichten sehen die Probleme dieses Standpunkts:

1. Die Vorstellung, die Invasion würde sich vor der Entrückung ereignen, scheint Hesekiels Hinweis zu widersprechen, dass die Invasion «zur letzten Zeit» stattfindet (Hes 38,8.16). Wird dieser Ausdruck für Israel gebraucht, scheint er auf die Drangsalszeit zu verweisen.
2. Der Gedanke, dass die Invasion vor der Entrückung geschieht, widerspricht der Prophezeiung Hesekiels, dass sie stattfindet, wenn Israel in Sicherheit und Ruhe lebt (Hes 38,11). Das wird erst der Fall sein, wenn der Antichrist einen Bund mit Israel schliesst (mit dem die Drangsalszeit beginnt).

3. Das Neue Testament lehrt durchgehend, dass die Entrückung nahe bevorsteht – d. h., aus prophetischer Sicht muss nichts vorher noch erfüllt werden. Daher kann man nicht sagen, dass diese Invasion vor der Entrückung stattfinden muss.
4. Aus 2. Thessalonicher 2,6–8 geht hervor, dass der Antichrist («der Gesetzlose») erst auftreten kann, wenn der, der jetzt zurückhält, aus dem Weg ist.

Standpunkt 2: Nach der Entrückung, aber noch vor der Drangsalszeit

Der Prophetieexperte Thomas Ice bietet eine andere Sicht an und sagt, die Invasion würde «in den Tagen, Wochen, Monaten oder Jahren zwischen der Entrückung und dem Beginn der 7-jährigen Drangsalszeit stattfinden».[42] Er stützt seine Sicht auf die folgenden Argumente:

1. Nach der Entrückung wird ein völliges Chaos auf der Welt herrschen. Da in den Vereinigten Staaten sehr viele Christen leben, wird die Entrückung verheerende Folgen für die USA haben. Russland und seine muslimischen Verbündeten könnten die Gunst der Stunde nutzen und es für den idealen Zeitpunkt halten, in Israel einzumarschieren.
2. Nachdem Gott Russland und die muslimischen Invasoren erst einmal vernichtet hat, könnte die Tür offen sein für den schnellen Aufstieg des Antichristen als Führer des wiedererrichteten Römischen Reiches – eines europäischen Superstaates.
3. Nachdem die muslimischen Invasoren vor der Drangsalszeit vernichtet wurden, kann der Antichrist viel leichter einen Friedenspakt mit Israel schliessen (Dan 9,27) und Israel Schutz zusichern.

4. Dieses Szenario könnte erklären, weshalb Israel in der Lage ist, auf dem Tempelberg in Jerusalem den jüdischen Tempel zu errichten. Sind die muslimischen Streitkräfte erst einmal vernichtet, wird der Widerstand der Muslime erheblich geringer.
5. Wenn die Invasion nach der Entrückung und die Entrückung mindestens dreieinhalb Jahre vor der Drangsalszeit stattfindet, wäre ausreichend Zeit, die Waffen der Invasoren sieben Jahre lang zu verbrennen, bevor die Mitte der Drangsalszeit erreicht ist, der Antichrist sein Hauptquartier in Jerusalem aufschlägt und Israel flüchten muss.

Vertreter anderer Ansichten sehen die Probleme dieses Standpunkts:

1. Manche glauben, die Vorstellung, die in Hesekiel beschriebene Invasion würde der Drangsalszeit vorausgehen, widerspräche der Tatsache, dass die Invasion «zur letzten Zeit» stattfindet (Hes 38,8.16). Wie bereits angemerkt, glauben einige, dass dieser Ausdruck – wenn er für Israel verwendet wird – auf die Drangsalszeit hinweist.
2. Der Gedanke, die Invasion würde sich vor der Drangsalszeit ereignen, widerspricht der Prophezeiung Hesekiels, dass sie stattfindet, wenn Israel in Sicherheit und Ruhe lebt (Hes 38,11). Das wird erst der Fall sein, wenn der Antichrist einen Bund mit Israel schliesst.

Standpunkt 3: In der ersten Hälfte der Drangsalszeit

Andere Prophetieexperten – zu denen auch John F. Walvoord, J. Dwight Pentecost, Charles C. Ryrie, Herman Hoyt und Mark Hitchcock gehören – legen die Invasion aus Hesekiel in die erste Hälfte der Drangsalszeit. Sie liefern folgende Argumente für ihre Sicht:

1. Diese Position erfüllt die Voraussetzung, dass Israel vor der Invasion in Sicherheit und Ruhe leben muss. Dieser Zustand von Sicherheit und Ruhe basiert darauf, dass Israel einen Bund mit dem Führer des wiedererstandenen Römischen Reiches (dem Antichrist) geschlossen hat.
2. Nachdem Gott Russland und die muslimischen Invasionskräfte in der ersten Hälfte der Drangsalszeit vernichtet hat, entsteht ein Machtvakuum, das den schnellen Aufstieg des Antichristen ermöglicht.[43]
3. Die Zerstörung der muslimischen Streitkräfte in der ersten Hälfte der Drangsalszeit begünstigt auch das Aufkommen einer Eine-Welt-Religion. Die Christen werden bereits entrückt sein, und nun sind auch noch die muslimischen Streitkräfte aus dem Weg geräumt.

Vertreter anderer Ansichten sehen die Probleme dieses Standpunkts:

1. Jede Sicht, die diese Invasion in die erste Hälfte der Drangsalszeit verlegt, lässt sich nur schwer mit der sieben Jahre langen Verbrennung der Waffen in Einklang bringen. Sollte die Invasion im zweiten Jahr der Drangsalszeit stattfinden, bedeutet das, dass das Verbrennen über die Drangsalszeit hinaus bis ins Tausendjährige Reich geht.
2. Vertreter dieser Auffassung berücksichtigen möglicherweise nicht in ausreichendem Masse, wie gross die Verfolgung der Juden in der zweiten Hälfte der Drangsalszeit sein wird. Unter einer derart schweren Verfolgung noch sieben Jahre lang Waffen zu verbrennen, wäre äusserst schwierig.
3. Es ist schwer zu erkennen, warum Gott im Interesse Israels eingreifen und die Eindringlinge aus dem Norden in der ersten Hälfte der Drangsalszeit vernichten sollte, nur um in der zweiten Hälfte der Drangsalszeit Ereignisse zuzulassen, die

Israel grossen Schaden zufügen.[44] Es scheint besser, die Invasion in die Jahre vor der Drangsalszeit zu legen.

Standpunkt 4: Am Ende der Drangsalszeit

Andere Bibelausleger legen nahe, dass sich die Invasion in Hesekiel am Ende der Drangsalszeit ereignet. Sie setzen diese Invasion mit Harmageddon gleich. Mehrere Argumente dienen zur Unterstützung dieser Sichtweise:

1. Harmageddon findet in der Drangsalszeit statt und Hesekiels Invasion «zur letzten Zeit» (was manche für einen Hinweis auf die Drangsalszeit halten). Daher müssen sich diese Ereignisse entsprechen.
2. Nachdem Gott die Eindringlinge in Hesekiel vernichtet hat, werden die toten Körper von Vögeln und Raubtieren gefressen (Hes 39,4.17–20). Dasselbe wird nach Harmageddon passieren (Offb 19,17–18). Somit müssen die Invasion aus dem Norden und Harmageddon ein und dasselbe sein.
3. In Sacharja 12,10 lesen wir, dass sich die Juden am Ende der Drangsalszeit in Scharen zum Herrn hinwenden werden (nach Harmageddon). In ähnlicher Weise scheint Hesekiel 39,22.29 nach der Invasion die Bekehrung von Juden anzudeuten. Daher muss es dasselbe Ereignis sein.

Vertreter anderer Ansichten sehen die Probleme dieses Standpunkts:

1. An Harmageddon sind alle Nationen der Erde beteiligt (Joel 4,2; Zeph 3,8; Sach 12,3; 14,2), während die Invasion aus Hesekiel nur bestimmte Nationen umfasst – Russland, Iran, Sudan, Türkei, Libyen und ein paar andere muslimische Staaten (s. Hes 38,1–6).

2. Die Schauplätze sind verschieden. Bei Harmageddon findet die Vernichtung am Berg Megiddo statt, etwa 95 Kilometer nördlich von Jerusalem. Die von Hesekiel beschriebene Zerstörung ereignet sich auf den Bergen Israels.
3. Die Opfer von Harmageddon sind das Ergebnis des persönlichen Erscheinens Jesu Christi bei Seinem zweiten Kommen (Offb 19,15). Die Toten bei Hesekiels Invasion sind das Resultat eines grossen Erdbebens, armeeinternen Kämpfen, Krankheiten, sintflutartigem Regen und Feuer und Schwefel, die auf die Truppen herabfallen (Hes 38,20–22).
4. Am Ende der Drangsalszeit (bei Harmageddon) werden die Juden nicht in Sicherheit und Ruhe leben, da sie vom Antichristen aufs Schwerste verfolgt werden. In der ersten Hälfte der Drangsalszeit werden die Juden hingegen in relativer Sicherheit und Ruhe leben. Genau dann, glauben viele, wird die in Hesekiel beschriebene Invasion stattfinden.[45]
5. Wäre Hesekiels Invasion mit Harmageddon gleichzusetzen, würde sich das sieben Jahre lange Verbrennen der Waffen bis ins Tausendjährige Reich erstrecken.
6. Bei Harmageddon ist das Tier (oder der Antichrist) der Anführer der Invasionstruppen (Offb 19,19). In Hesekiels Prophezeiung führt aber Gog die eindringenden Streitkräfte an (Hes 38,2).
7. Die bei Harmageddon versammelten Armeen stellen sich gegen Jesus Christus auf bei Seinem zweiten Kommen (Offb 19,19). Das trifft auf Hesekiels militärisches Bündnis aus dem Norden nicht zu.

Standpunkt 5: Nach der Drangsalszeit und vor dem Tausendjährigen Reich

Andere Christen sehen ein Intervall zwischen der Drangsalszeit und dem Tausendjährigen Reich, in dem die von Hesekiel geschilderte Invasion stattfindet. Sie stützen ihre Position auf folgende Überlegungen:

1. Wenn ein Zwischenraum zwischen der Entrückung und der Drangsalszeit möglich ist, könnte es auch einen zwischen der Drangsalszeit und dem Tausendjährigen Reich geben.
2. Nach dem zweiten Kommen Christi wird Israel wirklich in Sicherheit und Ruhe leben, deshalb findet die Invasion zu diesem Zeitpunkt statt.

Vertreter anderer Ansichten sehen die Probleme dieses Standpunkts:

1. Das grosse Problem dieser Sicht ist, dass das Intervall zwischen der Drangsalszeit und dem Tausendjährigen Reich nicht lang genug wäre für alle Details aus Hesekiel 38–39 (inklusive dem sieben Jahre langen Verbrennen der Waffen). Die Schrift liefert keinen Hinweis auf einen so langen Zwischenraum.
2. Es scheint unbegreiflich, würde eine militärische Streitmacht Israel nach dem zweiten Kommen Christi in Herrlichkeit angreifen. Ausserdem lesen wir beim Kommen des Königs der Könige und Herrn der Herren: «Und aus seinem Mund geht ein scharfes Schwert hervor, damit er die Heidenvölker mit ihm schlage» (Offb 19,15). Die Feinde Christi werden wahrscheinlich nicht lange genug leben, um nach Israel einzumarschieren.

Standpunkt 6: Am Anfang des Tausendjährigen Reiches

Ganz andere Bibelausleger – zu den bekannteren gehört Arno Gaebelein – legen nahe, dass Hesekiels Invasion zu Beginn des

Tausendjährigen Reiches stattfindet. Das Hauptargument dieses Standpunkts ist, dass Israel im Tausendjährigen Reich Christi auf jeden Fall in Sicherheit und Ruhe leben wird.

Vertreter anderer Ansichten sehen die Probleme dieses Standpunkts:

1. Jesaja 2,4 sagt ausdrücklich, dass es im Tausendjährigen Reich Christi keinen Krieg geben wird. Das scheint jegliche Möglichkeit einer Invasion Israels von den von Hesekiel beschriebenen Eindringlingen auszuschliessen.
2. Eine Invasion Israels zu einem frühen Zeitpunkt des Tausendjährigen Reiches ist praktisch unmöglich, weil nach dem zweiten Kommen Christi alle Ungläubigen beim Gericht über die Nationen verurteilt werden (Mt 25,31–46). Jeremia 25,32–33 bestätigt, dass der Herr bei Seiner Rückkehr alle Gottlosen auf der Erde vernichten wird (s. auch Offb 19,15–18). Nur die Gläubigen kommen in das Tausendjährige Reich Christi.[46]
3. Hesekiel 39,12 teilt uns mit, dass das Land nach der Invasion sieben Monate lang verunreinigt sein wird, bis alle Toten begraben sein werden. Es ist nur schwer zu glauben, dass das Land in der Anfangsphase des Tausendjährigen Reiches Christi sieben Monate lang verunreinigt sein wird.
4. In Jesaja 9,3–4 lesen wir, dass am Anfang des Tausendjährigen Reiches Christi alle Kriegswaffen zerstört werden. Woher sollen die Invasoren aus Hesekiel ihre Waffen nehmen?[47]
5. Heute meinen viele, der muslimische Hass auf das jüdische Volk sei vom Teufel inspiriert. Zu Beginn des Tausendjährigen Reiches wird der Teufel aber gebunden sein, bis die tausend Jahre um sind (Offb 20,1–3).
6. Keine Nation würde es wagen, Israel anzugreifen, wenn Christus selbst – der König der Könige und Herr der Herren – Seine Herrschaft begonnen hat. Das wäre der Gipfel des Wahnsinns.

Standpunkt 7: Am Ende des Tausendjährigen Reiches

Die letzte Sicht ist, dass die in Hesekiel beschriebene Invasion am Ende des Tausendjährigen Reiches stattfindet. Diese Sicht herrschte unter Nicht-Evangelikalen vor:[48]

1. «Und wenn die 1000 Jahre [das Tausendjährige Reich] vollendet sind, wird der Satan aus seinem Gefängnis losgelassen werden, und er wird ausgehen, um die Heidenvölker zu verführen, die an den vier Enden der Erde leben, den Gog und den Magog, um sie zum Kampf zu versammeln, deren Zahl wie der Sand am Meer ist. Und sie zogen herauf auf die Fläche des Landes und umringten das Heerlager der Heiligen und die geliebte Stadt. Und es fiel Feuer von Gott aus dem Himmel herab und verzehrte sie. Und der Teufel, der sie verführt hatte, wurde in den Feuer- und Schwefelsee geworfen, wo das Tier ist und der falsche Prophet, und sie werden gepeinigt werden Tag und Nacht, von Ewigkeit zu Ewigkeit» (Offb 20,7–10). Diese Stelle spricht von Gog und Magog, deshalb muss dieselbe Invasion gemeint sein, die auch Hesekiel 38–39 beschreibt.
2. Die Invasion in Hesekiel wird als «eine grosse Menge» (Hes 38,4) und «ein mächtiges Heer» (V. 15) bezeichnet, und Gott sagt zu dem Anführer, dass «viele Völker mit dir» sind (V. 6). Die in Offenbarung erwähnte Invasionsmacht wird ebenfalls als riesig beschrieben – «deren Zahl wie der Sand am Meer ist» (Offb 20,8). Deshalb muss es dieselbe Invasion sein.[49]
3. Diese Sicht erklärt am besten Israels enormen Wohlstand zu Beginn der Invasion (Hes 38,12).
4. In beiden Fällen besiegt Gott selbst die Eindringlinge (Hes 39,3–6; Offb 20,9).

Vertreter anderer Ansichten sehen die Probleme dieses Standpunkts:

1. Die Chronologie passt nicht. Die Invasion in Hesekiel 38–39 ereignet sich irgendwann nach der Wiederherstellung Israels (Hes 36–37), wenn die Juden aus vielen Nationen auf der ganzen Welt zurück ins Heilige Land geströmt sind. Am Ende des Tausendjährigen Reiches wird das nicht der Fall sein.
2. Nach der von Hesekiel prophezeiten Invasion kommt schliesslich die Aufrichtung des Tausendjährigen Reiches (Hes 40–48). Der in Offenbarung 20,7–10 vorausgesagten Invasion folgt unmittelbar der ewige Zustand (Offb 21).
3. Hesekiel 39,12 sagt, dass die Juden sieben Monate benötigen werden, um die Toten zu begraben. Es ist nicht wahrscheinlich, dass dieses Begräbnis am Ende des Tausendjährigen Reiches stattfindet. In diesem Szenario verbringen die Israeliten sieben harte Monate mit dem Begraben der toten, gottlosen Eindringlinge. Laut dem Buch der Offenbarung werden diese Personen direkt danach auferweckt, um vor dem grossen weissen Thron zu erscheinen und in den Feuersee geworfen zu werden. Ein solches Szenario ist nicht realisierbar. Ausserdem erfahren wir in Offenbarung 20,9: «Es fiel Feuer von Gott aus dem Himmel herab und verzehrte sie.» Es werden keine Körper übrig bleiben, die man begraben kann. Sie sind alle eingeäschert.
4. Nach dem grossen weissen Thron ist der Beginn des ewigen Zustands das nächste Ereignis im Buch der Offenbarung (Offb 21). Das bringt von Natur aus das Problem mit sich, dass die Waffen noch sieben Jahre lang verbrannt werden müssen. Wenn diese Invasion am Ende des Tausendjährigen Reiches stattfindet, geht das Verbrennen der Waffen nach dem Tausendjährigen Reich noch weiter und reicht bis in den ewigen Zustand hinein. Das macht überhaupt keinen Sinn.

5. Hesekiels Invasionstruppe besteht aus einer Koalition von eindeutig lokalisierten Nationen (Russland und eine Reihe muslimischer Staaten), die vom Norden einfallen werden. Die Invasoren im Tausendjährigen Reich werden eine internationale Armee sein – «die Heidenvölker ... die an den vier Enden der Erde leben» (Offb 20,8).
6. Der Apostel Johannes benutzte den Begriff Gog und Magog möglicherweise als eine Art Bild, so wie wir es heute gelegentlich tun. So steht der Name Wall Street beispielsweise stellvertretend für die Börse. Im Neuen Testament wurden Begriffe wie Korinther und Nazarener zu Bildern für Personen mit alles andere als wünschenswerten Eigenschaften. Als Johannes den Begriff Gog und Magog in Offenbarung 20,7–10 gebrauchte, zogen seine Leser zweifellos sofort die richtige Verbindung und verstanden, dass diese Invasion am Ende des Tausendjährigen Reiches der von Hesekiel beschriebenen ähnlich sein würde – ein Staatenbund wird Israel erfolglos angreifen.[50]

Schlussgedanken

Angesichts der grossen Meinungsvielfalt zu diesem Thema ist es wahrscheinlich klug, nicht dogmatisch zu sein. Ein Gelehrter drückt es so aus: «Die Fülle an Auslegungen dieser Stelle warnt den Studenten, nicht zu dogmatisch in seinen Schlussfolgerungen zu sein.»[51] Im Lauf der Jahrhunderte haben viele hervorragende Gelehrte über dieses Thema hin- und herdiskutiert, und diese Tatsache allein verlangt nach Demut bei dieser Auslegungsfrage. Meine persönliche Meinung ist, dass die Invasion wahrscheinlich entweder nach der Entrückung, aber etwa dreieinhalb Jahre vor der Drangsalszeit, oder möglicherweise direkt am Anfang der Drangsalszeit stattfinden wird.

Diskussion 4

Welche Sicht von der Entrückung ist richtig?

In diesem Abschnitt

Kapitel 8

Was spricht für den Prätribulationismus?

Die Entrückung ist das herrliche Ereignis, bei dem die Toten in Christus auferweckt, die lebenden Christen in einem Augenblick verwandelt werden und ihren Auferstehungskörper erhalten und beide Gruppen entrückt werden, um Christus in der Luft zu begegnen und in den Himmel aufgenommen zu werden (Joh 14,1–3; 1. Kor 15,51–54; 1. Thess 4,13–17). Das bedeutet, eine Generation von Christen wird nie durch die Tür des Todes gehen müssen. Im einen Moment werden sie noch auf der Erde leben und im nächsten ihren Auferstehungskörper bekommen und Christus in der Luft begegnen. Das wird ein herrlicher Augenblick sein!

Christen diskutieren oft über den Zeitpunkt der Entrückung. Dabei haben sich fünf verschiedene Sichtweisen herauskristallisiert:

- Prätribulationismus (Entrückung vor der Drangsalszeit)
- Entrückung zur Mitte der Drangsalszeit
- Posttribulationismus (Entrückung nach der Drangsalszeit)
- Entrückung gegen Ende der Drangsalszeit vor dem Zorn Gottes
- Teilentrückung

Ich werde jede einzelne Sicht besprechen und fange in diesem Kapitel mit dem Prätribulationismus an. Ich persönlich unterstütze diesen Standpunkt, für den auch Gelehrte wie John F. Walvoord, Charles C. Ryrie und J. Dwight Pentecost eingetreten sind.[52]

Prätribulationisten deuten auf die chronologischen prophetischen Hinweise hin, die ihrer Meinung nach anzeigen, dass die Entrückung vor der Drangsalszeit stattfinden wird. Wenn diese Auffassung richtig ist, wie ich glaube, bedeutet es, dass die Gemeinde nicht durch die im Buch der Offenbarung (Kap. 4–18) vorausgesagten Gerichte gehen muss. Diese Sicht stimmt mit einer wörtlichen Auslegung der biblischen Prophetie am besten überein.

Bewahrung vor der Stunde der Versuchung

In Offenbarung 3,10 gibt Gott der Gemeinde in Philadelphia die Verheissung: «Ich werde dich bewahren vor der Stunde der Versuchung, die über den ganzen Erdkreis kommen wird, damit die versucht werden, die auf der Erde wohnen.» Die sieben Gemeinden in Offenbarung 2–3 waren tatsächlich existierende Gemeinden in Kleinasien, aber viele Gelehrte glauben, dass sie zudem stellvertretend für die Gemeinden in den anschliessenden Jahrhunderten der Kirchengeschichte stehen könnten. Wenn das stimmt, dann bezog sich Jesus in Offenbarung 3,10 möglicherweise auf die zukünftige Entrückung.

Viele Gelehrte halten fest, dass vor dem Wort *Stunde* in Offenbarung 3,10 ein bestimmter Artikel (*der*) steht. Im Griechischen ist ein bestimmter Artikel von grosser Bedeutung. Unter anderem kann er etwas Spezifisches andeuten. Der bestimmte Artikel in Offenbarung 3,10 könnte auf einen spezifischen und unverwechselbaren Zeitraum hinweisen, nicht auf irgendeine Stunde der Versuchung. Somit könnte die zukünftige Drangsalszeit gemeint sein, die sieben Jahre andauernde Stunde der Versuchung, die in Offenbarung 4–18 beschrieben wird. Vor dieser Zeit der Versuchung soll die Gemeinde bewahrt werden.

Dieser Vers macht deutlich, dass die Gläubigen der Gemeinde vor der Stunde der Prüfung bewahrt werden, nicht nur vor der Prüfung selbst. Hätte der Herr mitteilen wollen, dass Er sie inmitten der Prüfung selbst bewahren würde, hätte Er die Worte *der Stunde* weggelassen und einfach nur gesagt: «Ich werde dich bewahren vor der Versuchung, die über den ganzen Erdkreis kommen wird ...»

Die griechische Präposition *ek*, in diesem Vers mit «vor» übersetzt, enthält den Gedanken an eine Trennung von etwas. Das heisst, die Gläubigen werden von der Stunde der Versuchung vollständig getrennt werden, indem sie vor Beginn dieser Zeit entrückt werden.

In seinem Buch *Maranatha: Our Lord Come!* macht Renald Showers folgende Bemerkung:

> Die Sprache, die Jesus bezüglich dieser zukünftigen, weltweiten Versuchung wählte, deutet an, dass sie den Gläubigen der Gemeinde bekannt war. Bekannt, weil sowohl die alt- als auch die neutestamentlichen Schriften, die Jahre vor der Offenbarung geschrieben wurden, diese einmalige, zukünftige Zeit der Versuchung oder Drangsal voraussagten, bevor der Messias kommen und seine Herrschaft im Tausendjährigen Reich antreten sollte (Jes 2,10–21; Dan 12,1; Zeph 1,14–18; Mt 24,4–31).[53]

Dieser Vers verheisst, dass nur die Gläubigen der Gemeinde vor dieser Stunde der Versuchung, die über die ganze Welt kommen wird, bewahrt werden. Wer in der Stunde der Versuchung gläubig wird (Menschen, die wir als die Heiligen der Drangsalszeit bezeichnen können), muss auch durch den Rest der Drangsalszeit gehen. Das ist eine wichtige Beobachtung, wie der Prophetieexperte Arnold Fruchtenbaum in seinem Buch *The Footsteps of the Messiah* anmerkt:

> Während der ganzen Drangsalszeit werden Gläubige in einem enormen Ausmass getötet (Offb 6,9–11; 11,7; 12,11; 13,7.15; 14,13; 17,6; 18,24). Wären diese Heiligen Gläubige aus der Gemeinde, wären sie nicht bewahrt worden und Offenbarung 3,10 würde kei-

nen Sinn machen. Nur wenn man die Gläubigen der Gemeinde und die der Drangsalszeit auseinanderhält, ergibt die Verheissung in Offenbarung 3,10 einen Sinn.[54]

Keine Erwähnung in Stellen über die Drangsalszeit

In keiner alttestamentlichen Stelle über die Drangsalszeit wird die Gemeinde erwähnt (z. B. 5. Mo 4,29–30; Jer 30,4–11; Dan 8,24–27; 12,1–2). Ebenso wenig wird sie in einer neutestamentlichen Stelle über die Drangsalszeit genannt (z. B. Mt 13,30.39–42.48–50; 24,15–31; 1. Thess 1,9–10; 5,4–9; 2. Thess 2,1–11).

In den ersten drei Kapiteln der Offenbarung kommt das Wort *Gemeinde(n)* 19 Mal vor. In dem Abschnitt, der sich mit der Drangsalszeit befasst (Kap. 4–18), wird die Gemeinde aber nicht ein einziges Mal erwähnt. Die Gemeinde taucht dann erst wieder in Kapitel 19 im Zusammenhang mit dem zweiten Kommen Christi auf. Dass die Gemeinde vollständig unerwähnt bleibt, scheint anzudeuten, dass sie sich während der Drangsalszeit nicht auf der Erde befindet.

Ausserdem erklärt eine Entrückung vor der Drangsalszeit am besten den massiven Abfall vom Glauben, der die Welt erfasst, nachdem «der, welcher jetzt zurückhält», weggenommen wurde (2. Thess 2,3–7) – womit offensichtlich der Heilige Geist gemeint ist. Der Heilige Geist wohnt in allen Gläubigen (Joh 14,16; 1. Kor 3,17). Bei der Entrückung der Gemeinde wird Er weggenommen, was dazu führt, dass der Abfall in der ganzen Welt schnell zunimmt.

Errettet vor dem zukünftigen Zorn

Die Schrift versichert uns, dass die Gemeinde nicht für den Zorn Gottes bestimmt ist (1. Thess 5,9; s. auch Röm 5,9). Das bedeutet, die Gemeinde kann nicht durch den «grossen Tag seines Zorns» in der Drangsalszeit gehen (Offb 6,17; s. auch 14,10.19; 15,1.7; 16,1).

1. Thessalonicher 1,10 sagt ausdrücklich, dass Jesus «uns errettet vor dem zukünftigen Zorn». Das griechische Wort, das mit *errettet* übersetzt wurde, bedeutet «retten, befreien, beschirmen, bewahren». Der Griechischgelehrte Martin Vincent, Autor von *Word Studies in the New Testament* (Wortstudien im Neuen Testament), sagt, das Verb würde wörtlich «jemanden an sich ziehen» bedeuten und beziehe sich nahezu ausnahmslos auf die Rettung vor «etwas Bösem, Gefahr oder Feinden».[55] Das scheint deutlich von der Entrückung der Gemeinde vor dem Beginn der Drangsalszeit zu sprechen. Die Errettung vor dem Zorn in 1. Thessalonicher 1,10 erinnert uns an die Beschreibung der Entrückung in 1. Thessalonicher 4,16–17:

> «Denn der Herr selbst wird, wenn der Befehl ergeht und die Stimme des Erzengels und die Posaune Gottes erschallt, vom Himmel herabkommen, und die Toten in Christus werden zuerst auferstehen. Danach werden wir, die wir leben und übrig bleiben, zusammen mit ihnen entrückt werden in Wolken, zur Begegnung mit dem Herrn, in die Luft, und so werden wir bei dem Herrn sein allezeit.»

Der Ausdruck *entrückt* bedeutet hier wörtlich «wegreissen oder wegnehmen». Der Begriff beinhaltet den Gedanken an «Trennung von». Gläubige werden vor diesem Zorn gerettet, indem sie vollständig von ihm getrennt werden, und das erfordert die Entrückung.

Rettung vor dem Gericht

In der ganzen Schrift beschützt Gott Sein Volk vor dem Gericht (s. 2. Petr 2,5–9):

- Henoch wurde vor dem Gericht der Flut in den Himmel aufgenommen.
- Noah und seine Familie waren in der Arche, bevor das Gericht der Flut hereinbrach.

- Lot wurde aus Sodom herausgeholt, bevor das Gericht über Sodom und Gomorra kam.
- In Ägypten wurden die Erstgeborenen der Hebräer durch das Blut des Passahlamms vor dem Gericht beschützt.
- Die Kundschafter wurden sicher aus Jericho herausgeführt, und Rahab wurde vor dem Gericht über Jericho verschont.

Ebenso wird die Gemeinde in Sicherheit gebracht (durch die Entrückung), bevor das Gericht der Drangsalszeit kommt. Es scheint Gottes Vorgehensweise zu sein, Sein Volk zu retten, bevor das Gericht über die Ungläubigen kommt.

Beachtenswerte Parallelen

Zwischen der Beschreibung der Entrückung in 1. Thessalonicher 4,16–18 und 1. Thessalonicher 5,10–11 finden sich interessante Parallelen. In der zweiten Stelle heisst es: «[Christus] ist für uns gestorben, damit wir, ob wir wachen oder schlafen, zusammen mit ihm leben sollen. Darum ermahnt einander und erbaut einer den anderen, wie ihr es auch tut!» Berücksichtigen Sie die Ähnlichkeiten:

1. Thessalonicher 4,16–18
«die Toten in Christus»
«wir, die wir leben»
«tröstet nun einander mit diesen Worten»

1. Thessalonicher 5,10–11
«schlafen»
«wachen»
«ermahnt einander und erbaut einer den anderen»

Daher glaubt eine Reihe von Gelehrten, dass 1. Thessalonicher 5,10–11 ebenso von der Entrückung spricht wie 1. Thessalonicher 4,13–17.

Auch zwischen 1. Thessalonicher 4,13–18 und Jesu Beschreibung der Entrückung in Johannes 14,1–3 gibt es Parallelen.

Johannes 14,1–3
«Ich komme wieder.»
«Ich werde euch zu mir nehmen.»
«Damit auch ihr seid, wo ich bin.»
«Euer Herz erschrecke nicht!»

1. Thessalonicher 4,13–18
«Der Herr selbst wird ... vom Himmel herabkommen.»
Die Gläubigen werden «zusammen ... entrückt».
«Wir werden bei dem Herrn sein allezeit.»
«Damit ihr nicht traurig seid ... tröstet nun einander mit diesen Worten.»

Diese Ähnlichkeiten zeigen, dass beide Stellen vom selben Ereignis sprechen – von der Entrückung der Gemeinde. Die Hinweise in der Schrift machen deutlich, dass sie vor der Drangsalszeit stattfinden wird.

Die Entrückung und das zweite Kommen Christi

Bei der Entrückung erscheint Christus *für* Seine Gläubigen vor der Drangsalszeit in der Luft, während das zweite Kommen *mit* Seinen Heiligen erfolgen wird, um für 1000 Jahre auf der Erde zu herrschen (Offb 19; 20,1–6). Dass Christus bei Seinem zweiten Kommen mit Seinen Heiligen (den erlösten Gläubigen) erscheint, setzt voraus, dass sie zuvor entrückt wurden. Mit anderen Worten, Christus kann nicht *mit* ihnen kommen, solange Er nicht zuerst *für* sie gekommen ist.

Bei Seinem zweiten Kommen werden alle Augen Jesus sehen (Offb 1,7), aber über die Entrückung wird an keiner Stelle gesagt, dass sie für die ganze Welt sichtbar ist. Bei der Entrückung werden die Christen Jesus in der Luft begegnen (1. Thess 4,13–17), während die Füsse Jesu bei Seinem zweiten Kommen auf dem Ölberg stehen werden (Sach 14,4). Bei der Entrückung werden die Gläubigen weggenommen und die Ungläubigen zurückgelassen (1. Thess 4,13–17), bei Seinem zweiten Kommen werden die Ungläubigen zum Gericht genommen (Lk 17,34–36) und nur sterbliche Gläubige bleiben übrig, um in das Tausendjährige Reich Christi einzugehen (Mt 25,31–46).

Bei der Entrückung wird Jesus Seine Braut in Empfang nehmen, bei Seinem zweiten Kommen hingegen wird Er Gericht ausüben (Mt 25,31–46). Die Entrückung wird in einem Augenblick stattfinden (1. Kor 15,52), Sein zweites Kommen wird länger dauern und jedes Auge wird Ihn sehen (Mt 24,30; Offb 1,7).

Die Braut und der Bräutigam

Die Schrift stellt Christus als den Bräutigam (Joh 3,29) und die Gemeinde als Seine Braut dar (Offb 19,7). Der Hintergrund für dieses Bild sind hebräische Hochzeiten, die in drei Phasen stattfanden:

1. Die Ehe wurde von den Eltern der Braut und des Bräutigams rechtlich anerkannt. Danach bereitete der Bräutigam für sich und seine Braut einen Ort zum Leben im Haus seines Vaters vor.
2. Der Bräutigam machte seinen Anspruch auf die Braut geltend.
3. Die Hochzeit wurde mit einem Fest gefeiert, das mehrere Tage dauerte.

Alle drei Phasen finden sich in der Beziehung Christi zu Seiner Gemeinde, der Braut Christi:

1. Wenn des Vaters liebevolle und souveräne Hand Menschen in der Zeit der Gemeinde zur Errettung führt, werden sie Teil der Braut Christi (der Gemeinde). In der Zwischenzeit befin-

det sich Christus, der Bräutigam, im Himmel und bereitet im Haus Seines Vaters einen Platz zum Leben für Seine Braut vor.

2. Der Bräutigam kommt zurück, erhebt Anspruch auf Seine Braut bei der Entrückung und holt sie in den Himmel, wo Er eine Stätte für sie bereitet hat (Joh 14,1–3). Die eigentliche Hochzeit findet dann vor Seinem zweiten Kommen (Offb 19,11–16) im Himmel statt (V. 7–9).
3. Viele glauben, dass sich das Hochzeitsmahl des Lammes an das zweite Kommen anschliesst, bevor Christus dann das Tausendjährige Reich einführt (in der in Daniel 12,11–12 erwähnten Übergangsphase; vgl. Mt 22,1–14; 25,1–13).

Es lassen sich auch noch andere Parallelen finden. So wie die jüdischen Bräutigame damals einen Preis entrichteten, um den Ehebund zu schliessen, hat Jesus einen Kaufpreis für Seine Gemeinde gezahlt (1. Kor 6,19–20). So wie eine jüdische Braut für geweiht oder abgesondert erklärt wurde, wenn sie auf ihren Bräutigam wartete, wurde auch die Gemeinde für Christus, den Bräutigam, geheiligt oder abgesondert (1. Kor 6,11; Eph 5,25–27). Und so wie eine jüdische Braut nicht genau wusste, wann ihr Bräutigam sie holen würde, weiss auch die Gemeinde nicht den exakten Zeitpunkt, wann Jesus, der Bräutigam, sie entrücken wird, auch wenn dieses Ereignis nahe bevorsteht.

Die glückselige Hoffnung

Der Ausdruck «glückselige Hoffnung» aus Titus 2,13 ist ein Hinweis auf die Entrückung der Gemeinde. Dieses Ereignis ist insofern glückselig, da es reine Glückseligkeit für die Gläubigen bedeutet. Der Begriff enthält den Gedanken an eine freudige Erwartung. Gläubige können diesen Augenblick kaum erwarten!

In dieser Stelle sagt Paulus, dass Christen «die glückselige Hoffnung erwarten und die Erscheinung der Herrlichkeit des grossen

Gottes und unseres Retters Jesus Christus». Bei diesem bedeutsamen Ereignis werden die Toten in Christus auferstehen und die lebenden Gläubigen verwandelt und ihren Auferstehungskörper bekommen (s. Röm 8,22–23; 1. Kor 15,51–58; Phil 3,20–21; 1. Thess 4,13–18; 1. Joh 3,2–3). Diese Körper werden nie wieder Krankheit, Schmerz und Tod erfahren. Diese wunderbare Hoffnung stärkt uns auf der Reise durch diese gefallene Welt.

Die Entrückung steht nahe bevor

Dass die Entrückung nahe bevorsteht, meint, dass sie jederzeit stattfinden könnte. Das Neue Testament lehrt, dass die Entrückung nahe ist (s. 1. Kor 1,7; 16,22; Phil 3,20; 4,5; 1. Thess 1,10; Tit 2,13; Hebr 9,28; Jak 5,7–9; 1. Petr 1,13; Jud 1,21). Die Entrückung ist ein Ereignis, dem kein Zeichen vorausgeht – d. h., es muss vorher keine Prophezeiung mehr erfüllt werden. Im Gegensatz zum zweiten Kommen Christi, dem in der 7-jährigen Drangsalszeit viele Ereignisse vorangehen werden (s. Offb 4–18).

Dass die Entrückung nahe bevorsteht, wird in den Worten des Apostel Paulus in Römer 13,11–12 deutlich:

> «Dass nämlich die Stunde schon da ist, dass wir vom Schlaf aufwachen sollten; denn jetzt ist unsere Errettung näher, als da wir gläubig wurden. Die Nacht ist vorgerückt, der Tag aber ist nahe. So lasst uns nun ablegen die Werke der Finsternis und anlegen die Waffen des Lichts!»

In diesem Kontext muss das Wort *Errettung* eschatologisch verstanden werden; es bezieht sich auf die Entrückung, da Paulus sie als ein bestimmtes zukünftiges Ereignis beschreibt. Am Ende eines jeden Tages ist ein Christ der Entrückung wieder ein Stückchen näher gekommen. Dass die Entrückung nahe bevorsteht, kommt auch in Jakobus 5,7–9 zum Ausdruck:

«So wartet nun geduldig, ihr Brüder, bis zur Wiederkunft des Herrn! Siehe, der Landmann wartet auf die köstliche Frucht der Erde und geduldet sich ihretwegen, bis sie den Früh- und Spätregen empfangen hat. So wartet auch ihr geduldig; stärkt eure Herzen, denn die Wiederkunft des Herrn ist nahe! Seufzt nicht gegeneinander, Brüder, damit ihr nicht verurteilt werdet; siehe, der Richter steht vor der Tür!»

Dass die Entrückung nahe bevorsteht, macht nur im Prätribulationismus Sinn. Bei der Sichtweise, dass sich die Entrückung zur Mitte der Drangsalszeit ereignet, findet sie erst nach dreieinhalb Jahren nach Beginn der Drangsal statt. Laut posttribulationistischer Sicht erfolgt die Entrückung nach der Drangsalszeit. Diese Systeme machen eine nahe bevorstehende Entrückung unmöglich.

Dass der Entrückung keine Zeichen vorangehen und sie jederzeit geschehen könnte, sollte Christen zu einem reinen und gerechten Leben motivieren (s. Tit 2,13–14).

Die Tatsache, dass der verherrlichte, heilige Sohn Gottes jederzeit durch die Tür des Himmels schreiten könnte, ist von Gott als nachdrückliche und permanente Motivation für ein heiliges Leben und einen unermüdlichen Dienst gedacht (einschliesslich Mission, Evangelisation und dem Lehren der Bibel) und als das wirksamste Heilmittel gegen Lethargie und Apathie. Es sollte Werte, Handeln, Prioritäten und Ziele jedes Christen bestimmen.[56]

Kapitel 9

Was spricht für eine Entrückung zur Mitte der Drangsalszeit?

Diese Sicht besagt, dass Christus die Gemeinde in der Mitte der Drangsalszeit entrücken wird. Zu den bekanntesten Vertretern dieser Position zählen Gleason Archer (1916–2004), J. Oliver Buswell (1895–1977) und Merrill Tenney (1904–1985).[57]

Befürworter dieser Sicht behaupten normalerweise, dass eine Reihe von prophetischen Stellen die Betonung auf die Mitte der Drangsalszeit und die schweren Gerichte der letzten dreieinhalb Jahre legen. Daniel 9,27 sagt beispielsweise, der Antichrist «wird mit den Vielen einen festen Bund schliessen eine Woche lang; und in der Mitte der Woche wird er Schlacht- und Speisopfer aufhören lassen». Mit anderen Worten, in der Mitte der Drangsalszeit wird der Antichrist die jüdischen Opfer im Tempel unterbinden.

Auch Offenbarung 13,5 sagt über den Antichristen: «Es wurde ihm ein Maul gegeben, das grosse Worte und Lästerungen redete; und es wurde ihm Macht gegeben, 42 Monate lang zu wirken.» 42 Monate entsprechen dreieinhalb Jahren. Das bedeutet, der Antichrist wird in den letzten dreieinhalb Jahren der 70. Woche Daniels grosse Macht bekommen.

Die Schrift macht deutlich, dass sich die Situation in der zweiten Hälfte der Drangsalszeit besonders verschlechtert. Offenbarung 11,2 sagt, dass die heilige Stadt (Jerusalem) 42 Monate lang zertreten wird. In Offenbarung 12,6 lesen wir, dass der jüdische Überrest in die Wüste flieht, wo er 1260 Tage lang (also dreieinhalb Jahre) am

Leben erhalten wird. Ausserdem sagt Vers 14 über den jüdischen Überrest: «Und es wurden der Frau zwei Flügel des grossen Adlers gegeben, damit sie in die Wüste fliegen kann an ihren Ort, wo sie ernährt wird eine Zeit und zwei Zeiten und eine halbe Zeit» (wieder dreieinhalb Jahre).

Da die prophetische Schrift oft von der Mitte der Drangsalszeit spricht und auf die brutalen Bedingungen in den letzten dreieinhalb Jahren hinweist, ergibt die Sicht von der Entrückung zur Mitte der Drangsalszeit für viele Leute Sinn. Laut dieser Auffassung findet die Entrückung nach dem «Anfang der Wehen» statt (Mt 24,8). Dies bezieht sich auf alle sieben Gerichtssiegel und die ersten sechs Gerichtsposaunen aus Offenbarung 6–9, nicht aber auf die «grosse Drangsal» (V. 21). «Der Anfang der Wehen» ist die erste Hälfte der Drangsalszeit und die «grosse Drangsal» die zweite. Die Gemeinde wird durch die erste Hälfte gehen müssen, aber vor der zweiten wird sie verschont.

Vertreter dieser Sicht glauben, dass das Leben der Christen in den ersten dreieinhalb Jahren der Drangsalszeit schwer sein wird, so wie Christen in allen Zeitaltern Trübsale zu erleiden hatten (s. Apg 14,22; Röm 8,18; 2. Kor 4,17; 1. Petr 1,6). Aber die Leiden dieser ersten Hälfte der 70. Woche Daniels werden den Zorn des Menschen gegen den Menschen beinhalten, nicht Gottes Zorn gegen den Menschen. Gottes Zorn wird angeblich erst in den letzten dreieinhalb Jahren der Drangsalszeit ausgeschüttet. Vor dieser Zeit wird die Gemeinde entrückt werden.

Man verweist auf 1. Thessalonicher 5,9, wo der Apostel Paulus schreibt, dass Gott «uns [die Gläubigen] nicht zum Zorngericht bestimmt hat, sondern zum Besitz des Heils». Der Zorn in diesem Vers wird als der Zorn Gottes verstanden, der in der zweiten Hälfte der Drangsalszeit ausgegossen wird. Daher ist die letzte Hälfte der 70. Woche Daniels (Dan 9,24–27) viel härter als die erste. Der Standpunkt, dass die Entrückung zur Mitte der Drangsalszeit stattfindet, wird manchmal als eine Form des Prätribulationismus bezeichnet, weil er lehrt, dass die Entrückung den Leiden (oder dem Zorn) der zweiten Hälfte dieses 7-jährigen Zeitraums vorangeht.[58]

Diese Position stützt sich auf die Annahme, dass die zwei prophetischen Zeugen in Offenbarung 11, die nach ihrer Auferstehung in den Himmel entrückt werden, repräsentativ für die Gemeinde stehen. Sie werden zur Mitte der Drangsalszeit auferweckt und in den Himmel entrückt, was bedeuten muss, dass die Gemeinde zu diesem Zeitpunkt entrückt wird.

Die Entrückung findet statt, wenn «die Posaune Gottes erschallt» (1. Thess 4,16). Dies wird gleichgesetzt mit «der letzten Posaune» (1. Kor 15,52) und der siebten Gerichtsposaune (Offb 11,15–19), die zur Mitte der Drangsalszeit ertönt.

Befürworter dieser Sicht berufen sich auch auf 2. Thessalonicher 2,1–4:

> «Wir bitten euch aber, ihr Brüder, wegen der Wiederkunft unseres Herrn Jesus Christus und unserer Vereinigung mit ihm: Lasst euch nicht so schnell in eurem Verständnis erschüttern oder gar in Schrecken jagen, weder durch einen Geist noch durch ein Wort noch durch einen angeblich von uns stammenden Brief, als wäre der Tag des Christus schon da. Lasst euch von niemand in irgendeiner Weise verführen! Denn es muss unbedingt zuerst der Abfall kommen und der Mensch der Sünde geoffenbart werden, der Sohn des Verderbens, der sich widersetzt und sich über alles erhebt, was Gott oder Gegenstand der Verehrung heisst, sodass er sich in den Tempel Gottes setzt als ein Gott und sich selbst für Gott ausgibt.»

Es wird davon ausgegangen, dass der Entrückung der Gemeinde bestimmte Zeichen – wie der Abfall und die Offenbarung des Menschen der Sünde – vorausgehen müssen. Sie sagen, dies würde die prätribulationistische Entrückung widerlegen und für eine Entrückung zur Mitte der Drangsalszeit sprechen.

Ein weiteres Argument für diesen Standpunkt (und gegen den Posttribulationismus) ist: Diese Sichtweise berücksichtigt, dass in der zweiten Hälfte der Drangsalszeit Menschen zum Glauben kommen. Das ist erforderlich, weil die Schrift deutlich macht, dass Christus nach Seinem zweiten Kommen nicht auferstandene Gläubige in das Tausendjährige Reich aufnimmt (Mt 25,31–46; s. auch Offb 20,7–8).

Bei einem posttribulationistischen Szenario gäbe es keine Christen, die in ihren sterblichen Körpern in das Tausendjährige Reich eingehen könnten. Schliesslich erhalten bei der Entrückung alle Gläubigen einen verherrlichten Auferstehungsleib. Bei dieser Sichtweise wären keine sterblichen (nicht auferstandenen) Christen mehr übrig. Die Sicht, dass die Entrückung zur Mitte der Drangsalszeit stattfindet, löst dieses Problem.

Vertreter dieser Position meinen, Offenbarung 3,10 lehre eine Entrückung in der Mitte der Drangsalszeit: «Weil du das Wort vom standhaften Ausharren auf mich bewahrt hast, werde auch ich dich bewahren vor der Stunde der Versuchung, die über den ganzen Erdkreis kommen wird, damit die versucht werden, die auf der Erde wohnen.» Die «Stunde der Versuchung» bezieht sich angeblich ausdrücklich auf die letzten dreieinhalb Jahre der 70. Woche Daniels.

Meine Einschätzung

Ich glaube, die prätribulationistische Sicht von der Entrückung findet die grösste biblische Unterstützung. Allerdings möchte ich die Position, dass die Entrückung zur Mitte der Drangsalszeit stattfindet, nicht leichtfertig abtun. Hier sind aber einige Gründe, warum ich die Argumente zu ihrer Unterstützung respektvoll ablehne.

Zwei Phasen der Drangsalszeit

Die Drangsalszeit ist tatsächlich in zwei Zeitabschnitte von jeweils dreieinhalb Jahren unterteilt, und zur Mitte der Drangsalszeit finden spezielle Ereignisse statt. So wissen wir beispielsweise, dass der Antichrist die Opfer im jüdischen Tempel verbieten wird (Dan 9,27) und die Juden aus Jerusalem in die Wüste fliehen werden (Offb 12,6.14). Und die zweite Hälfte der Drangsalszeit ist in der Tat schlimmer als die erste. Die Gerichte werden zunehmend schwerer.

Aber jene, die meinen, die Entrückung würde sich in der Mitte der Drangsalszeit ereignen, lesen da viel zu viel hinein. An keiner Stelle findet sich eine Erwähnung oder Anspielung darauf, dass die Entrückung zur Mitte der Drangsalszeit geschieht. Es steht dort einfach nicht. Man kann zu Recht sagen, dass die Bibel zwar von bestimmten Ereignissen in der Mitte der Drangsalszeit spricht, aber über eine Entrückung zu diesem Zeitpunkt schweigt.

Gottes Zorn

Prätribulationisten können sich nicht der Auffassung anschliessen, dass der Zorn Gottes nur in der zweiten Hälfte der Drangsalszeit offenbar wird. Vielmehr ist der ganze sieben Jahre umfassende Zeitraum vom Zorn Gottes gekennzeichnet. Lesen Sie Zephanja 1,15 und 18, wo die ganze Drangsalszeit als «ein Tag des Zorns» und «Tag des Zornes des HERRN» beschrieben wird. Vertreter einer Entrückung zur Mitte der Drangsalszeit sagen, Offenbarung 6–9 würde sich nur auf den Anfang der Wehen beziehen. In Offenbarung 6,17 heisst es jedoch: «Denn der grosse Tag seines Zorns ist gekommen, und wer kann bestehen?» Der Ausdruck «seines Zorns» bezieht sich ausdrücklich auf den Zorn des Vaters und des Lammes, Jesus Christus. Christus selbst öffnet jedes der sieben Siegel und leitet diese Gerichte so ein. Der Zorn Gottes kommt also schon in der ersten Hälfte der Drangsalszeit über die Menschheit.

Zugegeben, in der ersten Hälfte der Drangsalszeit sehen wir Beispiele für das, was man den Zorn des Menschen nennen könnte. Gott kann Seinen Zorn aber auch durch Menschen zum Ausdruck bringen. Sehen wir das nicht in der ganzen biblischen Geschichte? Zum Beispiel zeigte Gott Israel Sein Missfallen im Alten Testament, indem Er den Assyrern oder Babyloniern erlaubte, Sein Volk in Gefangenschaft zu führen. Gott benutzte Menschen als Seine Rute gegen Israel. In der ersten Hälfte der Drangsalszeit mögen wir vielleicht Beispiele für den Zorn des Menschen sehen, aber das heisst nicht, dass nicht Gottes Zorn zum Ausdruck kommt.

Unterschiedliche Posaunen

Vertreter einer Entrückung zur Mitte der Drangsalszeit argumentieren, dass die Entrückung bei der letzten Posaune stattfindet (1. Thess 4,16–17; 1. Kor 15,52). Sie setzen sie mit der siebten Posaune gleich, die in der Mitte der Drangsalszeit erschallt (Offb 11,15–19). Das muss bedeuten, meinen sie, dass sich die Entrückung in der Mitte der Drangsalszeit ereignet. Aber der Theologe Charles C. Ryrie bemerkt, dass diese Logik grosse Schwachstellen aufweist:

> Das ist ein stark vereinfachendes Argument, das davon ausgeht, dass immer dasselbe Ereignis gemeint sein muss, wann immer eine Posaune ertönt. Das stimmt nicht. In der jüdischen apokalyptischen Literatur signalisierten Posaunen eine Vielzahl von grossen eschatologischen Ereignissen, einschliesslich Gerichte, das Sammeln der Auserwählten und die Auferstehung.[59]

Die verschiedenen eschatologischen Posaunen erschallen in unterschiedlichen Zusammenhängen. Die Posaune in 1. Korinther 15 bezieht sich beispielsweise ausdrücklich auf die Entrückung und Verherrlichung. Dasselbe gilt für die Posaune in 1. Thessalonicher 4,13–17. Die Posaune in Offenbarung 11 hat hingegen keinen Bezug zur Entrückung. Sie handelt ausdrücklich vom Auslösen des Gerichts. Dieses Argument ist somit nicht stichhaltig.

Die zwei prophetischen Zeugen

Vertreter einer Entrückung zur Mitte der Drangsalszeit behaupten, die Auferstehung und Himmelfahrt der beiden prophetischen Zeugen in Offenbarung 11 würde die Entrückung der Gemeinde repräsentieren. Eine solche Vorstellung scheint jedoch mehr Eisegese (eine Bedeutung in einen Text hineinlesen) als Exegese (die Bedeutung aus dem Text selbst ableiten) zu sein. Der Text der Offenbarung liefert praktisch keinen Hinweis darauf, dass die zwei Zeugen die Gemeinde repräsentieren.

Die Schrift zeigt nur an, dass Gott in der Drangsalszeit zwei mächtige Zeugen berufen wird, die mit erstaunlicher Macht Zeugnis vom wahren Gott ablegen werden. Die Macht dieser Zeugen erinnert an Elia (1. Kö 17; Mal 3,23) und Mose (2. Mo 7–11). Im Alten Testament waren zwei Zeugen nötig, um eine Aussage zu bestätigen (s. 5. Mo 19,15; s. auch Mt 18,16; Joh 8,17). In der Drangsalszeit werden diese beiden Zeugen auf übernatürliche Weise Gottes Wahrheit bestätigen.

Einige glauben, es wäre natürlicher, die beiden Zeugen in Verbindung mit Israel zu bringen. Um diese Ansicht zu stützen, glauben viele Bibelausleger, dass diese beiden Zeugen Elia und Mose sein werden. Schliesslich handelt Gott in der Drangsalszeit mit den Juden, so wie Er es in Daniels ersten 69 Wochen getan hat (s. Dan 9,26–27). Mose und Elia sind fraglos zwei der einflussreichsten Persönlichkeiten in der jüdischen Geschichte, daher macht ihre Anwesenheit in der Drangsalszeit durchaus Sinn. Doch selbst wenn die beiden Zeugen nicht Mose und Elia sind, lässt sich dennoch kein Hinweis finden, dass sie die Gemeinde repräsentieren.

Wenn man dies alles berücksichtigt, liefert der Bericht über die beiden Zeugen keine echte Unterstützung für die Sicht, dass sich die Entrückung in der Mitte der Drangsalszeit ereignet.

Die Entrückung kann nicht nahe bevorstehen

Wenn es stimmt, dass die Entrückung in der Mitte der Drangsalszeit stattfindet, muss die Lehre, dass die Entrückung nahe bevorsteht, aufgegeben werden. Einer Entrückung zur Mitte der Drangsalszeit muss zwangsläufig ein dreieinhalb Jahre dauernder Zeitraum mit Zeichen vorangehen. Die Drangsalszeit fängt an, wenn der Antichrist einen Bund mit Israel schliesst (Dan 9,27), und damit beginnt im Grunde ein dreieinhalbjähriger Countdown bis zum Tag der Entrückung. Bei diesem Szenario ist kein Platz für die Vorstellung, dass die Entrückung in jedem Moment stattfinden kann:

> Wenn diese Theologen die Entrückung der Gemeinde in die Mitte der 70. Woche Daniels verlegen, die in Jahren, Monaten und Tagen gemessen wird, dann stimmt es nicht länger, dass die Gläubigen das Kommen Christi für die Gemeinde jederzeit erwarten können. Es muss ein gewisser Zeitraum vergehen und bestimmte prophezeite Ereignisse müssen stattfinden, bevor Christus für seine Gemeinde kommen kann.[60]

Das Neue Testament lehrt jedoch eine nahe bevorstehende Entrückung (s. Röm 13,11–12; 1.Kor 1,7; 16,22; Phil 3,20; 4,5; 1.Thess 1,10; Tit 2,13; Hebr 9,28; Jak 5,7–9; 1.Petr 1,13; Jud 1,21). Die Entrückung wird als ein zeichenloses Ereignis dargestellt, das jederzeit stattfinden kann.

Eine nahe bevorstehende Entrückung macht nur im Prätribulationismus Sinn. Wenn sich die Entrückung zur Mitte der Drangsalszeit ereignet, sind schon mindestens dreieinhalb Jahre der Drangsalszeit um. Im Posttribulationismus erfolgt die Entrückung nach der Drangsalszeit. Bei beiden Systemen ist eine nahe bevorstehende Entrückung unmöglich.

2. Thessalonicher 2

Vertreter einer Entrückung zur Mitte der Drangsalszeit behaupten, spezielle Zeichen – der Abfall vom Glauben und der Aufstieg des Antichristen – müssten der Entrückung der Gemeinde vorangehen. Das ist aber ein falsches Verständnis von 2. Thessalonicher 2. Der Text macht deutlich, dass die angegebenen Zeichen in der

Drangsalszeit stattfinden («der Tag des Christus»), nicht vor der Entrückung.

Der Apostel Paulus hatte den Christen in Thessalonich zuvor gesagt, dass sie vor der Drangsalszeit entrückt würden. Aber einige falsche Lehrer waren nach Thessalonich gekommen und hatten den Gläubigen gesagt, dass der Tag des Herrn bereits gekommen war. Das beunruhigte die Thessalonicher verständlicherweise. Deshalb stellt der Apostel Paulus die Sache in 2. Thessalonicher klar. Er weist darauf hin, dass die Hauptereignisse der Drangsalszeit (wie der Aufstieg des Antichristen) noch nicht stattgefunden haben und sie somit noch nicht in der Drangsalszeit lebten.

Anschliessend teilte Paulus ihnen mit, dass der Antichrist erst kommen kann, wenn der, der jetzt zurückhält, aus dem Weg ist (2. Thess 2,7). Wer ist das? Es ist ganz offensichtlich der Heilige Geist, der weggenommen wird, wenn die Gemeinde von der Erde entrückt wird (da die Gemeinde der Tempel des Heiligen Geistes ist – s. 1. Kor 3,16; 6,19).

Somit bietet 2. Thessalonicher 2 keine Unterstützung für die Sicht, dass die Entrückung zur Mitte der Drangsalszeit stattfindet, sondern für die prätribulationistische Position.

Die Bevölkerung des Tausendjährigen Reiches

Die Schrift zeigt, dass sterbliche Christen (die noch keinen Auferstehungskörper empfangen haben) in das Tausendjährige Reich Christi eingehen werden (s. Mt 25,31–46). Vertreter einer Entrückung zur Mitte der Drangsalszeit behaupten, diese Menschen würden in der zweiten Hälfte der Drangsalszeit nach der Entrückung Christen werden. Aber auch der Prätribulationismus erkennt an, dass die Bekehrten der Drangsalszeit mit ihren sterblichen Körpern in das Tausendjährige Reich Christi eingehen werden. Daher muss der Zeitpunkt der Entrückung anhand der anderen, gerade genannten Faktoren bestimmt werden.

Schlussgedanken

Ich respektiere jene, die an einer Entrückung in der Mitte der Drangsalszeit festhalten, aber ich glaube, dass der Prätribulationismus der korrekte biblische Standpunkt ist. Meiner Ansicht nach stimmt die Sicht von der Entrückung zur Mitte der Drangsalszeit einfach nicht mit allen biblischen Faktoren zur Entrückung überein.

Kapitel 10

Was spricht für den Posttribulationismus?

Die posttribulationistische Sicht – vertreten von Gelehrten wie George Eldon Ladd, Alexander Reese und Robert Gundry – besagt, dass Christus die Gemeinde bei Seinem zweiten Kommen nach der Drangsalszeit entrücken wird.[61] Sie liefern eine Reihe von Argumenten für diese Sicht.

So bestätigt die Schrift zum Beispiel, dass Christen durch Bedrängnisse gehen müssen. In Johannes 16,1–2 sagt Jesus zu Seinen Jüngern: «Dies habe ich zu euch geredet, damit ihr keinen Anstoss nehmt. Sie werden euch aus der Synagoge ausschliessen; es kommt sogar die Stunde, wo jeder, der euch tötet, meinen wird, Gott einen Dienst zu erweisen.» In Apostelgeschichte 14,22 lesen wir: «Dabei stärkten sie die Seelen der Jünger und ermahnten sie, unbeirrt im Glauben zu bleiben, und sagten ihnen, dass wir durch viele Bedrängnisse in das Reich Gottes eingehen müssen.» Römer 12,12 ermahnt die Gläubigen: «In Bedrängnis haltet stand.» Der Gedanke, dass Christen durch Bedrängnisse gehen müssen, ist ein wesentlicher Bestandteil der Schrift.

Posttribulationisten sind bemüht zu betonen, dass die Gemeinde, obwohl sie durch die im Buch der Offenbarung prophezeite Gerichtszeit gehen muss, «durch» die Prüfungen bewahrt wird – insbesondere jene, die mit dem Zorn des Teufels in Verbindung stehen. Sie meinen, Offenbarung 3,10 würde diesen Gedanken stützen: «Weil du das Wort vom standhaften Ausharren auf mich bewahrt hast, werde auch ich dich bewahren vor der Stunde der Versuchung, die über den ganzen Erdkreis kommen wird, damit die versucht werden, die auf der Erde wohnen.» Der Ausdruck «dich bewahren vor» ist angeblich als «dich bewahren durch» zu verstehen.

Um ihre Sicht zu stützen, zitieren Posttribulationisten auch Offenbarung 20,4–6:

> «Und ich sah Throne, und sie setzten sich darauf, und das Gericht wurde ihnen übergeben; und ich sah die Seelen derer, die enthauptet worden waren um des Zeugnisses Jesu und um des Wortes Gottes willen, und die das Tier nicht angebetet hatten, noch sein Bild, und das Malzeichen weder auf ihre Stirn noch auf ihre Hand angenommen hatten; und sie wurden lebendig und regierten die 1000 Jahre mit Christus. Die Übrigen der Toten aber wurden nicht wieder lebendig, bis die 1000 Jahre vollendet waren. Dies ist die erste Auferstehung. Glückselig und heilig ist, wer Anteil hat an der ersten Auferstehung! Über diese hat der zweite Tod keine Macht, sondern sie werden Priester Gottes und des Christus sein und mit ihm regieren 1000 Jahre.»

Die posttribulationistische Sicht sieht vor, dass Gläubige, die in der Drangsalszeit sterben, direkt vor dem Tausendjährigen Reich wieder lebendig werden und mit Christus herrschen. Diese «erste Auferstehung» wird mit der Entrückung gleichgesetzt.

Posttribulationisten stellen auch fest, dass in der Drangsalszeit Gläubige auf der Erde sein werden (s. Offb 13,7; 14,12; 17,6). Das muss bedeuten, dass die Entrückung noch nicht stattgefunden hat.

Auch das neutestamentliche Vokabular wird angeführt als Unterstützung des Posttribulationismus. Für die Entrückung und das zweite Kommen Christi wird dasselbe griechische Wort (*parousia*) benutzt, was bedeutet, dass diese beiden Ereignisse zeitgleich stattfinden. Das Wort *parousia* bedeutet wörtlich «kommen», «Ankunft» oder «Anwesenheit». In 1. Thessalonicher 4,15 wird es für die Entrückung und in Matthäus 24,27 für das zweite Kommen Christi verwendet. Die beiden Ereignisse gehören zusammen.

In Matthäus 24,37–42 finden sie weitere Unterstützung:

> «Wie es aber in den Tagen Noahs war, so wird es auch bei der Wiederkunft des Menschensohnes sein. Denn wie sie in den Tagen vor der Sintflut assen und tranken, heirateten und verheirateten bis zu dem Tag, als Noah in die Arche ging, und nichts merkten, bis die Sintflut kam und sie alle dahinraffte, so wird auch die Wiederkunft des Menschensohnes sein. Dann werden zwei auf dem Feld sein; der eine wird genommen, und der andere wird zurückgelassen. Zwei werden auf der Mühle mahlen; die eine wird genommen, und die andere wird zurückgelassen. So wacht nun, da ihr nicht wisst, in welcher Stunde euer Herr kommt!»

Posttribulationisten glauben, dass sich diese Stelle auf die Entrückung bezieht, denn es werden «zwei auf dem Feld sein; der eine wird genommen, und der andere wird zurückgelassen. Zwei werden auf der Mühle mahlen; die eine wird genommen, und die andere wird zurückgelassen». Das steht im Kontext des zweiten Kommens Christi, daher muss sich die Entrückung beim zweiten Kommen ereignen und nicht vor der Drangsalszeit.

Ausserdem sagen Posttribulationisten, der Prätribulationismus sei eine neue Sicht, die erst spät in der Kirchengeschichte aufkam. Sie hat ihren Ursprung bei John Nelson Darby (1800–1882), der sie angeblich von Edward Irving (1792–1834) hatte. Das bedeutet, diese Sicht war der Kirchengeschichte die meiste Zeit über nicht bekannt. Da sie noch relativ neu ist, kann sie nicht richtig sein.

Meine Einschätzung

Der Posttribulationismus wird von vielen Christen vertreten, die ich respektiere. Auch wenn ich diesen Standpunkt persönlich nicht akzeptiere, erkenne ich trotzdem an, dass die Befürworter dieser Sicht versucht haben, einen biblischen Ansatz zu wählen. Hier einige der Gründe, weshalb ich mich für den Prätribulationismus und nicht für den Posttribulationismus entschieden habe.

Christen und Bedrängnis

Kein Prätribulationist bestreitet, dass Christen in der Welt Bedrängnis haben (Apg 14,22). Die Schrift benutzt das Wort aber auf mindestens zwei Arten – in einem allgemeinen und in einem spezifischen Sinn. Manchmal bezieht es sich auf die allgemeinen Prüfungen und Bedrängnisse, der wir alle ausgesetzt sind. Jesus sagte beispielsweise: «In der Welt habt ihr Bedrängnis; aber seid getrost, ich habe die Welt überwunden!» (Joh 16,33). Ein andermal bezieht sich das Wort aber konkret auf den sieben Jahre anhaltenden Zeitraum direkt vor dem zweiten Kommen Christi (Mt 24,29). Nur vor dieser speziellen Zeit der Bedrängnis werden Christen bewahrt.

Durch die Drangsalszeit bewahrt

Es scheint abwegig zu sagen, dass Christen durch die vielen Bedrängnisse der Drangsalszeit bewahrt werden – insbesondere jene, die mit dem Zorn des Teufels in Verbindung stehen. Viele der Katastrophen, die in der Drangsalszeit eintreten werden, machen keine Unterschiede. Die verheerenden Erdbeben werden Christen nicht verschonen und nur Ungläubige treffen. Der Stern namens Wermut – offenbar ein grosser Asteroid, der gewaltige Spuren auf der Erde hinterlassen wird – wird ebenfalls jeden treffen, Gläubige wie Ungläubige. Gläubige könnten wohl kaum «durch» solch schreckliche Ereignisse bewahrt werden.

Die Schrift sagt klar, dass die ganze Drangsalszeit gekennzeichnet ist von Zorn (Jes 26,20–21; Zeph 1,15.18), Gericht (Offb 14,7), Versuchung (Offb 3,10), Drangsal (Jer 30,7), Verwüstung (Dan 9,27; Joel 1,15), Finsternis (Am 5,18) und Strafe (Jes 24,20–21). Einfach ausgedrückt, es findet sich keine Stelle, die die Schwere dieser Zeit auch nur im Geringsten verringert.

Die Gläubigen, die in der Drangsalszeit leben, werden vom Teufel verfolgt. Offenbarung 2,10 fordert die Gläubigen auf: «Fürchte nichts von dem, was du erleiden wirst! Siehe, der Teufel wird etliche von euch ins Gefängnis werfen, damit ihr geprüft werdet, und ihr werdet Drangsal haben zehn Tage lang. Sei getreu bis in den Tod, so werde ich dir die Krone des Lebens geben!» Uns wird auch mitgeteilt, dass der Antichrist (das Tier) die Christen verfolgt: «Und es wurde ihm gegeben, Krieg zu führen mit den Heiligen und sie zu überwinden» (Offb 13,7). Beachten Sie, dass die Heiligen nicht «durch» diesen Krieg hindurch bewahrt, sondern von ihm besiegt werden.

Ausserdem unterstützt Offenbarung 3,10 den Posttribulationismus nicht wirklich. Dort steht, dass die Gläubigen «vor» der Drangsalszeit («Stunde der Versuchung») bewahrt oder «von» (gr. *ek*) ihr getrennt werden.

Man darf nicht die klare Aussage in Offenbarung 3,10 übersehen: Die Drangsalszeit ist die «Stunde der Versuchung, die über den ganzen Erdkreis kommen wird». Niemand scheint davon ausgenommen zu sein. Niemand scheint «durch» die Drangsalszeit bewahrt zu werden. Auch Jesaja spricht von einer weltweiten Drangsalszeit: «Siehe, der HERR wird das Land entvölkern und verwüsten, er wird sein Angesicht entstellen und seine Bewohner zerstreuen» (Jes 24,1). «Grauen, Grube und Garn kommen über dich, du Bewohner der Erde!» (V. 17). So erscheint es durchaus angemessen, wenn wir sagen, dass alle, die während der Drangsalszeit auf der Erde leben, grosse Leiden zu ertragen haben.

Die Gläubigen der Drangsalszeit

Während der Drangsalszeit werden Gläubige auf der Erde sein (s. z. B. Offb 6,9–11). Prätribulationisten glauben jedoch, dass dies Menschen sind, die bei der Entrückung zurückgelassen wurden und dann in der Drangsalszeit zum Glauben kommen werden. Möglicherweise wurden sie von der Wahrheit des Christentums überzeugt, nachdem sie gesehen haben, wie Millionen von Christen bei der Entrückung auf übernatürliche Weise von der Erde verschwunden sind. (Viele Bibeln und christliche Bücher werden zurückbleiben, die dieses Ereignis erklären.) Vielleicht kommen sie auch durch den Dienst der 144 000 jüdischen Evangelisten aus Offenbarung 7 zum Glauben, die offensichtlich selbst erst nach der Entrückung Christen werden. Und viele könnten aufgrund des wunderwirkenden Dienstes der zwei Zeugen aus Offenbarung 11 Christen werden, der beiden Propheten, deren Kräfte an die von Mose und Elia erinnern. Das Buch der Offenbarung macht deutlich, dass viele Menschen auf das Evangelium vom Reich reagieren werden (Offb 7,9–14).

Eine Auferstehung nach der Drangsalszeit

Prätribulationisten und Posttribulationisten sind sich einig, dass zwischen der Drangsalszeit und dem Tausendjährigen Reich eine Auferstehung stattfinden wird (Offb 20,4–6). Ebenso einer Meinung sind sie, dass dieses Ereignis Teil der «ersten Auferstehung» sein wird. Prätribulationisten halten jedoch fest, dass sich nicht alle Auferstehungen zur selben Zeit ereignen. Eine Auferstehung der Gläubigen geschieht in Verbindung mit der Entrückung vor der Drangsalszeit (1. Thess 4,13–17). Eine andere Auferstehung der Gläubigen findet nach der Drangsalszeit statt (Offb 20,4–6). Und beide gehören zur ersten Auferstehung.

Die Schrift macht klar, dass es zwei Arten von Auferstehung gibt. Die erste wird passenderweise bezeichnet als «erste Auferstehung» (Offb 20,5), «Auferstehung des Lebens» (Joh 5,29), «Auferstehung der Gerechten» (Lk 14,14) und «bessere Auferstehung» (Hebr 11,35). Die zweite Auferstehung wird die Auferstehung des Gerichts genannt (Joh 5,29; s. auch Dan 12,2; Apg 24,15). Die erste Auferstehung ist die Auferstehung der Christen, die zweite die der Ungerechten.

Daher beinhaltet die erste Auferstehung alle Auferstehungen der Gerechten, auch wenn sie zeitlich weit auseinanderliegen. Bei der Entrückung findet eine Auferstehung der Gerechten statt (vor der Drangsalszeit – 1. Thess 4,13–17), eine weitere in der Drangsalszeit (die beiden Zeugen – Offb 11,3.11), eine andere am Ende der Drangsalszeit (die toten Märtyrer – Offb 20,4–5) und noch eine am Ende des Tausendjährigen Reiches. Sie alle gehören zur «ersten» in dem Sinne, dass sie vor der zweiten (letzten) Auferstehung der gottlosen Toten stattfinden. Entsprechend bezieht sich der Ausdruck *erste Auferstehung* auf alle Auferstehungen der Gläubigen, ungeachtet ihres Zeitpunkts, einschliesslich der Auferstehung Christi, des Erstlings (1. Kor 15,23).

Die zweite oder letzte Auferstehung ist ein schrecklicher Anblick. Am Ende des Tausendjährigen Reiches Christi werden alle Unerretteten aus allen Zeitaltern auferweckt, vor dem grossen weissen Thron gerichtet und lebendig in den Feuersee geworfen (Offb 20,11–15).

Das neutestamentliche Vokabular

Prätribulationisten räumen ein, dass das griechische Wort *parousia* «kommen», «Ankunft» oder «Anwesenheit» bedeutet. Das heisst aber nur, dass sowohl die Entrückung als auch das zweite Kommen Christi – das erste Ereignis vor und das zweite nach der Drangsalszeit – durch das Kommen, die Ankunft und Anwesenheit Jesu Christi gekennzeichnet sind. Der Theologe Charles C. Ryrie gibt uns folgendes Bild, das zeigt, wie ein und dasselbe Wort von zwei unterschiedlichen Ereignissen sprechen kann:

> Angenommen, stolze Grosseltern sagen zu ihren Freunden: «Wir freuen uns auf die Anwesenheit (*parousia*) unserer Enkelkinder nächste Woche.» Während des Gesprächs sagen sie dann etwas später: «Ja, wir rechnen damit, dass unsere Enkelkinder bei unserer goldenen Hochzeit anwesend sind.» Wenn man das hört,

> kann man zu zwei Schlussfolgerungen kommen. 1) Die Enkelkinder kommen nächste Woche zur goldenen Hochzeit. Mit anderen Worten, die Grosseltern sprachen vom Kommen ihrer Enkel und ihrem Jahrestag als einem einzigen Ereignis, das zur gleichen Zeit stattfindet. Oder 2) die Enkelkinder werden ihre Grosseltern zwei Mal besuchen – einmal nächste Woche (vielleicht in ihren Ferien) und ein anderes Mal später zur goldenen Hochzeit.[62]

Ryrie will damit natürlich sagen, dass sich *parousia* auf zwei unterschiedliche Ereignisse beziehen kann – die Entrückung und das zweite Kommen Christi. Der Gebrauch des Wortes *parousia* ist allerdings weder ein Beweis für den Posttribulationismus noch für den Prätribulationismus. Der Zeitpunkt der Entrückung ist von anderen Faktoren abhängig als von diesen.

Einer wird genommen

Prätribulationisten erkennen die Bedeutung von Matthäus 24,37–41 an, wo bestätigt wird, dass «zwei auf dem Feld sein werden; der eine wird genommen, und der andere wird zurückgelassen. Zwei werden auf der Mühle mahlen; die eine wird genommen, und die andere wird zurückgelassen». Prätribulationisten bestreiten aber, dass sich diese Stelle auf die Entrückung bezieht. Die Parallelstelle in Lukas 17,34–37 lässt erkennen, dass die, die weggenommen werden, nicht zur Entrückung, sondern zum Gericht weggenommen werden:

> «Ich sage euch: In dieser Nacht werden zwei in einem Bett sein; der eine wird genommen und der andere zurückgelassen werden. Zwei werden miteinander mahlen; die eine wird genommen, und die andere wird zurückgelassen werden. Zwei werden auf dem Feld sein; der eine wird genommen und der andere zurückgelassen werden. Und sie antworteten und sprachen zu ihm: Wo, Herr? Und er sprach zu ihnen: Wo der Leichnam ist, da sammeln sich die Geier.»

Wo werden sie also hingebracht? An einen Ort, an dem sich Geier von Leichnamen ernähren. Mit anderen Worten, diese Menschen werden zum Gericht weggenommen. Sie kommen nicht in den Himmel, daher findet sich in dieser Stelle und in der Parallelstelle in Matthäus 24 keine Unterstützung für den Posttribulationismus.

Prätribulationismus – eine relativ neue Sicht?

Posttribulationisten meinen, der Prätribulationismus sei eine relativ neue Sicht, die erst im 19. Jahrhundert aufkam. Sie war der Kirchengeschichte, sagen sie, die meiste Zeit über nicht bekannt.

Prätribulationisten reagieren auf verschiedene Weise auf diese Argumentation. Erstens, für Prätribulationisten ist es das Wichtigste, herauszufinden, was die Bibel lehrt und nicht wann eine Lehrmeinung zum ersten Mal in der Kirchengeschichte aufgetaucht ist. Wenn die Bibel eindeutig eine Lehre vertritt, sollte man sehr vorsichtig sein, sie einfach abzuweisen.

Des Weiteren stellen Prätribulationisten fest, dass einige in der frühen Gemeinde falsche Lehren wie die Taufwiedergeburt vertreten haben. Auch wenn eine Lehre schon früh in der Kirchengeschichte aufgekommen ist, bedeutet das nicht zwangsläufig, dass sie richtig ist. Im umgekehrten Fall tauchte eine Lehre vielleicht erst später in der Kirchengeschichte auf, was aber nicht heisst, dass sie falsch ist.

Da sich die Lehre im Lauf der Jahrhunderte entwickelte, glauben viele, dass die Eschatologie erst später in den Fokus der Kirchengeschichte gerückt ist. Ausserdem haben viele die ganze Kirchengeschichte hindurch – schon seit dem ersten Jahrhundert – die Lehre von der nahe bevorstehenden Rückkehr Christi vertreten, ein Hauptmerkmal des Prätribulationismus.

Die Bevölkerung des Tausendjährigen Reiches

Das Gericht über die Nationen in Matthäus 25,31–46 macht deutlich, dass Christus die Schafe von den Böcken trennen wird, entsprechend ihrer Behandlung der Brüder Christi. Die Schafe kommen direkt in ihren sterblichen (nicht auferstandenen) Körpern in das Tausendjährige Reich Christi. Diese sterblichen Gläubigen werden im Tausendjährigen Reich heiraten, Kinder bekommen, alt werden und sterben (Jes 65,17–25). Das könnte nicht passieren, wenn sie bereits auferstanden wären.

Das ist ein Problem des Posttribulationismus. Wenn die Entrückung nach der Drangsalszeit stattfindet, nachdem praktisch alle Gläubigen auferweckt wurden, welche sterblichen (nicht auferstandenen) Gläubigen bleiben dann noch übrig, die in das Tausendjährige Reich Christi eingehen können? Keine! Wenn alle Gläubigen beim zweiten Kommen Christi entrückt werden, können keine mehr in ihren sterblichen Körpern ins Tausendjährige Reich eingehen. Für den Prätribulationismus ist das kein Problem. Er lehrt, dass nach der Entrückung viele Menschen in der Drangsalszeit zum Glauben kommen (s. Offb 7,9–17). Diese Gläubigen nach der Entrückung werden in ihren sterblichen Körpern in das Tausendjährige Reich kommen.

Schlussgedanken

Ich kenne persönlich einige wunderbare Christen, die die posttribulationistische Sicht vertreten. Der Posttribulationismus ist sicherlich eine ernst zu nehmende theologische Position. Ich bin allerdings überzeugt, dass er nicht alle biblischen Fakten angemessen berücksichtigt, wie ich es eben dargelegt habe. Ich bin weiterhin zutiefst vom Prätribulationismus überzeugt.[63]

Kapitel 11

Was spricht für die Sicht, dass die Entrückung gegen Ende der Drangsalszeit vor dem Zorn Gottes stattfindet?

Die Sicht – vertreten von Robert Van Kempen und Marvin Rosenthal – besagt, dass die Entrückung gegen Ende der Drangsalszeit vor dem grossen Zorn Gottes stattfindet (2. Thess 1,5–10).[64] Marvin Rosenthal predigte etwa 35 Jahre lang die prätribulationistische Sicht, bevor er sie zugunsten der Auffassung aufgab, dass sich die Entrückung gegen Ende der Drangsalszeit vor dem Zorn Gottes ereignet.

Da das Wort *Zorn* im Buch der Offenbarung erst nach dem sechsten Siegel auftaucht, glaubt Rosenthal, dass Gottes Zorn nicht vor dem siebten Siegel ausgeschüttet wird (s. Offb 6,12–8,1). Das bedeutet, dass die Entrückung zwischen dem sechsten und siebten Siegel stattfinden muss – gegen Ende der Drangsalszeit.

Rosenthal meint, der Begriff *Drangsalszeit* sollte in der Diskussion über die Entrückung nicht vorkommen. Er sollte nicht als Synonym für die ganze 70. Woche Daniels verwendet werden, da ein solcher Ausdruck einen angeblich für den Prätribulationismus empfänglich macht. Er behauptet, Prätribulationisten hätten einen Fachausdruck geprägt und ihn der Schrift auferlegt.

Rosenthal unterteilt die 70. Woche Daniels in drei klar erkennbare Zeitabschnitte – den Anfang der Wehen, die grosse Drangsal und den häufig prophezeiten Tag des Herrn. Genauer gesagt, die ersten dreieinhalb Jahre sind der Anfang der Wehen. Zur Mitte der

70. Woche Daniels beginnt die grosse Drangsal, die nur eindreiviertel Jahre (21 Monate) dauert. Die letzten 21 Monate – das vierte Viertel des 7-jährigen Zeitraums – ist der Tag des Herrn, an dem allein der Zorn Gottes ausgegossen wird.

Entsprechend diesem Gedankengang findet die Entrückung direkt vor dem Tag des Herrn statt, wenn die siebte Posaune erschallt. Anders ausgedrückt, die Entrückung ereignet sich zwischen dem Ende des dritten Viertels und dem Beginn des vierten Viertels der 70. Woche Daniels. Das ermöglicht es der Gemeinde, dem Zorn Gottes zu entkommen.

Da die Entrückung laut dieser Sicht ziemlich genau nach drei Vierteln der 70. Woche Daniels stattfinden soll, überrascht es nicht, dass Rosenthal eine nahe bevorstehende Entrückung für nicht vertretbar hält. Christen können nicht länger damit rechnen, dass die Entrückung in jedem Augenblick geschehen könnte.

Rosenthal gibt zu, dass Prätribulationisten – wie John F. Walvoord, Charles C. Ryrie und J. Dwight Pentecost – ehemals seine Vorbilder auf dem Gebiet der Prophetie waren. Jetzt beklagt er, dass ihre Schriftauslegung unzuverlässig ist.[65] Im Gegensatz dazu behauptet er dogmatisch, dass seine eigenen Auslegungen unanfechtbar und unwiderlegbar sind.

Meine Einschätzung

Robert Van Kampen und Marvin Rosenthal haben eine interessante und neue Theorie entwickelt, deren Grundlage meiner Meinung nach aber fehlerhaft ist. Diese Grundlage hat mit dem genauen Zeitpunkt zu tun, wann der Zorn Gottes in der Drangsalszeit ausgeschüttet wird.

Das Wort *Drangsal*

Wie bereits erwähnt, lehnt Rosenthal den Gebrauch des Ausdrucks *Drangsalszeit* ab, von dem er sagt, Prätribulationisten hätten ihn zu einem Fachbegriff gemacht. In Wahrheit benutzen Prätribulationisten diesen Begriff gar nicht als Fachausdruck. Sie verwenden ihn als einen beschreibenden Begriff. Wir haben gesehen, dass die Schrift die 70. Woche Daniels als einen 7-jährigen Zeitraum beschreibt, der von Zorn, Gericht und vielem mehr gekennzeichnet ist. Der Begriff *Drangsalszeit* ist somit eine präzise Bezeichnung für diesen Zeitraum.

Die Drangsalszeit und Gottes Zorn

Prätribulationisten glauben, dass der Zorn Gottes schon weit vor dem siebten Siegel auf die Erde ausgeschüttet wird. Zephanja 1,15 beschreibt die ganze zukünftige Drangsalszeit so: «Ein Tag des Zorns ist dieser Tag, ein Tag der Angst und der Bedrängnis, ein Tag des Ruins und der Zerstörung, ein Tag der Finsternis und des Dunkels, ein Tag des Gewölks und des Wolkendunkels.» Die gesamte Drangsalszeit ist vom Zorn Gottes charakterisiert.

Der Apostel Paulus sagt uns in 1. Thessalonicher 1,10, dass Jesus «uns vor dem zukünftigen Zorn errettet». Beachten Sie den bestimmten Artikel vor dem Wort Zorn (*dem*). Im Griechischen ist ein bestimmter Artikel von grosser Bedeutung. Viele glauben, «vor *dem* zukünftigen Zorn» weist auf eine konkrete zukünftige Zeit des Zorns hin. Diese Zeit des Zorns wird als die ganze 7-jährige Drangsalszeit verstanden (Dan 9,27), die an anderer Stelle «eine Zeit der Drangsal ... für Jakob» genannt wird (Jer 30,7; s. auch Offb 6,17; 14,7.10; 19,2).

Die sieben Siegel und Gottes Zorn

Die Schrift stellt die sieben Siegel als Abfolge dar, die alle denselben Ursprung haben – Gott (Offb 6; 8,1–5). Diese Abfolge enthält Gerichte Gottes, die mit jedem neuen Siegel an Intensität zunehmen. Menschen und Krieg sind Instrumente des Zorns Gottes während der ersten sechs Siegel. Sogar die Unerretteten, die diesen Zorn erleben, erkennen ihn als den «Zorn des Lammes» an (Offb

6,15–16). Das ist absolut richtig, denn Christus selbst – das Lamm Gottes – öffnet jedes Siegel und löst somit jedes Gericht aus (s. Offb 6,1.3.5.7.9.12; 8,1). Zu sagen, der Zorn Gottes würde erst mit dem siebten Siegel beginnen, ist daher kaum haltbar.

Das Wort *Zorn* wird erst nach dem sechsten Siegel verwendet, was aber nicht heisst, dass Gottes Zorn nicht schon vor dieser Zeit ausgegossen wurde. Der Theologe Norman Geisler erklärt: «Das Wort *Zorn* taucht im ersten Buch Mose zwar nicht auf, aber Gottes Zorn wurde dennoch während der Flut (6–8) und auf Sodom und Gomorra (19) ausgeschüttet.»[66] Zu biblischen Zeiten erlebten die Menschen häufig Gottes Zorn, auch wenn das Wort *Zorn* im biblischen Text nicht vorkam.

Vertreter der Ansicht, die Entrückung fände gegen Ende der Drangsalszeit vor dem Zorn Gottes statt, meinen, während der ersten sechs Gerichtssiegel würden die Menschen den Zorn des Menschen zu spüren bekommen, nicht den Zorn Gottes. Aber noch einmal: Christus ist derjenige, der jedes Siegel öffnet und dadurch jedes Gericht auf der Erde in Gang setzt. In diesem Fall gebraucht Gott (Christus) eindeutig Menschen, um Seinen Zorn zum Ausdruck zu bringen. Das hat Er in der Vergangenheit schon oft getan. Wenn Gott die Israeliten im Alten Testament züchtigen musste, sandte Er sie in assyrische und babylonische Gefangenschaft. Gottes Zorn kam durch menschliche Stellvertreter zum Ausdruck. Daher erkennen die Menschen auf der Erde, die die sechs Gerichtssiegel erleben, sie direkt als den «Zorn des Lammes» an.

Beachten Sie auch, dass jeder der vier Reiter der Apokalypse freigelassen wird, wenn das Lamm ein Siegel öffnet und eines der vier «lebendigen Wesen» (Offb 4,6–8) sagt: «Komm!» Auch das lässt erkennen, dass die Gerichtssiegel ein Ausdruck des Zorns Gottes sind.

Ausserdem sind die ersten vier Gerichtssiegel typisch für die Art, wie Gott Seinen Zorn zu biblischen Zeiten zeigte – Schwert, Hungersnot, Pest und wilde Tiere (3. Mo 26,22.25; 5. Mo 28,21–25; Jer

15,2–3; 16,4; Hes 5,12.17; 14,21). Das Argument, die Gerichtssiegel würden nur den Zorn des Menschen repräsentieren, ist unhaltbar.

Der Tag des Herrn

Der Ausdruck *der Tag des Herrn* bezeichnet eine Zeit, in der Gott die Geschichte direkt und aktiv kontrolliert und beherrscht, statt durch indirekte Mittel zu wirken. Der Tag des Herrn wird charakterisiert von Gottes aktivem und übernatürlichem Eingreifen, um die Sünde in der Welt zu richten. Die neutestamentlichen Verfasser benutzten den Ausdruck, um die Gerichte zu beschreiben, die in der 7-jährigen Drangsalszeit ausgelöst werden (1. Kor 5,5; 1. Thess 5,2; 2. Thess 2,2; 2. Petr 3,10). Die meisten Prophetieexperten glauben, dass der Tag des Herrn nach der Entrückung und in Verbindung mit dem Beginn der Drangsalszeit kommt.

Rosenthal lehnt diese Vorstellung ab und nennt sie den allergrössten Fehler, den Menschen hinsichtlich des richtigen Zeitpunkts der Entrückung machen können. Wie wir gesehen haben, sieht Rosenthal drei Zeiträume innerhalb der 70. Woche Daniels: den Anfang der Wehen (dreieinhalb Jahre), die grosse Drangsal (21 Monate, das dritte Viertel der 70. Woche Daniels) und den Tag des Herrn (21 Monate, das letzte Viertel der 70. Woche Daniels). Der Tag des Herrn beginnt angeblich mit dem Öffnen des siebten Siegels (Offb 8).

Im Gegensatz zu dieser Sicht stellt die Schrift normalerweise die ganze Drangsalszeit als den Tag des Herrn dar (s. Joel 2,1–2). Der Tag des Herrn schliesst die ersten sechs Gerichtssiegel ein. Rosenthal behauptet, die ersten sechs Gerichtssiegel würden den Zorn des Menschen repräsentieren, aber einige dieser Gerichte liegen eindeutig ausserhalb der menschlichen Fähigkeiten.

> «Und ich sah, als es das sechste Siegel öffnete, und siehe, ein grosses Erdbeben entstand, und die Sonne wurde schwarz wie ein härener Sack, und der Mond wurde wie Blut; und die Sterne

> des Himmels fielen auf die Erde, wie ein Feigenbaum seine unreifen Früchte abwirft, wenn er von einem starken Wind geschüttelt wird. Und der Himmel entwich wie eine Buchrolle, die zusammengerollt wird, und alle Berge und Inseln wurden von ihrem Ort weggerückt» (Offb 6,12–14).

Wie kann man das dem Zorn des Menschen zuschreiben? Das ist eindeutig der Zorn Gottes, der vor Rosenthals viertem Viertel der 70. Woche Daniels auftritt.

Verbindet man das mit dem, was ich bisher festgehalten habe – dass jedes der sieben Siegel von Jesus Christus geöffnet wird und den Zorn des Lammes repräsentiert –, dann macht es keinen Sinn zu sagen, dass der Zorn Gottes erst mit dem siebten Siegel ausgeschüttet wird.

Schlussgedanken

Rosenthal präsentiert ein unzureichendes theologisches System. Leider spricht er auch unfreundlich über Männer wie John F. Walvoord, Charles C. Ryrie und J. Dwight Pentecost (mit denen allen ich in der Vergangenheit persönlich zu tun hatte) und betrachtet seine eigene Sicht als unanfechtbar und unwiderlegbar. Ein solcher Dogmatismus löst in mir immer ein Warnsignal aus.

Kapitel 12

Was spricht für die Sicht einer Teilentrückung?

Die Theorie der Teilentrückung kommt zum Ausdruck in den Schriften von Robert Govett, J. A. Seiss, G. H. Pember, G. H. Lang und Witness Lee.[67] Diese Sicht lehrt, dass nur die Gläubigen, die auf die Rückkehr des Herrn warten und wachsam sind, für würdig erachtet werden, den Prüfungen der Drangsalszeit durch die Entrückung zu entkommen. Wie ein Vertreter der Teilentrückung schrieb: «Nur ein vorbereiteter und erwartungsvoller Teil der Gläubigen wird dann verwandelt werden.»[68]

Ein interessantes Merkmal der Teilentrückungstheorie ist, dass sie mehrere Entrückungen während der Drangsalszeit vorsieht. Die erste Entrückung findet noch vor der Drangsalszeit statt, wenn nur reife lebende Gläubige entrückt und reife tote Gläubige auferweckt werden. In den sieben Jahren der Drangsalszeit werden dann die Gläubigen, die anfangs noch nicht auf die Entrückung vorbereitet waren, in mehreren Intervallen entrückt (s. Offb 7,9.14; 11,12; 12,5). Das schliesst die Gläubigen ein, die vor der Schlacht von Harmageddon entrückt werden (Offb 16,16), sowie eine weitere Entrückung gegen Ende der Drangsalszeit.

Vertreter der Teilentrückung führen eine Reihe von Bibelstellen an, um ihre Position zu stützen. So sagt Hebräer 9,28 beispielsweise: «So wird der Christus, nachdem er sich einmal zum Opfer dargebracht hat, um die Sünden vieler auf sich zu nehmen, zum zweiten Mal denen erscheinen, die auf ihn warten, nicht wegen der

Sünde, sondern zum Heil.» Das bezieht sich angeblich darauf, dass Christus jene (mittels der Entrückung) rettet, die auf Ihn warten. Wer nicht auf Ihn wartet, wird einfach zurückgelassen. Entsprechend diesem Gedanken werden nicht geheiligte Christen, die auf der Erde zurückgelassen wurden, durch die Prüfungen der Drangsalszeit gereinigt werden. Aufgrund ihrer Sünde eignen sie sich nicht, in die unmittelbare Gegenwart Jesu Christi entrückt zu werden.

Befürworter dieses Standpunkts glauben, das Gleichnis von den zehn Jungfrauen unterstütze diese Sicht; fünf Jungfrauen waren vorbereitet und die anderen fünf waren es nicht (Mt 25,1–13). Das wird so ausgelegt, dass nur treue und wachsame Christen entrückt werden. Untreue Christen werden zurückgelassen und in der Drangsalszeit gereinigt.

In Matthäus 24,40–42 sagt Jesus zu Seinen Nachfolgern: «Dann werden zwei auf dem Feld sein; der eine wird genommen, und der andere wird zurückgelassen. Zwei werden auf der Mühle mahlen; die eine wird genommen, und die andere wird zurückgelassen. So wacht nun, da ihr nicht wisst, in welcher Stunde euer Herr kommt!» Das soll angeblich deutlich machen, dass die Entrückung eine Belohnung ist, die nicht alle empfangen werden. Nur jene, die wachen und auf die Entrückung warten, werden sie auch erleben.

In 1. Korinther 9,27 sagte Paulus: «Ich bezwinge meinen Leib und beherrsche ihn, damit ich nicht anderen verkündige und selbst verwerflich werde.» Paulus war sich angeblich bewusst, dass sich einige Christen von der Entrückung ausschliessen würden.

In Titus 2,11–13 schreibt Paulus, dass uns die Gnade Gottes vorbereitet auf «die glückselige Hoffnung ... und die Erscheinung der Herrlichkeit des grossen Gottes und unseres Retters Jesus Christus». Nur wer wartet, wird an der glückseligen Hoffnung der Entrückung teilhaben.

In Offenbarung 3,10 sagt Jesus der Gemeinde in Philadelphia: «Weil du das Wort vom standhaften Ausharren auf mich bewahrt hast, werde auch ich dich bewahren vor der Stunde der Versuchung, die über den ganzen Erdkreis kommen wird, damit die versucht werden, die auf der Erde wohnen.» Wer das Wort Christi nicht bewahrt, schliesst sich anscheinend selbst von der Entrückung aus.

Laut Vertretern der Teilentrückung zeigt die Schrift, dass einige Christen weniger treu sind als andere und von der ersten Entrückung vor der Drangsalszeit ausgenommen werden. Auch wenn die folgenden Verse nicht direkt von der Entrückung sprechen, machen sie doch angeblich deutlich, dass einige Christen treuer oder weniger treu sind als andere:

- «Wahrlich, ich sage euch: Ihr, die ihr mir nachgefolgt seid, werdet in der Wiedergeburt, wenn der Sohn des Menschen auf dem Thron seiner Herrlichkeit sitzen wird, auch auf zwölf Thronen sitzen und die zwölf Stämme Israels richten. Und jeder, der Häuser oder Brüder oder Schwestern oder Vater oder Mutter oder Frau oder Kinder oder Äcker verlassen hat um meines Namens willen, der wird es hundertfältig empfangen und das ewige Leben erben. Aber viele von den Ersten werden Letzte, und Letzte werden Erste sein» (Mt 19,28–30).
- «Niemand, der seine Hand an den Pflug legt und zurückblickt, ist tauglich für das Reich Gottes!» (Lk 9,62).
- «Ja, wahrlich, ich achte alles für Schaden ... damit ich Christus gewinne ... um ihn zu erkennen und die Kraft seiner Auferstehung und die Gemeinschaft seiner Leiden, indem ich seinem Tod gleichförmig werde, damit ich zur Auferstehung aus den Toten gelange. Nicht dass ich es schon erlangt hätte oder schon vollendet wäre; ich jage aber danach, dass ich das auch ergreife, wofür ich von Christus Jesus ergriffen worden bin. Brüder, ich halte mich selbst nicht dafür, dass ich es ergriffen habe; eines aber tue ich: Ich vergesse, was dahinten ist, und strecke mich aus nach dem, was vor mir liegt, und jage auf das Ziel zu, den Kampfpreis der himmlischen Berufung Gottes in Christus Jesus» (Phil 3,8–14).

- «Wer ein Ohr hat, der höre, was der Geist den Gemeinden sagt! Wer überwindet, dem wird kein Leid geschehen von dem zweiten Tod» (Offb 2,11).
- «Wer überwindet, der wird mit weissen Kleidern bekleidet werden; und ich will seinen Namen nicht auslöschen aus dem Buch des Lebens, und ich werde seinen Namen bekennen vor meinem Vater und vor seinen Engeln» (Offb 3,5).

Angesichts dieser Verse schlussfolgern Vertreter der Teilentrückung, dass die Christen, die nicht so hingegeben leben wie andere, ihr Privileg verlieren, an der ersten Entrückung vor der Drangsalszeit teilzunehmen. Diese Konsequenz werden sie zu tragen haben.

Meine Einschätzung

Meiner Ansicht nach können Vertreter der Teilentrückung nur zu diesem theologischen Paradigma kommen, indem sie wichtige Bibelstellen ignorieren, die deutlich dagegen sprechen.[69] Hier einige der bedeutenderen Probleme, die Prophetiegelehrte mit dieser Sicht haben.

Alle Erretteten nehmen an der Entrückung teil

Die Schrift macht deutlich, dass alle Erretteten – d. h., alle, die zum Heil an Jesus Christus glauben (Joh 3,16–17; Apg 16,31) – an der Entrückung teilnehmen werden. Wie Paulus in 1. Korinther 15,51–52 schreibt: «Siehe, ich sage euch ein Geheimnis: Wir werden zwar nicht alle entschlafen, wir werden aber alle verwandelt werden, plötzlich, in einem Augenblick, zur Zeit der letzten Posaune; denn die Posaune wird erschallen, und die Toten werden auferweckt werden unverweslich, und wir werden verwandelt werden.» Paulus hätte es nicht deutlicher ausdrücken können. «Wir werden aber *alle* verwandelt werden» – nicht «einige von uns» oder «diejenigen unter uns, die am heiligsten sind».

Der ganze Leib Christi

Die Schrift sagt, dass «wir ja alle durch einen Geist in einen Leib hinein getauft worden sind» (1. Kor 12,13). Kein Gläubiger wurde nicht in den Leib Christi hinein getauft (s. Röm 12,5; 1. Kor 10,17; 12,27; Eph 4,12; 5,23; Kol 1,24; Hebr 13,3). Im Leib Christi besteht vollkommene Einheit (s. Eph 4,3–4). Daher ist es logisch, dass alle Gläubigen entrückt werden (1. Thess 4,16–17). Anders ausgedrückt, der ganze Leib Christi – nicht nur Teile davon wie ein Finger oder ein Ohr – wird an der Entrückung teilhaben.

Die ganze Braut Christi

Die Gemeinde ist auch die Braut Christi (2. Kor 11,2–3; Eph 5,25–27.32), deshalb wird auch die ganze Braut Christi und nicht nur ein Teil von ihr entrückt. Die ganze Gemeinde wird Christus in der Luft begegnen. Hätten Vertreter der Teilentrückung recht, würde hinsichtlich der Entrückung das Bild der Ehe in sich zusammenbrechen.

Das Gleichnis von den zehn Jungfrauen

Prätribulationisten räumen ein, dass im Gleichnis von den zehn Jungfrauen (Mt 25,1–13) fünf vorbereitet und die anderen fünf nicht vorbereitet waren. Aber dieses Gleichnis bezieht sich nicht auf die Entrückung der Gemeinde. Die unvorbereiteten Jungfrauen repräsentieren Personen (offensichtlich ungläubige Juden), die in der Drangsalszeit leben und auf das zweite Kommen Christi nicht vorbereitet sind – sieben Jahre nach der Entrückung. Schliesslich spricht die ganze Rede Christi auf dem Ölberg (Mt 24–25) ausdrücklich von der Drangsalszeit. Das Gleichnis liefert keinerlei Unterstützung für die Theorie einer Teilentrückung.

Israel und die Gemeinde

In der Drangsalszeit geht es nicht um die Gemeinde, sondern um Israel. So wie die ersten 69 Jahrwochen Daniels von Israel handeln, wird sich auch die 70. Woche (die Drangsalszeit) um

Israel drehen. Aus diesem Grund wird die Drangsalszeit «eine Zeit der Drangsal ... für Jakob» (Jer 30,7) genannt. (Jakob ist ein anderer Name für Israel.) Und da sich die Drangsalszeit bewusst mit Israel beschäftigt, kann kein Teil der erlösten Gemeinde – die Christus mit Seinem eigenen Blut erkauft hat (Apg 20,28) – anwesend sein.

Eine Teilauferstehung

Bei der Entrückung werden sowohl die toten Christen auferstehen als auch die lebenden Christen verwandelt werden. Daher scheint es folgerichtig, wenn eine Teilentrückung auch nur die Auferstehung von treuen toten Christen vorsehen würde, so wie auch nur treue lebende Christen verwandelt werden. Mit anderen Worten, eine Teilentrückung schliesst eine Teilauferstehung mit ein. Das aber wird an keiner Stelle der Bibel gelehrt. In 1. Thessalonicher 4,13–17 sind «die Toten in Christus» und «wir, die wir leben», an der Entrückung beteiligt. Der Text sagt nicht «einige der Toten in Christus» oder «einige von denen, die leben». Er sagt nicht «die heiligsten der Toten» oder «die heiligsten von denen, die leben».

Eine an den Werken orientierte Entrückung

Bei der Teilentrückungstheorie basiert die Entrückung letzten Endes auf guten Werken. Nur wer geeignet ist, wird entrückt. Nur wer würdig ist, wird genommen.

Aber wie kann man wissen, ob man die Prüfung bestanden hat? Woher weiss man, ob man würdig ist? Woher weiss man, ob man genug gute Werke getan hat? Bei dieser Denkweise scheint die Entrückung nicht länger eine glückselige Hoffnung zu sein (Tit 2,13), denn niemand kann mit Sicherheit wissen, ob er dabei sein wird. Es ist mehr ein «glückseliges Vielleicht». Die Schrift lehrt, dass unsere ganze Errettung aus Gnade ist durch den Glauben (s. Eph 2,8–9). Der Prophetieexperte Herman Hoyt sagt: «Darauf zu bestehen, dass ein würdiges Leben der entscheidende Grund für die Verwandlung [unseres physischen Körpers in einen Auferstehungskörper] ist, ist ein subtiler Angriff auf die ganze Gnadenlehre.»[70]

Eine Errettung in drei Phasen

Die Schrift macht drei Phasen der Errettung deutlich – Rechtfertigung, Heiligung und Verherrlichung. Die erste Phase, die Rechtfertigung, beinhaltet die Errettung von der Strafe der Sünde (s. Röm 3,20.28; 5,1). Die zweite Phase, die Heiligung, beinhaltet die Errettung von der Macht der Sünde (s. 2. Thess 2,13; 1. Petr 1,2; s. auch Röm 8,13). Die dritte Phase, die Verherrlichung, beinhaltet die Errettung von der Gegenwart der Sünde (s. Röm 8,22–23; 1. Kor 15,24–26.51–55; Phil 3,21; Hebr 2,14; 1. Joh 3,2; Offb 21,4).

Die Verherrlichung, die für die Gläubigen des Gemeindezeitalters bei der Entrückung stattfindet, gehört zum kompletten Heilspaket Gottes. Die Schrift stellt sie nie als eine Belohnung für gute Werke dar. Sie basiert vollständig auf dem Opfer Jesu Christi am Kreuz. Es gibt nichts, was wir tun könnten, um uns auch nur eine Phase der Errettung zu verdienen.

Eine Abwertung des Todes Christi

Die Teilentrückung wertet den Tod Jesu Christi am Kreuz von Golgatha ab. Schliesslich geht diese Sicht davon aus, dass gute Werke die Stellung eines Gläubigen vor Gott verbessern und ihn für die Entrückung würdig machen. Die Schrift sagt aber deutlich, dass Christus den vollständigen Preis für unsere Erlösung bezahlt hat. Er hat für jede einzelne Sünde bezahlt. Christus hat die Strafe für jede Sünde getragen, daher wird Gott sündigende Christen nicht bestrafen, indem Er sie nicht an der Entrückung teilnehmen lässt. Aufgrund des vollständigen Erlösungswerkes Christi am Kreuz ist jeder Gläubige würdig für die Entrückung (s. Jes 53, 4–5; Röm 5,10; 2. Kor 5,18–19; Gal 3,13.26; 1. Petr 1,18–19; 1. Joh 2,2; Offb 5,9).

Eine Art Fegefeuer?

Ist es nicht eine Form von Fegefeuer für weniger würdige Christen, wenn sie zurückgelassen und durch die Prüfungen der Drangsalszeit gereinigt werden sollen? Eine solche Vorstellung ist der Schrift völlig fremd. Christus allein hat uns von unseren Sünden gereinigt (Hebr 10,14), daher können wir nicht durch die Drangsalszeit gereinigt werden. Es verwundert nicht, dass Römer 8,1 kategorisch sagt: «So gibt es jetzt keine Verdammnis mehr für die, welche in Christus Jesus sind.»

Lohn am Richterstuhl Christi

An keiner Stelle stellt die Schrift die Entrückung als Belohnung für ein gottesfürchtiges Leben dar. Vielmehr werden Christen nach der Entrückung vor den Richterstuhl Christi treten, wo Er sich die Taten anschauen wird, die sie in ihrem Leben auf der Erde getan haben. Er wird auch die persönlichen Motive und Absichten des Herzens abwägen (s. Röm 14,8–10; 1.Kor 3,11–15; 9,24–27).

Aufforderung, die Entrückung zu erwarten

Wenn wir lesen, dass wir «auf ihn warten» (Hebr 9,28) und «die glückselige Hoffnung erwarten» (Tit 2,13) sollen, dann ist das keine Bedingung für die Teilnahme an der Entrückung. Solche Stellen weisen uns vielmehr auf eine Denkweise hin – die Erwartung aller Erlösten, die mit Sicherheit an der Entrückung teilnehmen werden. Vertreter der Teilentrückung lesen ihre Eschatologie in diese Stellen hinein.

Schlussgedanken

Ich bezweifle nicht die Aufrichtigkeit der Vertreter der Teilentrückung, aber ich glaube, dass sie bei ihrer Darstellung eine Menge von Bibelversen übergehen. Wenn ich den ganzen Ratschluss Gottes zum Thema Entrückung in Betracht ziehe, komme ich zu dem

Schluss, dass die Teilentrückungstheorie keinen Rückhalt in der Bibel findet.

Diskussion 5

Wie ist das Buch der Offenbarung zu verstehen?

In diesem Abschnitt

Kapitel 13

Welches Auslegungsmodell ist richtig – Historismus, Idealismus, Präterismus oder Futurismus?

Es wurde viel darüber diskutiert, wie das Buch der Offenbarung ausgelegt werden sollte. Ich möchte kurz über jeden der vier Hauptansätze sprechen.

Die historistische Sicht

Dem historistischen Ansatz zufolge bietet das Buch der Offenbarung einen prophetischen Überblick über die ganze Kirchengeschichte vom ersten Jahrhundert bis zum zweiten Kommen Christi. Dieser Ansatz tauchte im 4. Jahrhundert auf, als einige Ausleger Parallelen zwischen aktuellen Ereignissen und den Prophezeiungen im Buch der Offenbarung sahen. Später entwickelte Joachim von Fiore (1135–1202) den Ansatz weiter, indem er die Geschichte in drei Hauptzeitalter einteilte. Noch etwas später wurden die Reformatoren von diesem Modell angezogen und betrachteten den Papst als den Antichrist aus Offenbarung 13.

Es ist eine faszinierende Theorie, die aber gewisse Probleme mit sich bringt. Ein Vergleich der Prophezeiungen im Buch der Offenbarung mit anderen prophetischen Bibelstellen – wie Daniel 9,25–27; Matthäus 24–25; 1. Thessalonicher 4,13–5,11; 2. Thessalonicher 2,1–12 und Titus 2,13–14 – zeigt, dass diese Prophezeiungen auf die zukünftige Drangsalszeit, den Antichrist, das zweite Kommen

Christi, das Tausendjährige Reich, das Gericht vor dem grossen weissen Thron und den ewigen Zustand hinweisen.

Ein grundlegendes hermeneutisches Prinzip sagt, dass die Schrift durch die Schrift ausgelegt werden muss. Bernard Ramm brachte es sehr gut zum Ausdruck: «Die ganze Heilige Schrift ist Kontext und Richtschnur für das Verständnis bestimmter Bibelstellen.»[71] Ramm wollte damit sagen, dass die Auslegung einer speziellen Stelle nicht der Gesamtlehre der Schrift widersprechen darf. Einzelne Verse existieren nicht als isolierte Fragmente, sondern sind Teile eines Ganzen. Die Auslegung dieser Verse muss sie deshalb im richtigen Verhältnis zum Ganzen und zueinander präsentieren. J. I. Packer drückte es so aus: «Wenn wir die Teile verstehen wollen, ist es am klügsten, das Ganze zu verstehen.»[72]

Wenn wir das, was die Offenbarung über die Drangsalszeit sagt (Offb 4–18), mit anderen Passagen über die Drangsalszeit vergleichen (z. B. Jer 30,7; Dan 9,27; 2. Thess 2,4), und wenn wir das, was die Offenbarung uns über das zweite Kommen Christi mitteilt (Offb 19), mit anderen Stellen über Sein zweites Kommen vergleichen (z. B. Sach 12,10; Mt 24,42–51; Lk 21,25–27; Apg 1,9–11),), und wenn wir das, was die Offenbarung über das Tausendjährige Reich berichtet (Offb 20), mit anderen Stellen über das Tausendjährige Reich vergleichen (z. B. Jes 11,4.9; 19,24–25; 35,1–10), erkennen wir, dass all diese Passagen auf das Ende der Zeit hinweisen. Der Historismus hingegen wendet bestimmte Stellen auf bestimmte Zeiten in der Kirchengeschichte an.

Der Historismus hat zu endlosen Spekulationen und zu einem subjektiven Umgang mit speziellen Details aus dem Buch der Offenbarung geführt. Es ist schwierig, wenn nicht sogar unmöglich, einen Konsens zu finden bei der Identifikation von Personen und Ereignissen im Text der Offenbarung. Historistische Ausleger neigen dazu, die Ereignisse auf ihre eigene Weise in Beziehung zu den Prophezeiungen in der Offenbarung zu bringen. John F. Walvoord sagt, das grundlegende Problem mit dem Historismus sei, dass «zwei Ausleger eine bestimmte Stelle selten so auslegen, dass beide dasselbe Ereignis meinen. Jeder Ausleger neigt dazu, die Erfüllung in seiner eigenen Generation zu sehen».[73]

Die idealistische Sicht

Der idealistische Ansatz meint, dass das Buch der Offenbarung in erster Linie eine symbolische Beschreibung des anhaltenden Kampfes zwischen Gott und dem Teufel ist, zwischen Gut und Böse, im ganzen Zeitalter der Gemeinde bis zum zweiten Kommen Christi. Laut dieser Sicht hat das Buch der Offenbarung keinerlei Bezug zu historischen oder zukünftigen Ereignissen.[74]

Wie der Historismus ist die idealistische Herangehensweise an die Offenbarung nicht ohne Probleme. Es ist schwer zu erkennen, wie die idealistische Herangehensweise an die Offenbarung den ursprünglichen Empfängern des Buches, die unter der Verfolgung der Römer zu leiden hatten, echten Trost spenden konnte. Ein wörtliches Verständnis von der Offenbarung – eines, das Gottes absolute Kontrolle der Menschheitsgeschichte deutlich macht – ist in dieser Hinsicht weitaus zufriedenstellender.

Der Idealismus ignoriert die konkreten zeitlichen Angaben innerhalb des Buches. Johannes erhält beispielsweise den Auftrag: «Schreibe, was du gesehen hast, und was ist, und was nach diesem geschehen soll» (Offb 1,19). Solche Worte weisen auf eine klare Abfolge von Ereignissen hin.

In der Offenbarung lesen wir auch von zeitlich begrenzten Ereignissen. So soll die heilige Stadt zum Beispiel 42 Monate lang zertreten werden (11,2). Der jüdische Überrest wird 1260 Tage lang Zuflucht in der Wüste finden (12,6). Diese Juden werden «eine Zeit und zwei Zeiten und eine halbe Zeit» in der Wüste ernährt werden (12,14). Jeder dieser Verse spricht von einem Zeitraum von dreieinhalb Jahren. Der Idealismus lässt solche zeitlich begrenzten Ereignisse in der Offenbarung ausser Acht.

Anhänger dieser Sicht mögen einwenden, dass das Buch der Offenbarung voller Symbole ist. Das stimmt. Allerdings werden diese Symbole häufig im unmittelbaren Kontext erklärt. Johannes sagte, die sieben Sterne in der rechten Hand Christi waren die sieben Engel (oder Boten) der sieben Gemeinden, und die sieben Leuchter die sieben Gemeinden (1,20). Die Schalen voll Räucherwerk waren die Gebete der Heiligen (5,8), und die Wasser waren Völker, Scharen, Nationen und Sprachen (17,15). Diese Symbole verweisen normalerweise auf echte Personen und Ereignisse. Der idealistische Ansatz ignoriert das.

Studien der apokalyptischen Literatur zeigen, dass sie stets von realen Ereignissen in der Geschichte handelt. Das Buch der Offenbarung wird zu Recht als apokalyptische Literatur eingestuft, daher können wir annehmen, dass es sich mit realen Ereignissen und nicht nur mit idealisierten Konzepten befasst wie dem Kampf zwischen Gut und Böse.[75]

Schliesslich teilte Jesus Johannes mit: «Ich will dir zeigen, was nach diesem geschehen muss!» (Offb 4,1). Seine Aussage ergibt keinen Sinn, würde Er nicht reale Ereignisse meinen.

Die präteristische Sicht

Das Wort *Präterismus* stammt vom Lateinischen *preter*, was «vergangen» bedeutet. Dieser Sicht zufolge haben sich die biblischen Prophezeiungen im Buch der Offenbarung (insbesondere Kap. 6–18) und aus Matthäus 24–25 (Christi Rede auf dem Ölberg) bereits erfüllt. Eusebius (263–339 n. Chr.) benutzte diesen Ansatz bei der Auslegung der Prophetie in seinem Werk *Kirchengeschichte*. Spätere Autoren, die auf diesen Ansatz zurückgriffen, waren unter anderem Hugo Grotius von Holland (ca. 1644) und in der Neuzeit David Chilton.[76]

Es gibt zwei Formen des Präterismus. Der moderate Präterismus wird von zeitgenössischen Autoren wie R. C. Sproul, Hank Hanegraaff und Gary DeMar repräsentiert.[77] Sie glauben zwar, dass die tatsächliche Auferstehung und das zweite Kommen Christi noch zukünftig sind, aber die anderen Prophezeiungen in der Offenbarung und Matthäus 24–25 schon erfüllt wurden, als Titus mit seinen römischen Soldaten in Jerusalem einfiel und den jüdischen Tempel 70 n. Chr. zerstörte. Laut dieser Position handelt das meiste im Buch der Offenbarung nicht von der Zukunft.

Der extreme oder volle Präterismus geht so weit zu sagen, dass alle neutestamentlichen Prophezeiungen in der Vergangenheit erfüllt worden sind, einschliesslich die über die Auferstehung und das zweite Kommen Christi. Diese Sicht ist eine Irrlehre, die zwei Grundlagen des Glaubens leugnet: die physische Auferstehung und ein buchstäbliches zweites Kommen.

Präteristen verweisen oft auf Matthäus 24,34, wo Jesus sagte: «Wahrlich, ich sage euch: Dieses Geschlecht wird nicht vergehen, bis dies alles geschehen ist.» Dieser Vers beweist angeblich, dass die Prophezeiungen im ersten Jahrhundert erfüllt werden sollten.

Entgegen dieser Vorstellung haben Evangelikale immer eine von zwei Auslegungen von Matthäus 24,34 vertreten. Die eine Auslegung besagt, dass Christus von den Menschen sprach, die Zeugen der zuvor in Matthäus 24 angegebenen Zeichen sein würden – des Gräuels der Verwüstung (V. 15), der grossen Drangsal, wie es noch keine vorher gab (V. 21), und des Zeichens des Menschensohnes am Himmel (V. 30). Sie sollten in ihrer Generation auch das Kommen Jesu Christi sehen. Unter den Juden war es allgemein bekannt, dass die zukünftige Drangsalszeit nur sieben Jahre dauern sollte (Dan 9,24–27), daher würden die Menschen, die zu Beginn dieser Zeit leben, wahrscheinlich auch das zweite Kommen Christi sieben Jahre später sehen (ausser denen, die in dieser schrecklichen Zeit ihr Leben verlieren).

Andere Evangelikale meinen, das Wort *Geschlecht* sollte so verstanden werden, wie es grundlegend gebraucht wird: «Rasse, Verwandtschaft, Familie, Sippe oder Herkunft». Wenn das gemeint ist, dann verheisst Jesus an dieser Stelle, dass das Volk Israel erhalten bleibt – trotz furchtbarer Verfolgungen in der Drangsalszeit –, bis Gottes Plan für Israel beim zweiten Kommen Christi erfüllt ist. Israel hat viele Verheissungen Gottes empfangen, einschliesslich der Verheissung auf das Land (1. Mo 12; 14–15; 17) und eines zukünftigen davidischen Reiches (2. Sam 7). Jesus könnte somit davon gesprochen haben, dass Gott Israel erhalten wird, um Seine Verheissungen an ihnen zu erfüllen (s. Röm 11,11–26).

In beiden Fällen ist Matthäus 24,34 keine Unterstützung für den Präterismus.

Aufgrund von Matthäus 16,28 behaupten Präteristen zudem: Jesus sagte, dass einige Seiner anwesenden Nachfolger nicht sterben würden, bis sie Ihn haben kommen sehen in Seinem Reich. Diese Präteristen meinen, dass Prophezeiungen über Sein zweites Kommen noch in dieser Generation erfüllt worden sein mussten – offensichtlich im Jahr 70 n. Chr., als Rom in Jerusalem einfiel.

Entgegen dieses Standpunkts glauben viele Evangelikale, dass Jesus von Seiner Verklärung sprach, die exakt eine Woche später stattfand (Mt 17,1–13). Dieser Sicht zufolge diente die Verklärung als Vorschau auf das Reich, in dem der Messias Gottes in Herrlichkeit erscheinen würde. Ausserdem lebten einige Seiner anwesenden Jünger 70 n. Chr. schon nicht mehr – ausser Johannes waren bereits alle den Märtyrertod gestorben. Des Weiteren gab es 70 n. Chr. keine astronomischen Vorkommnisse, sodass Sterne vom Himmel herabgefallen und die Himmel erschüttert worden wären (Mt 24,29). Und Jesus kehrte nicht zurück «auf den Wolken des Himmels mit grosser Kraft und Herrlichkeit» (V. 30). Das präteristische Verständnis von Matthäus 16,28 stimmt nicht mit anderen prophetischen Bibelstellen überein.

Präteristen meinen, einige Bibelverse würden zeigen, dass Jesus schon bald kommen würde (z. B. Offb 22,12.20), und sich auch die Ereignisse im Buch der Offenbarung in Kürze erfüllen sollten (1,1; 22,6). Futuristen weisen darauf hin, dass das griechische Wort für *bald* oftmals die Bedeutung von «schnell, eilig, in Kürze» hat. Der Begriff kann auch nur signalisieren, dass die prophezeiten Ereignisse, wenn sie erst einmal begonnen haben, schnell und in rascher Abfolge fortschreiten werden. Ebenso kann auch das mit *rasch* übersetzte Wort einfach nur «plötzlich» bedeuten, nicht zwangsläufig bald.

Ein Lieblingsargument der Präteristen ist, dass das Buch der Offenbarung vor 70 n. Chr. geschrieben wurde und es daher 70 n. Chr. erfüllt worden sein musste, als Rom in Jerusalem einmarschierte. Futuristen machen jedoch darauf aufmerksam, dass einige der frühsten Kirchenväter ein spätes Datum der Offenbarung bestätigen. Irenäus (130–202 n. Chr.) behauptete, das Buch sei am Ende der Regierungszeit Domitians geschrieben worden (er herrschte von 81–96 n. Chr.). Victorinus (er starb 303) bestätigte dieses Datum ebenso wie Eusebius (263–340 n. Chr.). Da das Buch nach 70 n. Chr. geschrieben wurde, kann es sich wohl kaum auf Ereignisse beziehen, die bereits 70 n. Chr. erfüllt wurden.

Wenn ich alles sorgfältig in Erwägung ziehe, können mich die Argumente der Präteristen einfach nicht überzeugen. Der Futurismus ergibt für mich mehr Sinn.

Die futuristische Sicht

Der futuristische Ansatz bei der Auslegung der Offenbarung besagt, dass die meisten in diesem Buch beschriebenen Ereignisse in der Endzeit stattfinden werden, direkt vor dem zweiten Kommen Jesu Christi. Diese Position erkennt den Anspruch des Buches an, Prophetie zu sein (s. Offb 1,3; 22,7.10.18–19). Wie wir gesehen haben, sagte Jesus ausserdem zu Johannes: «Ich will dir zeigen, was nach diesem geschehen muss!» (Offb 4,1). Die Ereignisse, die «nach diesem geschehen», betreffen die zukünftige Prophetie.

Diese Sicht erkennt an: So wie mehr als 100 Prophezeiungen über das erste Kommen Christi wörtlich erfüllt wurden, werden sich auch die Prophezeiungen über Sein zweites Kommen (und die Ereignisse davor und danach) wörtlich erfüllen:

> Will man herauszufinden, wie Gott Prophezeiungen in der Zukunft erfüllen wird, ist es am logischsten, sich anzusehen, wie er Prophezeiungen in der Vergangenheit erfüllt hat. Wie kann irgendeine Person die wörtliche Erfüllung von unzähligen Prophezeiungen über das zweite Kommen Christi und seine Herrschaft auf der Erde ablehnen, wenn die Prophezeiungen über sein erstes Kommen wörtlich erfüllt wurden?[78]

Aufgrund einer wörtlichen Auslegung glauben Futuristen, dass es eines Tages eine buchstäbliche Drangsalszeit mit tatsächlichen Gerichten und einem realen Antichristen geben wird. Daran werden sich ein wortwörtliches zweites Kommen Christi und ein buchstäbliches Tausendjähriges Reich anschliessen. Dies alles befindet sich in Übereinstimmung mit einem der wichtigsten Auslegungsprinzipien – wenn die offensichtliche Bedeutung Sinn ergibt, dann suche nach keinem anderen Sinn, sonst kommt nur Unsinn heraus.

Ich muss noch einmal wiederholen, dass ein Vergleich der Prophezeiungen im Buch der Offenbarung mit anderen prophetischen Schriftstellen – wie Daniel 9,25–27; Matthäus 24–25; 1. Thessalonicher 4,13–5,11; 2. Thessalonicher 2,1–12 und Titus 2,13–14 – deutlich macht, dass diese Prophezeiungen auf die zukünftige Drangsalszeit, den Antichrist, das zweite Kommen Christi, das Tausendjährige Reich, das Gericht vor dem grossen weissen Thron und den ewigen Zustand hinweisen. Die Schrift legt die Schrift aus! Das ist ein grundlegendes Auslegungsprinzip.

Wir können ebenso festhalten, dass die frühe Gemeinde eine futuristische Sicht von der Offenbarung hatte, da sie die Drangsalszeit, das zweite Kommen Christi, das Tausendjährige Reich und den ewigen Zustand als zukünftige Ereignisse betrachtete. Dieses Verständnis von der Offenbarung dürfte für die ursprünglichen Leser des Buches ein grosser Trost gewesen sein. Die allerletzten Kapitel der Offenbarung versicherten ihnen, dass wir am Ende gewinnen werden.

Schlussgedanken

Nachdem ich die vier Hauptstandpunkte überprüft habe, komme ich zu der Einschätzung, dass die futuristische Sicht von der Offenbarung richtig ist. Jesus selbst unterstützt diesen zukünftigen Aspekt in Offenbarung 4,1. Dann erkennen wir eine natürlich fortschreitende Kette von miteinander in Beziehung stehenden Ereignissen (mit zeitlichen Abgrenzungen) im weiteren Verlauf des Buches:

- die Drangsalszeit, die exakt sieben Jahre dauert (Kap. 4–18), gefolgt vom
- zweiten Kommen Christi (19), gefolgt vom
- Tausendjährigen Reich und dem letzten Gericht (20), gefolgt vom
- ewigen Zustand (21–22).

Kapitel 14

In welcher Beziehung steht Daniels 70. Woche mit dem Buch der Offenbarung?

Der Zeitpunkt der 70. Woche Daniels ist unter Christen schon immer ein Diskussionsthema gewesen. Manche Leute verlegen sie in die Vergangenheit, andere aber (ich eingeschlossen) sehen sie in der Zukunft. Ebenso verlegen einige Leute die im Buch der Offenbarung beschriebenen Ereignisse in die Vergangenheit, während andere meinen, dass sie noch zukünftig sind. Im Folgenden möchte ich Ihnen eine Zusammenfassung der Hauptelemente der Diskussion geben.

Standpunkt 1: Daniels 70. Woche hat schon stattgefunden

> «Über dein Volk und über deine heilige Stadt sind 70 Wochen bestimmt, um der Übertretung ein Ende zu machen und die Sünden abzutun, um die Missetat zu sühnen und eine ewige Gerechtigkeit herbeizuführen, um Gesicht und Weissagung zu versiegeln und ein Allerheiligstes zu salben. So wisse und verstehe: Vom Erlass des Befehls zur Wiederherstellung und zum Aufbau Jerusalems bis zu dem Gesalbten, dem Fürsten, vergehen 7 Wochen und 62 Wochen; Strassen und Gräben werden wieder gebaut, und zwar in bedrängter Zeit. Und nach den 62 Wochen wird der

Gesalbte ausgerottet werden, und ihm wird nichts zuteilwerden; die Stadt aber samt dem Heiligtum wird das Volk des zukünftigen Fürsten zerstören, und sie geht unter in der überströmenden Flut; und bis ans Ende wird es Krieg geben, fest beschlossene Verwüstungen. Und er wird mit den Vielen einen festen Bund schliessen eine Woche lang; und in der Mitte der Woche wird er Schlacht- und Speisopfer aufhören lassen, und neben dem Flügel werden Gräuel der Verwüstung aufgestellt, und zwar bis die fest beschlossene Vernichtung sich über den Verwüster ergiesst (Dan 9,24–27).»

Futuristen beziehen den letzten Teil – der von der Unterzeichnung des Bundes und dem Aufhören der Opfer handelt – auf den Antichristen, der in der Drangsalszeit an die Macht kommen wird. Andere haben jedoch behauptet, dass die ganze Passage im Grunde von Jesus Christus spricht, seinem Heilsbund und seinem endgültigen Opfer am Kreuz (durch das er alle Tempelopfer aufhob). So sagen Jamieson, Fausset und Brown zum Beispiel: «Die Bestätigung des Bundes ist ihm [Christus] übertragen worden.»[79] Der Bibelkommentator Matthew Henry schrieb: «Indem er sich ein für allemal als Opfer darbrachte, wird er [Jesus] alle levitischen Opfer beenden.»[80] Dieser Sicht zufolge ist der Antichrist in der ganzen Stelle nicht zu finden.

Diese und andere Autoren liefern eine Vielzahl von Beweisen gegen die Vorstellung, diese Passage würde von einer zukünftigen Drangsalszeit sprechen, und unterstützen den Gedanken, dass sie bereits vor 2000 Jahren erfüllt wurde. So meinen sie zum Beispiel, dass zwischen der 69. und 70. Woche keine zeitliche Lücke angedeutet wird. Die 70. Woche muss sich unmittelbar der 69. anschliessen, heisst es. Die Wochen folgen direkt aufeinander.

Ausserdem sagt die Stelle nichts über eine Drangsalszeit, einen wiederaufgebauten jüdischen Tempel oder das Auftreten eines

Antichristen. Manche Autoren behaupten, Futuristen würden diese Gedanken einfach in den Bibeltext hineinlesen.

Sie räumen ein, dass «das Volk des zukünftigen Fürsten», der «die Stadt aber samt dem Heiligtum» zerstören wird, ein Hinweis auf die Zerstörung Jerusalems und seines Tempels im Jahr 70 n. Chr. ist. Allerdings sagen sie, dass der Bund mit Jesus Christus geschlossen wird, nicht mit dem Antichrist. Sie berufen sich auf Galater 3,17, wo wir von einem «vorher von Gott bestätigten Bund» (Elberfelder 2003) lesen, und auf Römer 15,8, wo von den «Verheissungen an die Väter» die Rede ist. Christus wird somit als derjenige gesehen, der den Bund schliesst. Wenn Daniel bestätigt, dass «er mit den Vielen einen festen Bund schliessen wird», sollte das angeblich in Verbindung mit Matthäus 26,28 gebracht werden, wo Jesus sagt: «Denn das ist mein Blut, das des neuen Bundes, das für viele vergossen wird zur Vergebung der Sünden.»

Die Aussage «in der Mitte der Woche wird er Schlacht- und Speisopfer aufhören lassen» weist angeblich auf den dreieinhalb Jahre währenden Dienst Jesu hin, nach dem Sein Kreuzestod alle Tempelopfer beendete.

Die Worte «und neben dem Flügel werden Gräuel der Verwüstung aufgestellt» bedeuten angeblich, dass es ein Gräuel für die jüdischen Führer war, Jesus zu töten. Diese Tat hatte zur Folge, dass ihr eigener Tempel zerstört (oder verwüstet) wurde.

Laut dieser Sicht gilt die 70. Woche (die sieben Jahre dauert) nur dem jüdischen Volk so wie die vorangegangenen 69 Wochen. Es heisst, dass der öffentliche Dienst Jesu an den Juden dreieinhalb Jahre dauerte, und nach Seinem Tod und Seiner Auferstehung predigten Seine Jünger dem jüdischen Volk angeblich weitere dreieinhalb Jahre. Anschliessend wechselte das Evangelium über zu den Heiden. Diese Auslegungen führen zu der Behauptung, dass die Bibel an keiner Stelle den Gedanken an eine zukünftige 7-jährige Drangsalszeit lehrt.

Standpunkt 2: Daniels 70. Woche ist noch zukünftig

Wer behauptet, dass es keine zukünftige Drangsalszeit gibt, sagt, Futuristen würden ihre Theologie in den Text von Daniel 9,24–27 hineinlesen. Futuristen behaupten aber das Gegenteil. So beschuldigen sich beide Seiten der Eisegese.

Futuristen glauben, in Daniel 9 gab Gott dem Volk Israel einen prophetischen Zeitplan. Die prophetische Uhr begann zu ticken, als der Befehl erging, Jerusalem nach der Zerstörung durch die Babylonier wiederherzustellen und wieder aufzubauen (V. 25). Diesem Vers zufolge wurde Israels Zeitplan in 70 Einheiten von je sieben Jahren unterteilt – insgesamt 490 Jahre.

Die ersten 69 Einheiten von je sieben Jahren – oder 483 Jahre – umfassten die Zeit vom Erlass des Befehls zur Wiederherstellung und zum Aufbau Jerusalems «bis zu dem Gesalbten». Der Gesalbte ist offensichtlich der Messias Gottes, Jesus Christus. (Das mit *Messias* übersetzte alttestamentliche Wort bedeutet wörtlich «Gesalbter».) An dem Tag, als Jesus nach Jerusalem hineinritt und sich zum Messias Israels erklärte, waren auf den Tag genau 483 Jahre nach dem Befehl zur Wiederherstellung und zum Wiederaufbau Jerusalems vergangen.

An diesem Punkt hörte Gottes prophetische Uhr auf zu ticken. Im Gegensatz zu denen, die keine zeitliche Lücke zwischen der 69. und der 70. Woche sehen, beschreibt Daniel eindeutig eine Unterbrechung zwischen den ersten 483 Jahren und den letzten sieben Jahren des prophetischen Zeitplans Israels. Laut Daniel 9,26 finden nach der 69. Woche und noch vor Beginn der 70. Woche bestimmte Ereignisse statt. Genauer gesagt, in Vers 25 spricht Daniel von sieben Wochen und noch einmal 62 Wochen (zusammen 69 Wochen). Dann sagt der Text in Vers 26, dass «nach den 62 Wochen» bestimmte Ereignisse stattfinden:

- der Messias wird getötet,
- die Stadt Jerusalem und ihr Tempel werden zerstört (was 70 n. Chr. geschah) und
- die Juden werden ab diesem Zeitpunkt Schwierigkeiten und Entbehrungen erleiden.

Anschliessend macht Daniel 9,27 deutlich, dass die 70. und letzte Woche (7 Jahre) für Israel beginnt, wenn es einen Bund schliesst. Aber wer unterzeichnet oder initiiert diesen Vertrag? Befürworter des ersten Standpunkts meinen, dass es Jesus Christus ist. Futuristen glauben, dass es der Antichrist sein wird.

Eines ist sicher. Der in Daniel 9 erwähnte Bund muss nach 70 n. Chr. geschlossen werden – lange nach dem Erlösungswerk Christi am Kreuz, Seiner Auferstehung und Himmelfahrt. Eine natürliche Lesart des Textes macht deutlich, dass der Bund irgendwann nach der Zerstörung der «Stadt samt dem Heiligtum» auf den Weg gebracht wird. Dass das Blut Christi um 33 n. Chr. am Kreuz vergossen wurde, bezieht sich eindeutig auf den Neuen Bund (Lk 22,20). Aber Daniel 9 handelt von einem späteren Bund, der nach 70 n. Chr. geschlossen wird. Anders als Vertreter des ersten Standpunkts behaupten, scheint diese Stelle keinen Bezug zu Galater 3,17 zu haben, wo wir von einem «vorher von Gott bestätigten Bund» (Elberfelder 2003) lesen, oder zu Römer 15,8, wo von der Bestätigung der «Verheissungen an die Väter» die Rede ist.

Alles in allem glaube ich, dass eine offensichtliche Lesart von Daniel 9, verglichen mit dem, was wir im Buch der Offenbarung lesen, eine vernünftige und zusammenhängende Kette von Ereignissen in der Endzeit erkennen lässt. Hier eine kurze Zusammenfassung dieser Ereignisse.

Die Unterzeichnung des Bundes

Futuristen glauben, dass die Unterzeichnung des Bundes mit Israel den Beginn der 70. Woche, die Drangsalszeit, einläuten wird. Damit beginnt der sieben Jahre dauernde Countdown bis zum zweiten Kommen Christi, das sich an die Drangsalszeit anschliesst.

Dieser Bund könnte in Verbindung mit der Invasion stehen, bei der Russland und eine Gruppe von muslimischen Staaten – inklusive Iran, Sudan, Türkei, Libyen, Kasachstan, Kirgisien, Usbekistan, Turkmenistan, Tadschikistan, Armenien und möglicherweise Nord-Afghanistan – in der Endzeit in Israel einmarschieren werden (Hes 38,1–6). Schliesslich sagt Hesekiels Prophezeiung, dass die Invasion stattfindet, wenn Israel in Sicherheit und Ruhe lebt (V. 11). Israel wird dieses Gefühl von Sicherheit und Ruhe erst bekommen, wenn der Führer des wiedererstandenen Römischen Reiches – der Antichrist – einen Friedensvertrag unterzeichnet und Israel Schutz zusagt (Dan 9,27). Bis zur Unterzeichnung dieses Vertrags wird Israel in dem Zustand bleiben, in dem es sich jetzt befindet – in höchster Alarmbereitschaft wegen eines möglichen Angriffs.

Der Wiederaufbau des jüdischen Tempels

Futuristen glauben auch, dass Daniel 9,27 auf den Wiederaufbau des jüdischen Tempels hinweist. Wir lesen, dass der Antichrist «mit den Vielen einen festen Bund schliessen wird eine Woche lang; und in der Mitte der Woche wird er Schlacht- und Speisopfer aufhören lassen, und neben dem Flügel werden Gräuel der Verwüstung aufgestellt, und zwar bis die fest beschlossene Vernichtung sich über den Verwüster ergiesst».

Woher wissen wir, dass sich die Gräuel der Verwüstung auf einen zukünftigen Tempel beziehen und nicht auf den Tempel zur Zeit Jesu? In Seiner Rede auf dem Ölberg hat Jesus uns diese Frage beantwortet. Am Anfang der Rede spricht Jesus von der Zerstörung des Tempels zu Seiner Zeit:

> «Und Jesus trat hinaus und ging vom Tempel hinweg. Und seine Jünger kamen herzu, um ihm die Gebäude des Tempels zu zeigen. Jesus aber sprach zu ihnen: Seht ihr nicht dies alles? Wahrlich,

ich sage euch: Hier wird kein Stein auf dem anderen bleiben, der nicht abgebrochen wird!» (Mt 24,1–2).

Somit ist klar, dass der Tempel zur Zeit Jesu vollständig zerstört werden würde. Daraufhin fragten Ihn die Jünger: «Was wird das Zeichen deiner Wiederkunft und des Endes der Weltzeit sein?» Da beschrieb Jesus, was in der Endzeit passieren wird. In Verbindung mit der Endzeit spricht Jesus von der Zerstörung eines zukünftigen Tempels: «Wenn ihr nun den Gräuel der Verwüstung, von dem durch den Propheten Daniel geredet wurde, an heiliger Stätte stehen seht (wer es liest, der achte darauf!), dann fliehe auf die Berge, wer in Judäa ist» (V. 15–16).

Ich möchte noch einmal betonen, der Tempel zur Zeit Jesu sollte schon bald zerstört werden. Der Gräuel der Verwüstung bezieht sich auf einen anderen Tempel – einen Tempel am «Ende der Weltzeit». Die Chronologie der Vertreter des ersten Standpunkts – die sagen, dass sich sowohl Daniel 9 als auch Matthäus 24 auf den Tempel zur Zeit Jesu beziehen – ist falsch. Jesus und Daniel sprechen von der Zerstörung eines zukünftigen Tempels in der Endzeit.

Das Ende der Opfer

Der Hinweis in Daniel 9, dass der Antichrist in der Mitte der Woche (nach dreieinhalb Jahren) Schlacht- und Speisopfer beenden und den jüdischen Tempel verwüsten wird, setzt voraus, dass der jüdische Tempel zu diesem Zeitpunkt schon wieder aufgebaut ist. John F. Walvoord, Experte für biblische Prophetie, liefert folgende Erklärung:

> Dieser Ausdruck [«in der Mitte der Woche wird er Schlacht- und Speisopfer aufhören lassen»] bezieht sich auf das ganze levitische System. Das legt nahe, dass Israel dieses System in der ersten Hälfte der 70. Woche wieder eingeführt haben wird. Nachdem dieser Herrscher weltweit an die politische Macht gekommen ist,

> wird er auch den religiösen Bereich beherrschen und sich von der Welt anbeten lassen (2. Thess 2,4; Offb 13,8). Dazu wird er allen organisierten Religionen ein Ende setzen. Er wird sich als der rechtmässige König und Gott der Welt und als Israels Friedensfürst ausgeben und sich anschliessend gegen Israel wenden und es vernichten und entweihen.[81]

Vom prophetischen Standpunkt aus betrachtet, ist dies alles von grösster Bedeutung.

- Eine entscheidende chronologische Grundvoraussetzung für den Wiederaufbau des Tempels – Israels Rückkehr in sein Heimatland als Nation – ist seit 1948 Realität. Ausserdem strömen die Juden seitdem aus der ganzen Welt zurück ins Heilige Land (wie Hesekiel 36–37 es prophezeite).
- Der Tempel muss mindestens bis zur Mitte der 7-jährigen Drangsalszeit wieder aufgebaut sein, da Jesus vor einem verheerenden Ereignis warnte, das die Existenz des Tempels voraussetzt: «Wenn ihr nun den Gräuel der Verwüstung, von dem durch den Propheten Daniel geredet wurde, an heiliger Stätte stehen seht (wer es liest, der achte darauf!), dann fliehe auf die Berge, wer in Judäa ist» (Mt 24,15–16). Dieser «Gräuel der Verwüstung» bezieht sich auf eine Entweihung des jüdischen Tempels durch den Antichristen, der im Tempel ein Bild von sich selbst aufstellen wird (s. Dan 9,27; s. auch 2. Thess 2,4). Der Antichrist wird sich schliesslich als Gott ausgeben.
- Schon heute arbeiten mehrere Einzelpersonen und Gruppen hinter den Kulissen an verschiedenen Materialien für den zukünftigen Tempel: die Menora aus reinem Gold, die vom Hohenpriester getragene Krone aus reinem Gold, Räucherpfannen und Schaufeln, die Mizrak (ein Gefäss, in dem das Blut der Opfergaben transportiert wurde), das Becken aus Erz, Leinenkleider für die Priester und Steingefässe, in denen die

Asche der roten jungen Kuh gesammelt wird, und ähnliches. Diese Dinge werden vom Tempelinstitut in Jerusalem vorgefertigt, sodass alles bereit ist, wenn der Tempel schliesslich wiederaufgebaut ist.

Das doppelte Spiel des Antichristen

Der Bund, den der Antichrist mit Israel schliesst, soll volle sieben Jahre dauern (die 70. Woche Daniels). Aber der Antichrist wird ein falsches Spiel mit Israel treiben, denn wir lesen: «In der Mitte der Woche wird er Schlacht- und Speisopfer aufhören lassen.» Mit anderen Worten, nachdem der Vertrag dreieinhalb Jahre in Kraft war, wird er ihn brechen und Israels Tempelopfer beenden.

Warum wird er die Opfer aufhören lassen? Nachdem er bereits an die politische Macht gekommen ist, wird der Antichrist gegen Mitte der Drangsalszeit auch den religiösen Bereich beherrschen wollen. Dass er im Tempel ein Bild von sich aufstellt, kommt einer Inthronisierung als Gottheit gleich (vgl. Jes 14,13–14; Hes 28,2–9). Diese gotteslästerliche Tat wird den Tempel vollkommen entweihen und ihn abscheulich machen und somit verwüsten. Der Antichrist wird die Welt dazu verführen, ihn anzubeten (s. 2.Thess 2,4; Offb 13,8). Deshalb muss er zwangsläufig alle konkurrierenden religiösen Systeme zerstören – einschliesslich der jüdischen Religion mit ihren levitischen Opfern.

Das bedeutet, dass der Antichrist, der einstige Beschützer Israels, Israel nun verfolgt. Einst verteidigte er Israel, jetzt aber verunreinigt er das Volk, indem er im jüdischen Tempel ein Bild von sich aufstellt.

Das alles ist für die Juden verständlicherweise höchst verabscheuenswürdig. Das Wort *Gräuel* kommt von einem Stammwort mit der Bedeutung etwas «zu verunreinigen» oder «zu stinken». Es bezieht sich also auf etwas, das einem das Gefühl von Abscheu gibt, und im übertragenen Sinne auf etwas moralisch Abscheuliches und Verabscheuenswürdiges.

Im Jahr 168 v. Chr. ereignete sich eine Gräueltat in einem geringeren Masse. Damals errichtete Antiochus Epiphanes dem Zeus einen Altar im Tempel in Jerusalem und opferte ein Schwein (ein unreines Tier) darauf. Antiochus war somit ein Prototyp des zukünftigen Antichristen.

Die Schrift zeigt, dass die Dinge noch viel schlimmer werden, nachdem zur Mitte der Drangsalszeit der Gräuel der Verwüstung stattgefunden hat. Die zweite Hälfte der 7-jährigen Drangsalszeit wird zu Recht als die «grosse Drangsal» bezeichnet (Offb 7,14). Matthäus 24,21 sagt: «Denn dann wird eine grosse Drangsal sein, wie von Anfang der Welt an bis jetzt keine gewesen ist und auch keine mehr kommen wird.» Ähnlich drückt es Daniel 12,1 aus: «Denn es wird eine Zeit der Drangsal sein, wie es noch keine gab, seitdem es Völker gibt, bis zu dieser Zeit.» Dieser Zeitraum handelt weitgehend von Israel, deshalb nennt Jeremia 30,7 ihn auch «eine Zeit der Drangsal ... für Jakob» (Jakob ist ein anderer Name für Israel).

Das bedeutet, in der Mitte der Drangsalszeit werden die Dinge traumatisch für das jüdische Volk in Jerusalem. Der Antichrist wird nicht nur weltweit die politische Macht ergreifen, er wird sich auch als Gott darstellen und sich im jüdischen Tempel selbst erhöhen. Und es kommt noch schlimmer: Der Antichrist wird das jüdische Volk leidenschaftlich verfolgen.

In Seiner Rede auf dem Ölberg weist Jesus darauf hin, wie schlimm es wird und dass die in Jerusalem lebenden Juden um ihr Leben flüchten müssen:

> «Wenn ihr nun den Gräuel der Verwüstung, von dem durch den Propheten Daniel geredet wurde, an heiliger Stätte stehen seht (wer es liest, der achte darauf!), dann fliehe auf die Berge, wer in Judäa ist; wer auf dem Dach ist, der steige nicht hinab, um etwas aus seinem Haus zu holen, und wer auf dem Feld ist, der kehre nicht zurück, um seine Kleider zu holen. Wehe aber den Schwangeren und den Stillenden in jenen Tagen! Bittet aber, dass eure

> Flucht nicht im Winter noch am Sabbat geschieht. Denn dann wird eine grosse Drangsal sein, wie von Anfang der Welt an bis jetzt keine gewesen ist und auch keine mehr kommen wird» (Mt 24,15–21).

Wenn diese schrecklichen Zustände in Jerusalem um sich greifen, drängt Jesus die dort lebenden Juden, sich nicht um ihre persönliche Habe zu sorgen, sondern die Stadt so schnell wie möglich zu verlassen. Die Zeit, die man mit dem Einsammeln persönlicher Dinge vergeudet, könnte den Unterschied zwischen Leben und Tod bedeuten. Jesus macht klar, dass die Not schnell und dramatisch eskalieren wird.

Schlussgedanken

Wenn ich Daniel 9 mit dem Buch der Offenbarung, der Ölbergrede Jesu (Mt 24–25) und den prophetischen Schriften des Paulus in 1. und 2. Thessalonicher vergleiche, komme ich zu der Überzeugung, dass sie alle zukünftige Ereignisse in der Endzeit beschreiben. Angesichts aller biblischen Informationen macht diese Sicht am meisten Sinn. Zusammengenommen enthalten diese Stellen eine vernünftige und in sich geschlossene Eschatologie.

Kapitel 15

Können wir das in der Offenbarung erwähnte Babylon identifizieren?

Babylon lag im Land Sinear (1. Mo 10,10). Diese einflussreiche, von Königen und Priestern regierte Zivilisation war an den Ufern des Euphrat gelegen, etwas mehr als 80 Kilometer südlich des heutigen Bagdads. Aufgrund seiner idealen Lage war Babylon in der Antike ein wichtiges Geschäfts- und Handelszentrum. Unter der Führung Hammurapis (1792–1750 v. Chr.) wurde es ein mächtiges Königreich.

Wie andere heidnische Völker im antiken Nahen Osten hatten die Babylonier viele falsche Götter und Göttinnen. Man glaubte, dass diese Götter den ganzen Bereich der Natur kontrollierten. Daher tat man gut daran, die Götter zu beschwichtigen, wenn man Erfolg im Leben haben wollte.

Jede Stadt in Babylon hatte einen Schutzgott mit einem eigenen Tempel. Eine Reihe von kleineren Heiligtümern war ebenfalls in jeder Stadt verteilt. Dort trafen sich die Leute häufig, um verschiedene andere Gottheiten anzubeten. Der oberste Gott der Babylonier war Anu, der als der König des Himmels angesehen wurde. Der Schutzgott Babylons hiess Marduk.

Die Babylonier waren bekannt für ihre Wahrsagerei. Die Wurzeln der Astrologie können bis 3000 v. Chr. nach Babylon zurückverfolgt werden. Die alten Babylonier beobachteten, wie geregelt und gleichmässig sich die Planeten am Himmel bewegten. Daraus schlossen sie, dass die Planeten Götter der Nacht waren. Die Menschen schrieben den Planeten gottähnliche Kräfte und Merkmale zu und beteten sie an. Diese Götter, glaubte man, kontrollierten im weiteren Sinne das Schicksal der Menschen auf der Erde – d.h., sie kontrollierten das Schicksal der Nationen (s. Dan 1,20; 2,2.10.27; 4,4; 5,7.11.15). Die babylonischen Priester versuchten, die Bewegungen dieser Planeten zu verstehen und vorauszusagen, um dieses Wissen womöglich zum Nutzen ihrer Nation anzuwenden. Um diese Gottheiten zu studieren und anzubeten, bauten die Babylonier Türme, die Zikkurats genannt wurden. Der Turm von Babel war offensichtlich solch ein Zikkurat.

Babylon wird in der Schrift oft als ein Feind Gottes und Seines Volkes dargestellt (2. Kö 24,10). 597 v. Chr. führte König Nebukadnezar zum Beispiel etwa 3000 Juden nach Babylon ins Exil. Jerusalem und der Tempel wurden zerstört (Kla 1,1–7). Obwohl Gott Babylon in Seiner Souveränität als mächtiges Gerichtsinstrument benutzte, um Israel zu züchtigen, sollte Babylon doch durch Gottes Hand völlig vernichtet werden, weil es sich ständig gegen Sein Volk erhob (Jes 13,1–16).

Aufgrund ihres historischen Hintergrunds sollte es uns nicht überraschen, dass die Stadt im Buch der Offenbarung in Verbindung mit dem Antichristen auftaucht. Schliesslich wird der Antichrist ebenso gegen Gott sein, wie es Babylon war. Die Frage ist: Bezieht sich der Begriff, wie er in der Offenbarung gebraucht wird, auf das tatsächliche Babylon im Irak am Euphrat, oder spricht er bildlich von einem anderen geografischen Standort? Lassen Sie uns dieses höchst umstrittene Thema einmal genauer anschauen.

Biblische Faktoren für die Auslegung von Babylon

In diesem Kapitel möchte ich eine Reihe von Auslegungen untersuchen, die zu Babylon im Buch der Offenbarung existieren. Lassen Sie mich zuerst aber kurz zusammentragen, was uns Offenbarung 17–18 über dieses endzeitliche Babylon mitteilt:

1. Babylon ist eine Stadt (Offb 17,18).
2. Sie ist von weltweiter Bedeutung (17,15.18).
3. Sie ist eng verbunden mit dem Antichristen (17,3).
4. Sie ist eine Bastion falscher Religion (17,4–5; 18,1–2).
5. Sie ist ein globales Handelszentrum in der Endzeit (18,9–19).
6. Sie verfolgt die Gläubigen in der Endzeit (17,6; 18,20.24).
7. Sie wird am Ende der Drangsalszeit völlig zerstört werden (18,8–10.21–24).[82]

Unsere Deutung des endzeitlichen Babylons muss mit all diesen Punkten übereinstimmen.

Standpunkt 1: Babylon sollte nicht wörtlich ausgelegt werden

Der erste Standpunkt, der von einigen Christen vertreten wird, besagt, dass Babylon nicht wörtlich ausgelegt werden sollte. Präteristen wie Gary DeMar weisen jeden Gedanken an eine buchstäbliche wiederaufgebaute Stadt Babylon in der Zukunft zurück. «Sollten wir ein wiederaufgebautes Babylon in der Zukunft erwarten, basierend auf den Ereignissen, die im Buch der Offenbarung geschildert werden? Ist das Babylon aus der Offenbarung dasselbe Babylon des Alten Testaments? ... Auf gar keinen Fall.»[83]

Christen haben alle möglichen unterschiedlichen Vorschläge gemacht, wofür Babylon symbolisch stehen könnte. Ich möchte mich hier auf ein paar der populäreren Theorien beschränken. Manche sagen, Babylon bezieht sich auf die römisch-katholische Kirche und den Vatikan. Andere meinen, es repräsentiert die abgefallene Christenheit. Einige glauben, es steht für Rom. Wieder andere sagen, es meint das böse System der Welt. Und ganz andere behaupten, es bezieht sich auf Jerusalem in der Endzeit. Lassen Sie uns einige unterstützende Anhaltspunkte für jede Sicht untersuchen.

Die römisch-katholische Kirche

Diese Sicht wurde während und nach der Reformationszeit populär. Zu den Befürwortern gehören so bekannte Personen wie Jonathan Edwards, Adam Clarke und E. B. Elliott.[84] Diese Theorie ist normalerweise auf das Bild von der grossen Hure aufgebaut (s. Offb 17,1). Der Kerngedanke einer Hure ist Untreue. Vertreter dieser Sichtweise behaupten, so wie eine Hure sexuell untreu ist, ist auch die römisch-katholische Kirche der Wahrheit des Christentums untreu und von ihr abgefallen. Der Katholizismus wird als Entstellung des Christentums angesehen.

Schauen Sie sich an, wie die ehebrecherische Frau (das religiöse Babylon) geschmückt ist: «Und die Frau war gekleidet in Purpur und Scharlach und übergoldet mit Gold und Edelsteinen und Perlen» (Offb 17,4). Einige meinen, das passt zu den Farben der Gewänder von Päpsten und Kardinälen. Ebenso könnte die Aussage, dass die Frau vom Blut der Heiligen berauscht ist, auf die römisch-katholische Verfolgung der Protestanten hindeuten.

So überzeugend wie diese Position zunächst auch sein mag, liegen ihr doch erhebliche Probleme zugrunde. Viele von denen, die meinen, die Hure wäre die römisch-katholische Kirche, sagen auch, dass das Tier aus der Offenbarung der römische Katholizismus ist. Das ist aber problematisch, weil die Offenbarung die Hure und das Tier voneinander unterscheidet. Am Ende von Offenbarung 17 sehen wir, dass das Tier die Hure sogar vernichtet.

Ausserdem scheint dies ein Fall zu sein, bei dem die Kommentatoren ihre eigenen Erfahrungen in den Text der Schrift hineinlesen. Diese Sicht kam während der Reformation auf und setzte sich durch, als Männer wie Johannes Calvin und Martin Luther sich gegen die katholische Kirche stellten. Vor so einem Hintergrund konnte in der Hure oder dem Tier der Offenbarung leicht der römische Katholizismus gesehen werden.

Des Weiteren muss man sich fragen, wie eine Theorie, in der eine kirchliche Einrichtung eine zentrale Rolle spielt, Jahrhunderte nach der Niederschrift der Offenbarung von unmittelbarer Bedeutung für die ursprünglichen Leser der Offenbarung sein konnte. Hätten sie den Text auf diese Weise verstanden? Viele Ausleger meinen nein. Eine solche Sicht dürfte den verfolgten Protestanten im 16. Jahrhundert mehr Trost gespendet haben als den verfolgten Christen im 1. Jahrhundert.

Die abgefallene Christenheit

Wie die römisch-katholische Theorie stützt sich auch diese stark auf das Bild von der grossen Hure (Offb 17,1). Auch in diesem Fall behaupten die Befürworter, so wie eine Hure sexuell untreu ist, ist die abgefallene Christenheit der Wahrheit des Christentums untreu geworden. Manche beschreiben es mit Begriffen, die für Ehebruch verwendet werden. Ehebruch setzt voraus, dass Treue von Untreue abgelöst wurde. Die Abgefallenen wurden erst später zu Abgefallenen. Dieser Theorie zufolge werden viele, die bei der Entrückung zurückgelassen werden, zu dieser abgefallenen Christenheit gehören.

Wenn an dieser Sichtweise etwas auszusetzen ist, dann hat das mit der Frage zu tun, welche Relevanz für die ursprünglichen Leser der Offenbarung bestand. Hätten sie den Text auf diese Weise verstanden? Vielleicht, vielleicht aber auch nicht. In Bezug auf den religiösen Aspekt Babylons halten das heute viele für eine denkbare Option.

Rom

Eine populäre Sicht ist, dass die babylonische Hure auf das Rom des 1. Jahrhunderts hindeutet. Viele heutige Kommentatoren sind dieser Auffassung. Die jüdische Literatur in der zweiten Hälfte des 1. Jahrhunderts verwendete den Begriff Babylon als Bild für Rom. Des Weiteren war Rom fest verwurzelt im Heidentum und verfolgte die frühen Gläubigen gnadenlos. Und natürlich war Rom auch eine «grosse Stadt» (Offb 17,18).

Allerdings wirft diese Sicht einige Probleme auf, von denen die bedeutsamsten mit der Beziehung zwischen der Hure und dem Tier zu tun haben. Viele ziehen eine Verbindung zwischen Rom und dem Tier, wie also kann die Hure gleichzeitig Rom sein, wenn das Buch der Offenbarung einen klaren Unterschied zwischen beiden macht? Die Hure sitzt auf dem Tier, was bedeutet, dass beide eindeutig voneinander getrennt werden (Offb 17,3). Hinzu kommt, dass das Tier in Vers 16 die Hure zerstört. Auch das zeigt, dass die Hure und das Tier unterschieden werden und sich nicht beide auf Rom beziehen können. Daher bringt der Vorschlag, die Hure würde eine Zusammenfassung des Bildes von dem Tier darstellen, unüberwindliche Probleme mit sich.

Man muss sich auch fragen, wie diese Position mit den Themen Hure, Ehebruch oder Prostitution (V. 1–5) zu vereinbaren ist. Rom war dem Christentum nie treu, wie kann es also jetzt für untreu wie eine Hure gehalten werden?

Das böse System der Welt

Andere Christen haben in Babylon das allgemeine böse System der Welt erkannt. So gesehen, spricht der Text nicht von einem konkreten Zeitraum (wie etwa der Drangsalszeit), sondern kann sich auf jede Zeit in der Kirchengeschichte beziehen, in der sich das böse Weltsystem gegen Gott stellte. Diese Auffassung wird von einigen Vertretern der idealistischen Auslegung der Offenbarung geteilt (die die Offenbarung als eine allgemeine Beschreibung des Kampfes zwischen Gut und Böse, zwischen Gott und dem Teufel betrachten).

Wer sich dem Buch der Offenbarung mit einem futuristischen Ansatz nähert, den stellt dieser Standpunkt nicht zufrieden. Offenbarung 17 scheint etwas Konkreteres zu beschreiben als ein allgemeines böses Weltsystem. Vergessen Sie nicht, Babylon ist eine Stadt (V. 18) von weltweiter Bedeutung (V. 15.18) und eng mit dem Antichristen verbunden (V. 3). Die Stadt ist eine Bastion falscher

Religion (17,4–5; 18,1–2), ein globales Handelszentrum in der Endzeit (18,9–19), und sie verfolgt die Gläubigen der Endzeit (17,6; 18,20.24).

Jerusalem

Einige Ausleger sind der Ansicht, der Begriff Babylon könnte sich auf die Stadt Jerusalem im 1. Jahrhundert beziehen.[85] So gesehen, wurde Jerusalem als Babylon von Gott mit Hilfe des Römischen Reiches zerstört. Diese Sicht ist beliebt unter Präteristen und teilweisen Präteristen, die behaupten, die meisten Prophezeiungen im Buch der Offenbarung wurden erfüllt, als Rom 70 n. Chr. in Jerusalem einfiel.

Futuristen stellt diese Auffassung aber nicht zufrieden. Immerhin spricht vieles dafür, dass das Buch der Offenbarung in den 90ern des 1. Jahrhunderts geschrieben wurde, lange nachdem Rom Jerusalem 70 n. Chr. zerstört hatte. Somit ist die Beschreibung von Babylon kaum zutreffend auf das Jerusalem eines früheren Jahrzehnts.

Woher wissen wir, dass die Offenbarung in den 90er-Jahren geschrieben wurde? Wie wir bereits gesehen haben, erklärte Irenäus im 2. Jahrhundert, die Offenbarung sei am Ende der Regierungszeit Domitians geschrieben worden (81–96 n. Chr.). Spätere Verfasser wie Klemens von Alexandria, Origenes, Victorinus, Eusebius und Hieronymus bestätigen das domitianische Datum. Das Buch der Offenbarung muss daher von Ereignissen sprechen, die 95 n. Chr. noch zukünftig waren.

Standpunkt 2: Babylon sollte wörtlich ausgelegt werden

Eine steigende Zahl von Christen, die an der biblischen Prophetie interessiert sind, glauben, dass der Begriff Babylon in Offenbarung 17–18 sowohl eine tatsächliche Stadt am Euphrat als auch ein religiöses kommerzielles System meint. Ähnlich dem Begriff Wall Street, der sich auf die buchstäbliche Strasse und auf ein kommerzielles System bezieht.

Warum repräsentiert Babylon eine falsche Religion? In der Antike glaubten die Babylonier an viele falsche Götter und Göttinnen und waren tief in Heidentum, Götzendienst und Wahrsagerei verwurzelt.

Bei einer solchen Geschichte überrascht es nicht, dass das falsche religiöse System der Drangsalszeit mit Babylon identifiziert wird.

Offenbarung 17,1 spricht von einer grossen Prostituierten. Prostitution ist normalerweise ein anschauliches Bild der Schrift für Untreue gegenüber Gott (s. Jer 3,6–9; Hes 20,30; Hos 4,15; 5,3; 6,10; 9,1). Die grosse Prostituierte symbolisiert hier das abtrünnige religiöse System Babylons – wahrscheinlich die abgefallene Christenheit, zu der all jene zählen, die nach der Entrückung zurückbleiben (hinsichtlich der prätribulationistischen Entrückung siehe Röm 5,9; 1. Thess 1,9–10; 5,9; Offb 3,10).

Offenbarung 17,1 sagt, dass diese Prostituierte «an den vielen Wassern sitzt». Das symbolisiert die Kontrolle, die die falsche Religion über verschiedene Völker, Scharen, Nationen und Sprachen ausübt. Auch die Könige der Erde begehen «Unzucht» mit ihr (Offb 14,8). Mit der hier erwähnten Unzucht ist keine wirkliche sexuelle Sünde gemeint, sondern Götzendienst, der Untreue gegenüber dem wahren Gott bedeutet.

So wie Wein die Menschen berauschen kann, werden die Menschen auf der ganzen Welt von dieser falschen Religion berauscht werden (Offb 17,2). So wie Wein einen kontrollierenden Einfluss auf Menschen ausübt, wird auch diese falsche Religion Einfluss auf die Menschen weltweit haben.

Dieses falsche religiöse System tritt offenbar in der ersten Hälfte der Drangsalszeit in Erscheinung. Aber zur Mitte der Drangsalszeit kommt das Gericht über dieses System. Der Antichrist persönlich wird es zerstören, um das alleinige Objekt der Anbetung zu werden. Dieser sich selbst erhöhende Führer wird nun von einem buchstäblichen Babylon aus herrschen, einer Stadt am Euphrat.

Diese tatsächliche Stadt wird vom Antichristen offensichtlich wiederaufgebaut und zu einem weltweiten Wirtschaftszentrum gemacht. Das erinnert daran, wie der verstorbene Saddam Hussein mehr als eine Milliarde Dollar aus dem Ölgeschäft für den Aufbau der Stadt ausgab, im Wesentlichen als ein Denkmal für sich selbst. Husseins Sanierungsarbeiten werden unbedeutend erscheinen verglichen mit dem, was der Antichrist aus der Stadt machen wird.

In der Mitte der Drangsalszeit schlägt der Antichrist sein Hauptquartier offensichtlich in Jerusalem auf. Dann wird er sich als Gott ausgeben und im jüdischen Tempel ein Bild von sich aufstellen. Irgendwann in der zweiten Hälfte der Drangsalszeit – wann genau wird uns nicht mitgeteilt – verlegt der Antichrist seinen Hauptsitz offenbar nach Babylon, das zu einem Weltwirtschaftszentrum wird. Zu diesem Zeitpunkt wird Babylon wahrscheinlich die Ölfelder im Nahen Osten (und die aus ihnen hervorgehenden Geldströme) kontrollieren.

Die Bildersprache im Buch der Offenbarung scheint anzudeuten, dass das gegen Gott gerichtete politische, wirtschaftliche und kommerzielle System Babylons auf jeden Erdbewohner Einfluss nehmen wird – «alle Völker» und «die Könige der Erde». Das politische wirtschaftliche Babylon wird einen universellen Einfluss haben, der wie ein Oktopus um die ganze Welt reicht. Durch den kommerziellen Erfolg dieser Stadt werden die Geschäftsleute auf der ganzen Welt reich. Ein gegen Gott gerichteter Materialismus wird sich ungezügelt ausbreiten. Die Stadt und alles, was sie repräsentiert, werden reif für das Gericht sein.

Am Ende der Drangsalszeit wird dieses kommerzielle Zentrum in Babylon während der Schlacht von Harmageddon zerstört werden. Mehrere Schlüsselstellen beschreiben die völlige Zerstörung Babylons in Verbindung mit Harmageddon:

> «Wegen des Zornes des HERRN wird sie unbewohnt bleiben und gänzlich verwüstet werden; wer an Babel vorübergeht, wird sich entsetzen und zischen wegen all ihrer Plagen. Stellt euch ringsum gegen Babel auf, ihr Bogenschützen alle! Schiesst nach ihm, spart die Pfeile nicht! Denn es hat gegen den HERRN gesündigt. ...
>
> Wie ist doch der Hammer der ganzen Erde zertrümmert und zerbrochen worden! Wie ist doch Babel unter den Völkern zum Entsetzen geworden! Ich habe dir eine Falle gestellt, Babel, und du bist auch gefangen worden, ohne dass du es merktest; du bist ertappt und ergriffen worden; denn du hast dich gegen den HERRN aufgelehnt. Der HERR hat seine Waffenkammer geöffnet und die Waffen seines Zornes hervorgeholt» (Jer 50,13–14.23–25).

Die Zerstörung Babylons «wird sein wie die Umkehrung Sodoms und Gomorras durch Gott» (Jes 13,19; Elberfelder 2003). «Wie Gott Sodom und Gomorra samt ihrer Nachbarschaft umgekehrt hat, so soll auch dort niemand wohnen und kein Menschenkind sich dort aufhalten!, spricht der HERR» (Jer 50,40). Das Buch der Offenbarung beschreibt anschaulich die Zerstörung des kommerziellen Babylons:

> «Und ein starker Engel hob einen Stein auf, wie ein grosser Mühlstein, und warf ihn ins Meer und sprach: So wird Babylon, die grosse Stadt, mit Wucht hingeschleudert und nicht mehr gefunden werden! Und der Klang der Harfenspieler und Sänger und Flötenspieler und Trompeter wird nicht mehr in dir gehört werden, und kein Künstler irgendeiner Kunst wird mehr in dir gefunden werden, und der Klang der Mühle soll nicht mehr in dir gehört werden; und das Licht des Leuchters wird nicht mehr in dir scheinen, und die Stimme des Bräutigams und der Braut nicht mehr in dir gehört werden. Denn deine Kaufleute waren die Grossen der Erde, denn durch deine Zauberei wurden alle Völker verführt. Und in ihr wurde das Blut der Propheten und Heiligen

> gefunden und aller derer, die hingeschlachtet worden sind auf Erden» (Offb 18,21–24).

Wer wird Babylon und den Antichristen angreifen? Der Angriff wird von einem Militärbündnis aus dem Norden ausgehen:

> «Denn siehe, ich erwecke im Land des Nordens eine Versammlung grosser Völker und lasse sie nach Babel hinaufziehen, um es zu belagern ... Siehe, es kommt ein Volk von Norden her, ja, ein grosses Volk und viele Könige erheben sich von den Enden der Erde. Sie führen Bogen und Spiesse, sie sind grausam und unbarmherzig; sie machen einen Lärm, als tobte das Meer; sie reiten auf Rossen, gerüstet wie ein Mann zum Krieg, gegen dich heran, du Tochter Babel!» (Jer 50,9.41–42).

So wie die Babylonier im Alten Testament als Gottes Gerichtsinstrument gegen Israel benutzt wurden, benutzt Gott jetzt das Bündnis aus dem Norden, um Babylon zu richten. Babylon zeigte bei der Unterdrückung Israels keine Gnade, und nun zeigt Gott keine Gnade gegenüber Babylon.

Wenn Babylon am Ende der Drangsalszeit zerstört wird, wird der Antichrist nicht in der Stadt sein. Boten werden ihm von der Zerstörung berichten (s. Jer 50,43; 51,31–32). Das ruft natürlich seinen Zorn hervor.

Die Herrscher der Welt werden den Fall Babylons beklagen. Sie haben ein starkes Interesse am wirtschaftlichen Wachstum ihrer jeweiligen Länder, und sie werden trauern, wenn sie den Zusammenbruch des Wirtschaftssystems sehen, das ihnen ein luxuriöses Leben ermöglichte (Offb 18,9–20). Der Fall Babylons wird den Führern der Welt deutlich machen, dass das verschwenderische Reich des Antichristen zum Untergang verurteilt ist. Das sind katastrophale Nachrichten für sie, denn der Antichrist ist die Quelle ihrer eigenen Macht und ihres Reichtums.

Beweise für eine buchstäbliche Stadt

Woher wissen wir, dass mit Babylon eine tatsächliche Stadt im Irak in der Endzeit gemeint ist? Entsprechende Hinweise finden wir direkt im Bibeltext. Erstens, andere Ortsangaben im Buch der Offenbarung sind wörtlich zu verstehen (wie die Städte der sieben Gemeinden in Offenbarung 2–3). Im unmittelbaren Kontext gibt es keinen Hinweis, dass der Begriff Babylon bildlich verwendet wird. Daher macht es Sinn, ihn ebenfalls wörtlich zu nehmen. Beim einzigen Mal, in der eine Stadt in der Offenbarung nicht wörtlich zu verstehen ist, teilt uns der Text das auch mit. Ich meine Offenbarung 11,8, wo wir über Jerusalem lesen: Die «grosse Stadt ... die im geistlichen Sinn Sodom und Ägypten heisst». Das ist in der Offenbarung der einzige symbolische Hinweis auf eine Stadt, daher ist es vernünftig, anzunehmen, dass die Hinweise auf andere Städte wörtlich zu nehmen sind.

Ausserdem deuten die Erwähnungen von Babylon im Rest der Bibel immer auf eine gottlose, sündige und heidnische Stadt hin. Diese Stadt hat sich in ihrer Geschichte stets gegen Gott gestellt, daher passt es, dass Gott sie am Ende der irdischen Menschheitsgeschichte zerstört.

Des Weiteren wird Babylon im Zusammenhang mit dem Euphrat erwähnt, was ebenfalls auf eine tatsächliche Stadt hinweist. Geografische Angaben im Kontext sollte man nie ignorieren.

Die alttestamentlichen Beschreibungen der endzeitlichen Vernichtung Babylons stellen die Zerstörung einer buchstäblichen Stadt dar. Die alttestamentlichen Verse stimmen mit einer wörtlichen Auslegung dieser Stadt im Buch der Offenbarung sehr gut überein.

Schlussgedanken

Obwohl die metaphorischen Theorien über Babylons Identität oftmals interessant sind, sollte der Begriff meiner Einschätzung nach als buchstäbliche Stadt im Irak am Euphrat verstanden werden. Sowohl der unmittelbare Kontext der Offenbarung als auch der weitere Kontext der ganzen Schrift unterstützt diese Sicht. Darin stimme ich mit Thomas Ice überein: «Ich glaube, so wie Israel in der Bibel immer Israel meint, so bezieht sich Babylon auch stets auf Babylon.»[86]

Vieles spricht meiner Meinung nach auch dafür, dass sich der religiöse Aspekt Babylons – der grossen Hure – auf irgendeine Form der abgefallenen Christenheit bezieht. Wir sollten in diesem Punkt aber nicht zu dogmatisch sein.

Kapitel 16

Wer sind die 144 000 und welchen Dienst haben sie?

In Verbindung mit den 144 000 in Offenbarung 7 und 14 stehen zwei Fragen zur Diskussion. Erstens, wer sind diese 144 000? Zweitens, was ist ihr Ziel? Im Folgenden werde ich die Hauptstandpunkte zu beiden Fragen zusammenfassen.

Diskussion 1: Wer sind die 144 000?

In Offenbarung 7,3–4 erklärt die Stimme eines Engels: «Schädigt die Erde nicht, noch das Meer, noch die Bäume, bis wir die Knechte unseres Gottes an ihren Stirnen versiegelt haben! Und ich hörte die Zahl der Versiegelten: 144 000 Versiegelte, aus allen Stämmen der Kinder Israels.» In Offenbarung 14,1–5 lesen wir dann:

> «Und ich sah, und siehe, das Lamm stand auf dem Berg Zion, und mit ihm hundertvierundvierzigtausend, die trugen den Namen seines Vaters auf ihren Stirnen geschrieben. Und ich hörte eine Stimme aus dem Himmel wie die Stimme vieler Wasser und wie die Stimme eines starken Donners; und ich hörte die Stimme von Harfenspielern, die auf ihren Harfen spielten. Und sie sangen wie ein neues Lied vor dem Thron und vor den vier lebendigen Wesen und den Ältesten, und niemand konnte das Lied lernen als nur die hundertvierundvierzigtausend, die erkauft worden sind von der Erde. Diese sind es, die sich mit Frauen nicht be-

fleckt haben; denn sie sind jungfräulich rein. Diese sind es, die dem Lamm nachfolgen, wohin es auch geht. Diese sind aus den Menschen erkauft worden als Erstlinge für Gott und das Lamm, und in ihrem Mund ist kein Betrug gefunden worden; denn sie sind unsträflich vor dem Thron Gottes.»

Standpunkt 1: Die 144 000 sind die Gemeinde

Einige Bibelausleger glauben, dass die 144 000 symbolisch für die Gemeinde stehen. Diese Sicht besagt: «Johannes benutzt die Sprache des neuen Israels und bezieht die 144 000 somit auf die ganze Gemeinde, die aus Juden und Nichtjuden besteht.»[87] Matthew Henry vertrat diese Sicht.

Die Zahl der Versiegelten könnte so verstanden werden, dass sie für den von Gott erhaltenen Überrest des Volkes steht. Obwohl die Gemeinde Gottes nur eine kleine Herde ist, verglichen mit der gottlosen Welt, ist sie doch eine relativ grosse Gemeinschaft, die immer grösser wird. Hier ist die universelle Gemeinde unter dem Typus Israel zu verstehen.[88]

Die *ESV-Studienbibel* behauptet etwas Ähnliches. Die 144 000, die aus jedem Stamm der Söhne Israels versiegelt wurden, haben eine symbolische Bedeutung und repräsentieren die Gemeinde. ... Sie sind nicht die Söhne Jakobs, da Dan fehlt und Manasse aufgenommen wurde. Es sind nicht die Stämme, die das Land Kanaan erbten, denn Dan wurde ausgelassen. Levi (der priesterliche Stamm) wurde aufgenommen, und Joseph ist statt seines Sohnes Ephraim gelistet.[89]

Zur Unterstützung dieser Sicht werden auch andere neutestamentliche Bücher herangezogen. So lesen wir beispielsweise in Galater 3,29: «Wenn ihr aber Christus angehört, so seid ihr Abrahams Same und nach der Verheissung Erben.» Nachfolger Christi werden «die Beschneidung» (Phil 3,3) und «das Israel Gottes» (Gal 6,16) genannt. Deshalb erfüllt die Gemeinde die Rolle als wahres Israel. Das bedeutet, die 144 000 in Offenbarung 7 und 14 repräsentieren die Gemeinde und nicht Israel.

Standpunkt 2: Die 144000 sind ethnische Juden

Der zweite Hauptstandpunkt besagt, dass die 144000 aus Offenbarung 7 und 14 ethnische Juden sind, je 12000 aus jedem der zwölf Stämme Israels. Die Tatsache, dass der Kontext die Stämme namentlich erwähnt und deren konkrete Zahl angibt, räumt die Möglichkeit aus, dass es sich hier nur um eine Redewendung handelt. An keiner Stelle, wo die Bibel von den zwölf Stämmen Israels spricht, meint sie etwas anderes als die zwölf Stämme Israels. Das Wort *Stamm* wird in der Schrift nie für etwas anderes als eine tatsächliche ethnische Gruppe verwendet.

Warum fehlen die alttestamentlichen Stämme Dan und Ephraim in der Liste der Stämme Israels? Erstens sollten wir uns daran erinnern, dass sich im Alten Testament etwa 20 unterschiedliche Listen von Stämmen finden lassen. Zwei Auflistungen der zwölf Stämme Israels müssen nicht unbedingt identisch sein. Heute sind sich die meisten Gelehrten einig, dass der Stamm Dan ausgelassen wurde, weil dieser Stamm zu vielen Gelegenheiten Götzendienst beging und als Folge weitgehend verdrängt wurde (3. Mo 24,11; Ri 18,1.30; s. auch 1. Kö 12,28–29). Wer sich am Götzendienst beteiligte, ohne Busse zu tun, sollte den Segen Gottes nicht empfangen. Wie der Stamm Dan hatte sich auch der Stamm Ephraim des Götzendienstes und heidnischer Anbetung schuldig gemacht (Ri 17; Hos 4,17). Folglich wurden beide Stämme in Offenbarung 7 nicht berücksichtigt.

Es gibt auch einen guten Grund, weshalb der Stamm Levi in der Offenbarung in der Liste der Stämme Israels auftaucht, statt seinen speziellen Status als priesterlicher Stamm unter dem mosaischen Gesetz zu behalten. Der Stamm Levi wurde wahrscheinlich aufgenommen, weil seine priesterliche Funktion mit dem Kommen Christi, dem letztendlichen Hohenpriester, aufhörte. Die levitische Priesterschaft fand ihre Erfüllung in der Person Christi (s. Hebr 7–10). Es bestand keine Notwendigkeit mehr für den priesterlichen Dienst des Stammes Levi, deshalb gab es auch keinen weiteren Grund, ihn von den anderen zu unterscheiden und abzusondern.

Daher wurde er wahrscheinlich in der Stammesliste im Buch der Offenbarung aufgenommen.

Was ist mit den Versen, die anzudeuten scheinen, dass die Gemeinde das neue Israel ist? Ich habe mich bereits in Kapitel 3 und 4 mit diesen Versen beschäftigt und möchte hier nur eine kurze Zusammenfassung geben:

- Galater 3,29 sagt: «Wenn ihr aber Christus angehört, so seid ihr Abrahams Same und nach der Verheissung Erben.» Das heisst allerdings nicht, dass die Unterschiede zwischen der Gemeinde und Israel aufgehoben sind. Es bedeutet nicht, dass aus Christen Juden werden. Gläubige sind lediglich geistliche Nachkommen Abrahams.[90]
- In Philipper 3,3 werden die Nachfolger Christi «die Beschneidung» genannt. Aber Paulus sprach nur von der Beschneidung des Herzens, die stattfindet, wenn ein Mensch an Christus glaubt, um errettet zu werden.[91]
- In Galater 6,16 spricht Paulus auch vom «Israel Gottes». Hier aber bezieht sich Paulus nur auf erlöste Juden – d.h. die Juden, die zum Heil an Jesus Christus geglaubt haben. Vergessen Sie nicht, dass die Gemeinde und Israel in den Schriften des Paulus immer unterschieden werden (s. Röm 9–11).

Diskussion 2: Was ist das Ziel der 144 000?

Standpunkt 1: Die Gemeinde wird versuchen zu überleben und zu dienen

Wenn die 144 000 als die Gemeinde verstanden werden, besteht ein Ziel offensichtlich darin, relativ unbeschadet durch die Drangsalszeit zu kommen. Das ist aber Wunschdenken, denn das Buch der Offenbarung macht klar, dass es in der Drangsalszeit viele Märtyrer geben wird (Offb 6,9). Ausserdem kann man wohl sagen, dass alle

Menschen, die in der Drangsalszeit auf der Erde leben, grosse Leiden ertragen müssen. Schliesslich bezeichnet Offenbarung 3,10 die Drangsalszeit als die «Stunde der Versuchung, die über den ganzen Erdkreis kommen wird». Niemand scheint davon ausgenommen zu sein. Auch Jesaja spricht von einer weltweiten Drangsalszeit: «Siehe, der HERR wird das Land entvölkern und verwüsten, er wird sein Angesicht entstellen und seine Bewohner zerstreuen» (Jes 24,1). «Grauen, Grube und Garn kommen über dich, du Bewohner der Erde!» (V. 17). Somit wird wohl niemand in der Drangsalszeit unbeschadet davonkommen.

Ein weiteres Ziel der Gemeinde in der Drangsalszeit wird das sein, was sie normalerweise tut – d. h. evangelisieren, trösten und ihren Aufgaben als Jünger Christi nachkommen. So gesehen, wird die Gemeinde ein Licht inmitten von Finsternis sein.

Standpunkt 2: Die Juden werden den Nationen ein Licht sein

Das ist der Hintergrund zum richtigen Verständnis der 144 000 Juden in der Drangsalszeit. Ursprünglich hatte Gott die Juden zu Seinen Zeugen auserwählt. Ihre Aufgabe war es, allen anderen Völkern auf der Welt die gute Nachricht von Gott zu bringen (s. Jes 42,6; 43,10). Die Juden sollten Gott vor den Nationen repräsentieren. Die biblische Geschichte zeigt, dass sie versagten, insbesondere als sie Jesus nicht als den Messias Gottes anerkannten. Dennoch war dies ihre Berufung.

In der zukünftigen Drangsalszeit werden die 144 000 Juden, die irgendwann nach der Entrückung zum Glauben an Jesus, den Messias Gottes, kommen, diesen Auftrag Gottes schliesslich erfüllen und Seine Zeugen auf der ganzen Welt sein. Ihr Dienst wird eine grosse Ernte von Seelen hervorbringen (s. Offb 7,9–14).

Gott wird diese Zeugen – Seinen treuen Überrest[92] – versiegeln und beschützen. Zu biblischen Zeiten waren Siegel Zeichen für Besitz und Schutz. Diese jüdischen Gläubigen gehören Gott, und in

Seiner Souveränität beschützt Er sie in ihrem Dienst während der Drangsalszeit (Offb 14,1–4; s. auch 2. Kor 1,22; Eph 1,13; 4,30).

Diese Juden kommen wahrscheinlich ganz ähnlich zum Glauben an Jesus wie der Apostel Paulus, der selbst ein Jude war und auf der Strasse nach Damaskus eine Begegnung mit dem auferstandenen Christus hatte (Apg 9,1–9). In 1. Korinther 15,8 bezeichnet sich Paulus und seine Bekehrung zu Christus als «eine unzeitige Geburt». Einige Bibelausleger wie J. Dwight Pentecost glauben, dass Paulus möglicherweise auf seine 144 000 jüdischen Brüder in der Drangsalszeit anspielte, die viel später eine ähnliche geistliche Geburt erleben sollten.[93]

Diese versiegelten Diener Gottes werden offensichtlich predigen und Matthäus 24,14 erfüllen: «Und dieses Evangelium vom Reich wird in der ganzen Welt verkündigt werden, zum Zeugnis für alle Heidenvölker, und dann wird das Ende kommen.»

Viele glauben, dass die 144 000 in Verbindung mit dem Gericht über die Nationen stehen (Mt 25,31–46), das nach dem zweiten Kommen Christi stattfinden wird. Die Nationen bestehen aus den Schafen und den Böcken, die die Erlösten und die Verlorenen unter den Nationen repräsentieren. Laut Vers 32 sind sie vermischt und müssen durch ein spezielles Gericht voneinander getrennt werden. Sie werden danach beurteilt, wie sie die Brüder Christi behandelt haben. Wer sind diese Brüder? Wahrscheinlich sind es die 144 000 Juden aus Offenbarung 7, die jüdischen Brüder Christi, die in der Drangsalszeit Zeugnis von Ihm ablegen.

Diese jüdischen Zeugen werden Probleme bei der Nahrungsbeschaffung haben, weil sie sich weigern, das Zeichen des Tieres anzunehmen (Offb 13,16–17). Nur wahre Gläubige werden bereit sein, ihr Leben in Gefahr zu bringen und den Boten Gastfreundschaft anzubieten. Diese Schafe (Gläubige), die die Brüder (die 144 000 Versiegelten) gut behandeln, werden in das Tausendjährige Reich Christi eingehen. Die Böcke (Ungläubige) werden die ewige Strafe erleiden.

Schlussgedanken

Nach gründlicher Untersuchung aller biblischen Fakten scheint mir klar zu sein, dass die 144 000 tatsächlich ethnische Juden sind – 12 000 aus jedem Stamm. Ihr Ziel wird es sein, den Nationen in der Drangsalszeit als Licht zu dienen. Dazu werden sie von Gott auf übernatürliche Weise versiegelt. Ihr Dienst wird viele Bekehrte zur Folge haben.

Kapitel 17

Wer sind die zwei Zeugen?

Die Identität und der Dienst der zwei Zeugen aus Offenbarung 11 sind schon lange ein Diskussionsthema unter Christen. Manche glauben, die beiden Zeugen würden die Gemeinde repräsentieren. Andere meinen, es wären tatsächliche Personen, die Gottes Endzeit-Propheten sein werden. Unter denen, die das glauben, finden sich einige, die in ihnen Mose und Elia sehen. Andere halten sie für Henoch und Elia. Wieder andere glauben, dass es zwei völlig neue Propheten sind, die Gott erwecken wird. Wir wollen diese unterschiedlichen Ansichten einmal genauer untersuchen.

Diskussion 1: Die Gemeinde oder tatsächliche Propheten?

> «Und ich will meinen zwei Zeugen geben, dass sie weissagen werden 1260 Tage lang, bekleidet mit Sacktuch.
>
> Das sind die zwei Ölbäume und die zwei Leuchter, die vor dem Gott der Erde stehen. Und wenn jemand ihnen Schaden zufügen will, geht Feuer aus ihrem Mund hervor und verzehrt ihre Feinde; und wenn jemand ihnen Schaden zufügen will, muss er so getötet werden. Diese haben Vollmacht, den Himmel zu verschliessen, damit kein Regen fällt in den Tagen ihrer Weissagung; und sie haben Vollmacht über die Gewässer, sie in Blut zu verwandeln und

die Erde zu schlagen mit jeder Plage, sooft sie wollen. Und wenn sie ihr Zeugnis vollendet haben, wird das Tier, das aus dem Abgrund heraufsteigt, mit ihnen Krieg führen und sie überwinden und sie töten. Und ihre Leichname werden auf der Strasse der grossen Stadt liegen, die im geistlichen Sinn Sodom und Ägypten heisst, wo auch unser Herr gekreuzigt worden ist. Und viele aus den Völkern und Stämmen und Sprachen und Nationen werden ihre Leichname sehen, dreieinhalb Tage lang, und sie werden nicht zulassen, dass ihre Leichname in Gräber gelegt werden. Und die auf der Erde wohnen, werden sich über sie freuen und frohlocken und werden einander Geschenke schicken, weil diese zwei Propheten diejenigen gequält hatten, die auf der Erde wohnen. Und nach den dreieinhalb Tagen kam der Geist des Lebens aus Gott in sie, und sie stellten sich auf ihre Füsse, und eine grosse Furcht überfiel die, welche sie sahen. Und sie hörten eine laute Stimme aus dem Himmel, die zu ihnen sprach: Steigt hier herauf! Da stiegen sie in der Wolke in den Himmel hinauf, und ihre Feinde sahen sie» (Offb 11,3–12).

Standpunkt 1: Die zwei Zeugen repräsentieren die Gemeinde

Der erste Hauptstandpunkt, der von vielen früheren und aktuellen Auslegern vertreten wird, besagt, dass die beiden Zeugen aus Offenbarung 11 die Gemeinde repräsentieren. So sagte John Gill (1697–1771) beispielsweise, dass die beiden Zeugen für die wahre Gemeinde stehen, im Gegensatz zum antichristlichen System des römischen Katholizismus.[94] In jüngerer Zeit merkte der *Tyndale Commentary* an: «Wir sollten die Zeugen symbolisch als die bekennende Gemeinde verstehen (oder Teile von ihr). ... Es ist ein verlockender Gedanke, dass die zwei Zeugen für den treuen Teil der Gemeinde stehen.»[95] *The Expositor's Bible Commentary* erklärt: «Es ist besser so zu verstehen, dass Johannes in Kapitel 11 von der ganzen christlichen Gemeinschaft spricht.»[96] Auch die *ESV-Studien-*

bibel behauptet: «Die Zeugen in Offenbarung 11,3 repräsentieren passenderweise alle, die das Lamm erlöst hat ... Die Zeugen erfüllen insbesondere die prophetische Rolle der Gemeinde, und aus ihrem Mund kommt das feurige Gerichtswort Gottes (vgl. 2. Kö 1,10–12). Wie Elia haben sie die Vollmacht, eine Trockenheit anzukündigen (1. Kö 17,1), und wie Mose, Wasser in Blut zu verwandeln (2. Mo 7,14–25).»[97]

Die Ausleger verteidigen diese Position mit dem Argument, dass das Buch der Offenbarung voller Symbole ist. Deshalb sollten die zwei Zeugen nicht wörtlich genommen werden.

Ausserdem wurde angeregt, dass die zwei Zeugen symbolisch für die bekennende Gemeinde stehen, da Jesus die Jünger stets zu zweit aussandte. «Und er rief die Zwölf zu sich und begann, sie je zwei und zwei auszusenden, und gab ihnen Vollmacht über die unreinen Geister» (Mk 6,7).

In Offenbarung 11,7 führt der Antichrist Krieg gegen die beiden Zeugen und in Offenbarung 13,7 gegen die Heiligen. Manche Ausleger meinen, die zwei Zeugen und die Heiligen müssten daher identisch sein.

Standpunkt 2:
Die zwei Zeugen sind Gottes Endzeit-Propheten

Der von vielen vertretene zweite Hauptstandpunkt besagt, dass die zwei Zeugen Gottes Endzeit-Propheten sind, die in der Drangsalszeit dreieinhalb Jahre dienen werden. Die beschriebenen Einzelheiten über ihr Leben und ihren Dienst vermitteln den Eindruck, dass der Text eine Erzählung ist und von zwei realen Personen handelt. Was wir im Text lesen, ergibt einen klaren Sinn, wenn er wörtlich genommen wird.

Würden die zwei Zeugen die Gemeinde repräsentieren, müssten wir annehmen, dass alle Glieder der Gemeinde hingerichtet werden, drei Tage lang tot herumliegen, auferstehen und anschliessend in den Himmel auffahren. Aber andere biblische Texte zeigen, dass beim zweiten Kommen Christi noch Gläubige auf der Erde leben und in ihren sterblichen Körpern in das Tausendjährige Reich Christi eingehen werden (s. Mt 25,31–46). Dieses Problem kann man nur umgehen, wenn man behauptet, dass die beiden Zeugen lediglich einen Teil der Gemeinde darstellen. Das aber wirkt wie eine zweckmässige Exegese – eine erzwungene Exegese.

Es macht viel mehr Sinn zu sagen, dass Gott in der Drangsalszeit zwei mächtige Zeugen erwecken wird, die mit erstaunlicher Macht Zeugnis vom wahren Gott ablegen werden. Die Macht dieser Zeugen erinnert an Elia (1. Kö 17; Mal 3,23) und Mose (2. Mo 7–11). Das Alte Testament verlangt, dass eine Sache von zwei Zeugen bestätigt wird (s. 5. Mo 17,6; 19,15; Mt 18,16; Joh 8,17; Hebr 10,28). Ihr Zeugnis vom Herrn wird unbestritten sein.

Diese Zeugen werden Kleidung aus Ziegen- oder Kamelhaar tragen, die symbolisch Trauer ausdrückt – in diesem Fall Trauer über den schrecklichen Zustand der Welt und ihre ausbleibende Busse.

Die beiden Propheten werden als zwei Ölbäume und zwei Leuchter bezeichnet (Offb 11,4). Das Bild stammt aus Sacharja 3–4. Bibelkommentatoren bieten mehrere Auslegungen an. Eine Ansicht sagt, dass Leuchter zur Zeit der Bibel normalerweise mit Olivenöl betrieben wurden. Somit symbolisieren die Olivenbäume und Leuchter das Licht einer geistlichen Erweckung. In den finsteren Tagen der Drangsalszeit wird die Predigt der zwei Zeugen dieses Licht der Erweckung bringen.

Andere Bibelausleger beziehen dieses Bild auf den Heiligen Geist. In Sacharja 4,2–14 liegt der Fokus auf Jeschua, dem Hohenpriester, und Serubbabel, dem Statthalter. Beide wurden vom Heiligen Geist bevollmächtigt, symbolisiert durch das Olivenöl. Somit werden die zwei Zeugen aus Offenbarung 11 ebenfalls vom Heiligen Geist in ihrem Dienst bevollmächtigt und als Lichter strahlen wie Leuchter.

Der Zeitraum, in dem diese beiden Zeugen dienen werden (1260 Tage), beläuft sich exakt auf dreieinhalb Jahre. An anderer Stelle wird derselbe Zeitraum als 42 Monate (Offb 11,2) oder «eine Zeit und zwei Zeiten und eine halbe Zeit» (12,14) bezeichnet.

Aus Offenbarung 11 geht nicht klar hervor, ob es die ersten oder die zweiten dreieinhalb Jahre der Drangsalszeit sind. Die beste Schlussfolgerung ist jedoch, dass die beiden Zeugen ihren wunderwirkenden Dienst in den ersten dreieinhalb Jahren ausüben werden, da ihre Tötung durch den Antichrist am besten zu anderen Ereignissen in der Mitte der Drangsalszeit passt, wie z. B. dass sich der Antichrist als Gott erhöhen wird. Ausserdem würde die Auferstehung der zwei Zeugen, nachdem sie drei Tage lang tot waren, zur Mitte der Drangsalszeit eine grössere Wirkung auf die Welt haben als am Ende, direkt vor dem zweiten Kommen Christi in Herrlichkeit.

Bevor der Antichrist die beiden Zeugen tötet, beschützt Gott sie auf übernatürliche Weise in den Jahren ihres Dienstes. Ähnlich beschützte Gottes Vorsehung auch Jesus in den Jahren Seines irdischen Dienstes. Nachdem der Dienst Jesu zu Ende war, wurde Er am Kreuz getötet. Doch bis dahin bestätigte Er immer wieder, dass Seine Zeit noch nicht gekommen war (s. z. B. Joh 7,6.8). Ebenso werden auch die 144 000 auf übernatürliche Weise bewahrt, bis ihr Dienst zu Ende ist.

Jeder, der versucht, den beiden prophetischen Zeugen Schaden zuzufügen, wird mit Feuer verbrannt. Dreieinhalb Jahre lang ist der Dienst der zwei Zeugen nicht aufzuhalten – bis «sie ihr Zeugnis vollendet haben» (Offb 11,7).

Die zwei Zeugen haben Macht über das Wasser und können den Himmel verschliessen und die Erde mit jeder Art von Plage heimsuchen (V. 6). Sowohl im Alten als auch im Neuen Testament benutzte Gott oft Wunder, um Seine Boten zu bestätigen (Apg 2,43; Röm 15,18–19; 2. Kor 12,12). In der Drangsalszeit, wenn die Welt von übernatürlichem dämonischen Handeln, falscher Religion, Mord, sexueller Perversion und ungehemmter Bosheit überrollt wird, werden die übernatürlichen Zeichen dieser beiden Zeugen sie als wahre Propheten Gottes ausweisen.

Ist der Dienst der zwei Zeugen erst einmal beendet, entzieht Gott ihnen seinen Schutz. Der Antichrist wird endlich Erfolg haben und sie töten – was schon viele versucht und dabei ihr Leben verloren haben. Die Zeugen werden nicht vorzeitig sterben, alles verläuft nach Gottes Zeitplan.

Ihre Körper liegen leblos in den Strassen Jerusalems (Offb 11,8). Im Fernsehen und Internet ist zu sehen, wie viele «aus den Völkern und Stämmen und Sprachen und Nationen» die toten Zeugen dreieinhalb Tage lang anstarren werden (V. 9). Die Medien werden die Welt mit dieser Nachricht unmittelbar versorgen.

Dass man sich weigert, ihre Leichname zu beerdigen, zeigt, wie sehr sie verachtet werden (s. Apg 14,19). Das Alte Testament verbietet diese Massnahme (5. Mo 21,22–23). Indem sie die toten Körper auf der Strasse liegen lassen, erweisen die Menschen der Welt den Sprechern Gottes die grösstmögliche Unehre. Dies gehörte zu den grössten Demütigungen, die man einer anderen Person zuteilwerden lassen konnte (s. Ps 79,2–3). Es ist so, als würde man eine Leiche anspucken.

Wenn die Zeugen getötet werden, feiern die Menschen auf der Erde so etwas wie teuflische Weihnachten. Sie machen sich gegenseitig Geschenke und sind offensichtlich erleichtert, dass die zwei Propheten endlich zum Schweigen gebracht wurden.

Die Weihnachtsfeierlichkeiten weichen aber schon bald der Angst, wenn die Menschen das mächtige Handeln Gottes sehen. Plötzlich stehen die leblosen Körper vor laufenden Fernsehkameras wieder auf. In den verschiedenen Medien werden zweifellos immer und immer wieder Ausschnitte dieses Ereignisses zu sehen sein. Natürlich werden sie auch im Internet kursieren. Die Auferstehung und Himmelfahrt der beiden Zeugen Gottes wird ein gewaltiges Ausrufezeichen hinter die prophetischen Worte ihres dreieinhalb Jahre währenden Dienstes setzen. (In Gedanken stelle ich mir vor, wie sich die beiden auferstandenen Zeugen an die fassungslose Menge wenden und sagen: «Noch Fragen?»)

Diskussion 2: Wer sind die Zeugen in Offenbarung 11?

Wenn wir davon ausgehen, dass die zwei Zeugen Endzeit-Propheten sind und nicht die Gemeinde repräsentieren, müssen wir uns aber immer noch fragen, wer diese Propheten sind.

Standpunkt 1: Mose und Elia

Eine Reihe von Bibelauslegern glaubt, dass die beiden Zeugen Mose und Elia sein werden. Hier einige ihrer Gründe:

1. In der Drangsalszeit befasst sich Gott mit den Juden – so wie Er es in den ersten 69 Wochen der Prophezeiung Daniels getan hat. Mose und Elia sind zwei der einflussreichsten Persönlichkeiten der jüdischen Geschichte. Ihre Anwesenheit in der Drangsalszeit würde somit Sinn machen.
2. Sowohl das Alte Testament als auch die jüdische Überlieferung erwarten, dass Mose (5. Mo 18,15.18) und Elia (Mal 3,23) in der Zukunft zurückkehren.
3. Mose und Elia waren zusammen mit Jesus auf dem Berg der Verklärung. Das zeigt ihre zentrale Bedeutung. Auch das lässt ihre Anwesenheit in der zukünftigen Drangsalszeit angemessen erscheinen.
4. Die Wunder in Offenbarung 11 ähneln jenen, die Mose und Elia gewirkt hatten (s. 2. Mo 7–11; 1. Kö 17).
5. Mose und Elia verliessen die Erde auf ungewöhnliche Weise. Elia starb nicht, sondern wurde mit einem feurigen Wagen in den Himmel gebracht (2. Kö 2,11–12). Und der Leib Mose wurde von Gott auf übernatürliche Weise an einem unbekannten Ort begraben (5. Mo 34,5–6).

In der Drangsalszeit sendet Gott möglicherweise zwei Seiner mächtigsten Diener – Mose, den grossen Befreier und geistlichen Gesetzgeber Israels, und Elia, einen Fürst unter den alttestamentlichen Propheten. Zu alttestamentlichen Zeiten befreiten sie Israel aus Knechtschaft und Götzendienst. In der Drangsalszeit könnten sie erneut erscheinen, um Israel vor der falschen Religion des Antichristen und des falschen Propheten zu warnen.

Gegen diese Sicht wenden einige Gelehrte ein, dass die alte jüdische Erwartung auf die Rückkehr Elias bereits im Dienst Johannes des Täufers erfüllt worden ist. Lukas 1,17 sagt, Johannes sollte «im Geist und in der Kraft Elias vor ihm hergehen» (s. auch Mt 3,3; 11,14; 17,10–13; Mk 1,2–3). Daher müsse die Identifizierung einer der beiden endzeitlichen Zeugen auf anderen Faktoren beruhen als auf der jüdischen Erwartung einer zukünftigen Rückkehr Elias.

Standpunkt 2: Henoch und Elia

Andere Bibelausleger meinen, dass die zwei Zeugen möglicherweise Henoch und Elia sind. Schliesslich waren Henoch und Elia aufrechte Männer, die in den Himmel entrückt wurden. Keiner von beiden erlebte den Tod. Beide waren Propheten – der eine ein Heide (Henoch) und der andere ein Jude (Elia). An dieser Sicht hielten die Kirchenväter in den ersten 300 Jahren der Kirchengeschichte einmütig fest. Möglicherweise wird Gott in der Drangsalszeit zwei Propheten bestimmen, von denen einer zu den Juden und der andere zu den Heiden spricht.

Aber noch einmal, einige Gelehrte meinen, dass Elias erwartete Rückkehr durch den Dienst Johannes des Täufers erfüllt worden ist.

Standpunkt 3: Neue Propheten

Wieder andere Ausleger sagen, dass diese zwei Zeugen keine biblischen Personen aus der Vergangenheit sein werden. Sie sind der Ansicht, der Text würde berühmte alttestamentliche Persönlichkeiten mit Sicherheit identifizieren, wenn sie zurückkommen. Deshalb werden die beiden Zeugen wahrscheinlich neue Propheten sein, die Gott speziell für diesen Dienst in der Drangsalszeit bestimmt.

Laut dieser Sicht wird Gott zwei Männer im Geist und in der Kraft ihrer alttestamentlichen Gegenstücke erwecken. In Bezug auf ihren Dienst sind sie Mose und Elia ähnlich, aber das bedeutet nicht, dass sie identisch mit ihnen sind. Ihre Dienste ähneln sich nur, weil sie Israel dienen, so wie Mose und Elia es getan haben. Aber es werden zwei völlig neue und einzigartige Propheten Gottes sein.

Andere Standpunkte

Im Verlauf der Kirchengeschichte gab es noch viele andere Vorschläge hinsichtlich der Identität der beiden Zeugen. Manche halten sie für die Apostel Petrus und Paulus. Andere meinen, sie würden die christlichen Märtyrer repräsentieren. Wieder andere nehmen an, die zwei Zeugen würden stellvertretend für alle Propheten stehen. Ganz andere sagen, die Zeugen repräsentieren sowohl jüdische als auch nichtjüdische Gläubige in der Gemeinde. Und so geht die Diskussion weiter.

Schlussgedanken

Diese zwei Propheten als tatsächliche Propheten zu verstehen, die Gott in der zukünftigen Drangsalszeit erwecken wird, erscheint mir am sinnvollsten. Ebenso sinnvoll erscheint es mir, dass es zwei neue und einzigartige Propheten sein werden, nicht Elia und Mose oder Elia und Henoch. Ich bin überzeugt, dass durch ihren Dienst viele zum Herrn kommen werden in der Drangsalszeit (s. Offb 7,9–17).

Diskussion 6

Wie müssen wir den Antichrist verstehen?

In diesem Abschnitt

Kapitel 18

Wer hält den Antichrist zurück?

Die Identität dessen, der den Antichrist zurückhält, war die ganze Kirchengeschichte hindurch ein Diskussionsthema. In 2. Thessalonicher 2,7–8 lesen wir: «Denn das Geheimnis der Gesetzlosigkeit ist schon am Wirken, nur muss der, welcher jetzt zurückhält, erst aus dem Weg sein; und dann wird der Gesetzlose geoffenbart werden.» Folglich kann der Antichrist erst geoffenbart werden, wenn der, der ihn zurückhält, aus dem Weg ist.

Was aber ist «das Geheimnis der Gesetzlosigkeit»? Im biblischen Sinne ist ein Geheimnis normalerweise etwas, das zuvor unbekannt war (wie in alttestamentlichen Zeiten), Gott jetzt aber geoffenbart hat. In 2. Thessalonicher 2,7–8 beinhaltet das Geheimnis, dass Gott einen zukünftigen Höhepunkt der weltweiten Gesetzlosigkeit offenbart. *The Bible Knowledge Commentary* drückt es so aus: «Damals wie heute war und ist eine vom Teufel angeführte Bewegung gegen das Gesetz Gottes wirksam. Aber sie wird durch etwas aufgehalten, und dieses etwas wird weiter bestehen, bis es an der Zeit ist, den Mensch der Sünde und den Höhepunkt der Gesetzlosigkeit zu offenbaren.»[98]

Der Antichrist ist der «Mensch der Sünde» (2. Thess 2,3). Er wird die Sünde verkörpern und sie vorantreiben, wie es noch niemals zuvor der Fall war. Alles an ihm wird in der Sünde verwurzelt sein. Er wird der ultimative Mensch der Sünde sein. Sünde wird das natürliche Ergebnis seines sündigen Charakters sein.

Die Frage ist: Wer oder was kann den Antichristen zurückhalten? Einige sagen, es ist Rom. Andere meinen, die menschliche Regierung. Wieder andere sagen, der Heilige Geist, der in der Gemeinde wohnt. Lassen Sie uns kurz jede Sicht anschauen.

Standpunkt 1: Rom

Einige Kirchenväter glaubten, dass das Römische Reich, oder genauer gesagt, der römische Kaiser selbst gemeint war. Diese Auffassung berücksichtigt, dass in den ersten Jahrhunderten des Christentums zu beobachten war, wie zivile römische Autoritäten zunehmend mit der römisch-katholischen Kirche in Konflikt gerieten. Daher ist es verständlich, dass einige Zeitgenossen 2. Thessalonicher 2,7–8 so auslegten, dass die Regierung Roms das römisch-katholische Papsttum bis zum Kommen des Herrn zurückhielt, wonach es dann vernichtet werden sollte.

Dieser Sicht zufolge hielt sich der Apostel Paulus absichtlich bedeckt hinsichtlich der Identität dessen, was zurückhielt. Hätte Paulus den, der zurückhält, ausdrücklich mit Rom identifiziert, wäre seine Äusserung, dass Rom aus dem Weg geräumt werden muss, als aufwieglerisch angesehen worden, gerade so, als wäre Paulus selbst an einer Umsturzbewegung gegen die römische Regierung beteiligt.

Es ist leicht zu erkennen, warum dieser Standpunkt unter den damals lebenden Menschen populär war. Aber aus heutiger Sicht wirft diese Auslegung viele Probleme auf. Das Römische Reich verlor seine Machtposition im 5. Jahrhundert, und noch immer ist der Antichrist nicht geoffenbart worden. Wer auch immer der ist, der in 2. Thessalonicher 2,7–8 zurückhält, es ist mit Sicherheit nicht das Römische Reich.

Ausserdem drückte sich Paulus möglicherweise so undeutlich aus, weil er den Thessalonichern schon mündlich von dieser zurückhaltenden Kraft erzählt hatte. Daher dürften sie seine kurze

Anspielung in 2. Thessalonicher 2 leicht verstanden haben, ohne dass er es ihnen noch einmal ausführlich erklären musste.

Ein anderes Problem ist: Der Antichrist wird nicht nur selbst eine mächtige Gestalt sein und die ganze Welt unter seine Autorität bringen, sondern er wird dazu auch vom Teufel befähigt werden. Das bedeutet, dass der, der zurückhält, mächtig genug sein muss, sich dem Teufel entgegenzustellen. Kein Mensch und keine menschliche Regierung wären mächtig genug, den Teufel aufzuhalten, daher ist Rom keine gute Option für den, der zurückhält.

Darüber hinaus zeigen Daniel 2 und 7, dass der Antichrist über das wiedererstandene Römische Reich herrschen wird. Folglich würde es keinen Sinn machen, wenn das Römische Reich – das selbst eine Bastion der falschen Religion ist, über die der Antichrist eines Tages herrschen wird – das Kommen des Antichristen zurückhalten würde.

Standpunkt 2: Menschliche Regierung

Einer ähnlichen Sicht zufolge ist es die menschliche Regierung im Allgemeinen, die den Antichrist aufhält. Der Theologe Paul Feinberg erklärt den Gedanken, der dahintersteckt: «Das Zurückhalten durch die Herrschaft des Gesetzes (durch die Regierung) steht im Gegensatz zum Menschen der Sünde und dem Geheimnis der Gesetzlosigkeit.»[99] Mit anderen Worten, die Gesetzlosigkeit wird zurzeit mittels der Durchsetzung des Gesetzes durch die Regierung zurückgehalten. Doch eines Tages wird der Antichrist die menschliche Regierung aus dem Weg räumen, damit er seinen gesetzlosen Willen in der Welt ausüben kann.

Das beste Argument für diese Sicht stammt aus der Feder des Prophetiegelehrten Arnold G. Fruchtenbaum aus seinem hervorragenden Buch *The Footsteps of the Messiah:*

> Die Aufgabe, das Böse zurückzuhalten, wurde der menschlichen Regierung gegeben unter dem noahitischen Bund in 1. Mose 9,1–17, und Paulus wiederholte diese grundlegende lehrmässige Wahrheit in Römer 13,1–7. Einerseits hält die menschliche Regierung die Gesetzlosigkeit jetzt zurück; anderseits wird die Regierung des letzten der drei Könige den Antichristen, den Gesetzlosen, bis zur Mitte der Drangsalszeit zurückhalten.[100]

Fruchtenbaum bezieht sich auf Daniel 7,7–8, wo vom Aufstieg des Antichristen die Rede ist:

> «Nach diesem sah ich in den Nachtgesichten und siehe, ein viertes Tier, furchterregend, schrecklich und ausserordentlich stark; es hatte grosse eiserne Zähne, frass und zermalmte und zertrat das Übrige mit den Füssen; es war ganz anders als alle vorherigen Tiere und hatte zehn Hörner. Während ich achtgab auf die Hörner, siehe, da stieg ein anderes, kleines Horn zwischen denselben auf, und drei der vorherigen Hörner wurden vor ihm ausgerissen; und siehe, dieses Horn hatte Augen wie Menschenaugen und ein Maul, das grosse Dinge redete.»

Daniel beschreibt hier das Römische Reich. Rom existierte schon in der Antike, fiel aber im 5. Jahrhundert nach Christus auseinander. Allerdings wird es in der Endzeit wieder aufstehen und offensichtlich aus zehn Nationen bestehen, die von zehn Königen (zehn Hörner) regiert werden. Ein elftes, kleines Horn (der Antichrist) nimmt einen unbedeutenden Anfang, wird dann aber immer mächtiger und reisst drei der existierenden Hörner (Könige) aus, die sich offenbar seinem Aufstieg entgegenstellen. Schliesslich gelangt er zu absoluter Macht und Herrschaft über das wiedererrichtete Römische Reich.

Vor diesem Hintergrund sagt Fruchtenbaum: «Erst wenn der letzte der drei Könige getötet worden ist, was zu einer vollständigen

Unterwerfung der anderen sieben Könige führt, wird der Antichrist in der Lage sein, seine Diktatur über die ganze Welt auszuüben. ... Somit wird der letzte, der den Antichrist zurückhält, der letzte der drei Könige und die von ihm repräsentierte Regierung sein.»[101]

Fruchtenbaum liefert eine starke Argumentation für diese Sicht. Wenn sie einen Schwachpunkt aufweist, dann ist es der, ob eine menschliche Regierung überhaupt stark genug ist, sich dem vom Teufel angetriebenen Antichristen in den Weg zu stellen. Der Teufel ist weitaus mächtiger als Menschen, daher haben einige Bibelausleger die Möglichkeit verworfen, dass irgendeine menschliche Regierung ihn zurückhalten könnte. Ein Gelehrter bemerkt: «Es scheint, als könne eine Person nur von einer anderen Person aufgehalten werden, und es müsste eine übernatürliche Person sein, die diesen Mann der Gesetzlosigkeit aufhält, der vom Teufel selbst angetrieben wird.»[102] Aus diesem Grund lehne ich persönlich diese Theorie ab, auch wenn Fruchtenbaum gute Argumente für sie hervorbrachte.

Wir möchten auch darauf hinweisen, dass sowohl die Schrift als auch die Erfahrung zeigen, dass nicht alle menschlichen Regierungen die Sünde unterdrücken. Einige Regierungen unterstützen sie sogar. Daher ist es wohlmöglich unrealistisch, wenn man sagt, dass der, der zurückhält, die menschliche Regierung ist. Dennoch sollten wir nicht dogmatisch sein. Diese Sicht bleibt zumindest eine Möglichkeit.

Standpunkt 3: Der Heilige Geist

Die überzeugendste Sicht ist meiner Meinung nach, dass der in der Gemeinde wohnende Heilige Geist der ist, der zurückhält. Diese Position wurde von vielen in der frühen Gemeinde vertreten, inklusive Theodoret, Theodor von Mopsuestia und Chrysostomos.[103]

Nur Gott, der Heilige Geist, hat ausreichend Macht, um eine Person zurückzuhalten, die vom *un*heiligen Geist des Teufels angetrieben wird. Der Bibelausleger Thomas Constable drückt es so aus: «Der Heilige Geist Gottes ist die einzige Person mit ausreichend (übernatürlicher) Macht, um zurückzuhalten. ... Die Wegnahme dessen, der zurückhält, bei der Entrückung muss offensichtlich dem Tag des Herrn vorangehen.»[104]

The Popular Bible Prophecy Commentary liefert einige wichtige grammatische Einsichten zu 2. Thessalonicher 2,6–7, die den Heiligen Geist als den ausweisen, der zurückhält:

> Das Wort «zurückhält» (gr. *katecho*, «unterdrücken») in den Versen 6 und 7 ist ein Partizip Präsens im Aktiv, das in Vers 6 sächlich («was zurückhält») und in Vers 7 maskulin ist («welcher zurückhält»). Ein solcher Gebrauch kommt auch in Bezug auf den Geist Gottes vor. Das griechische Wort für «Geist» (*pneuma*) ist sächlich, aber das maskuline Pronomen wird verwendet, wenn es sich auf die Person des Heiligen Geistes bezieht.[105]

Das Wort *zurückhält* beinhaltet den Gedanken an «vom Handeln abhalten, unter Kontrolle halten, körperlicher Freiheit berauben wie beim Fesseln mit Ketten».[106] Das tut der Heilige Geist heute, indem Er den Aufstieg des Antichristen verhindert.

Mark Hitchcock merkt an: «Die Schrift spricht davon, dass der Heilige Geist die Sünde und das Böse in der Welt (s. 1. Mo 6,3) und im Herzen der Gläubigen zurückhält (s. Gal 5,16–17).»[107] Auch Mal Couch sagt uns: «Durch göttliche Vorsehung und aller Anhaltspunkte der Schrift zufolge hält der Heilige Geist Sünde zurück und kämpft gegen sie an (1. Mo 6,3). In diesem Zeitalter ist der Heilige Geist auf besondere Weise in der Welt, indem er in der Gemeinde wohnt.»[108] Ist dieses spezielle Werk des Heiligen Geistes aber erst einmal weggenommen, wird der Antichrist geoffenbart.

In Übereinstimmung mit dieser Auslegung sagt uns 1. Johannes 4,4: «Der, welcher in euch ist, ist grösser als der, welcher in der Welt ist.» «Der, welcher in» den Christen ist, ist der Heilige Geist.

«Der, welcher in der Welt ist», ist der Teufel. Das bedeutet, der Heilige Geist ist grösser als der Teufel. Der Antichrist wird vom Teufel angetrieben, also kann nur der Heilige Geist ihn zurückhalten.

Bei der Entrückung aus dem Weg genommen

Wenn der Heilige Geist wirklich der ist, der zurückhält, und wenn es nötig ist, dass Er vor dem Auftreten des Antichristen aus dem Weg genommen wird, dann ist das ein starkes Argument für eine prätribulationistische Entrückung (s. 1. Kor 15,50–52; 1. Thess 1,10; 4,13–17; 5,9). Wenn der Antichrist einen Bund mit Israel schliesst, beginnt die 7-jährige Drangsalszeit (Dan 9,26–27), daher muss die Entrückung der Gemeinde vor dieser Vertragsunterzeichnung stattfinden. Irgendwann davor wird der Heilige Geist – der in der Gemeinde wohnt – bei der Entrückung weggenommen werden, sodass der Antichrist geoffenbart werden kann.

Der theologische Hintergrund ist, dass der Heilige Geist in den Christen und in der Gemeinde wohnt. In 1. Korinther lesen wir: «Wisst ihr nicht, dass ihr Gottes Tempel seid und dass der Geist Gottes in euch wohnt?» (3,16). «Oder wisst ihr nicht, dass euer Leib ein Tempel des in euch wohnenden Heiligen Geistes ist, den ihr von Gott empfangen habt?» (6,19). «Denn wir sind ja alle durch einen Geist in einen Leib hinein getauft worden, ob wir Juden sind oder Griechen, Knechte oder Freie, und wir sind alle getränkt worden zu einem Geist» (12,13; s. auch 1. Joh 3,24).

Das bedeutet, wenn die Gemeinde bei der Entrückung von der Erde genommen wird, geht der Heilige Geist mit ihr. Ist die zurückhaltende Kraft des Heiligen Geistes erst einmal verschwunden, kann der vom Teufel angetriebene Antichrist in der Drangsalszeit an die Macht kommen.

Das trägt zur Erklärung des massiven Abfalls vom Glauben (von der Wahrheit) bei, der in der ersten Hälfte der Drangsalszeit stattfinden wird. Bei der Entrückung wird der Heilige Geist – der Geist der Wahrheit (Joh 14,17; 16,13) – von der Erde weggenommen, was das schnelle Auftreten der *Un*wahrheit (oder des Abfalls) ermöglicht.

Eine Einschränkung: Der Heilige Geist in der Drangsalszeit

Der Bibelausleger John Phillips liefert ein wichtiges Argument für den weiterbestehenden Dienst des Heiligen Geistes in der Drangsalszeit:

> Das mächtige Wirken des Heiligen Geistes durch die Gemeinde wird aufhören. Solange dies nicht geschieht, kann der Teufel seine Pläne nicht zu Ende führen. ... Nach der Entrückung der Gemeinde wird der Heilige Geist sein Werk fortsetzen und Menschen zur Errettung führen, aber er wird sie nicht länger in den Leib Christi, die Gemeinde, hineintaufen oder den Teufel aktiv an der Ausführung seiner Pläne hindern.[109]

Obwohl der Heilige Geist bei der Entrückung der Gemeinde weggenommen wird, wird Er die Erde auch weiterhin mit Seiner grossen Kraft besuchen und viele in den schrecklichen Jahren der Drangsalszeit zur Errettung führen. Offenbarung 7,9–17 macht deutlich, dass sich viele Menschen bekehren werden.

Schlussgedanken

Ich bin der Überzeugung, dass der Heilige Geist derjenige ist, der den Antichristen zurückhält. Der Hauptgrund ist, dass nur der Heilige Geist den *un*heiligen Geist (den Teufel) zurückhalten kann, der den Antichristen antreibt. Nur der Geist der Wahrheit kann den Geist der *Un*wahrheit aufhalten.

Kapitel 19

Ist der Antichrist ein Muslim?

Diese Diskussion ist im Verlauf des letzten Jahrzehnts in den Vordergrund gerückt und war Thema von Büchern, Artikeln, Radio- und Fernsehsendungen und Internetforen. Ich persönlich habe Kontakt zu Menschen aus beiden Lagern gehabt und möchte hier das Pro und Kontra der Theorie untersuchen.[110]

Islamische Eschatologie

Bevor wir uns der Diskussion zuwenden, ob der Antichrist ein Muslim sein wird, wollen wir uns einige Grundlagen der islamischen Eschatologie ansehen – insbesondere die muslimischen Konzepte über den Antichrist, den Messias und Jesus. So fällt es uns leichter, die Pros und Kontras der Debatte abzuwägen.

In der muslimischen Eschatologie wird der Antichrist *Daddschal* genannt. Die muslimische Literatur enthält viele interessante Vorstellungen über diesen zukünftigen Herrscher. Angeblich wird er ein Jude sein und im Iran von Eltern geboren werden, die 30 Jahre lang kinderlos waren, und er wird nur ein Auge haben. Er wird sich als Prophet ausgeben und behaupten, göttlichen Ursprungs zu sein. Er will angebetet werden und die Menschen mit scheinbaren Wundertaten verführen. Ausserdem wird er die Welt mit einer grossen Armee erobern (ausser den Städten Mekka und Medina) und 40 Tage lang herrschen, wobei jeder Tag wie ein Jahr erscheint.

Der islamische Messias wird *Mahdi* genannt. Er wird angeblich ein Nachkomme Mohammeds sein, auf einem weissen Pferd reiten und die Welt von der Herrschaft des Daddschal befreien. Er wird die Juden besiegen und töten, seinen Hauptsitz in Jerusalem aufrichten und sieben Jahre oder mehr regieren.

Jesus ist *nicht* der Messias des Islam. Der Jesus des Islams ist offensichtlich ein ganz anderer als der Jesus des biblischen Christentums. Der muslimischen Theologie zufolge war Jesus ein sündloser Bote Gottes und einer der vordersten Propheten Allahs, aber ein geringerer als Mohammed. Er war nicht der Sohn Gottes, Gott in menschlicher Gestalt, und wurde nicht gekreuzigt oder aus den Toten auferweckt. Er starb nicht als Opfer, um die Sünden der Menschheit zu sühnen. An einem bestimmten Punkt wurde er von Allah direkt in den Himmel aufgenommen. Eines Tages wird er zurück auf die Erde auf den Ölberg kommen, den Mahdi treffen und sich ihm unterstellen. Er wird alle töten, die den Islam nicht als die wahre Religion annehmen, den Daddschal umbringen und für die Vernichtung der Juden sorgen. Nach dem Tod des Mahdi wird er 40 Jahre lang herrschen, die Kontrolle über das weltweite islamische Reich übernehmen, der ganzen Welt Segen und Frieden bringen und heiraten und Kinder bekommen. Dann wird er sterben, in Medina neben Mohammed beerdigt werden und am letzten Tag mit allen anderen Männern und Frauen auferweckt werden.

Nachdem wir uns die zwei Hauptfiguren der islamischen Eschatologie angeschaut haben, wollen wir sie als Nächstes den Hauptfiguren der christlichen Eschatologie gegenüberstellen.

Standpunkt 1: Der Antichrist ist ein Muslim

Christen, die die Theorie vertreten, dass der Antichrist ein Muslim sein wird, meinen, der islamische Mahdi (der islamische Messias) sei der in der Bibel beschriebene Antichrist.[111] Man ist auch der Ansicht, dass die Person, die Muslime für Jesus halten, in Wirklichkeit der im Buch der Offenbarung vorgestellte falsche Prophet sein wird. Dieser falsche Prophet (den Muslime mit Jesus verwechseln) wird dem Antichristen (den Muslime mit ihrem Mahdi oder Messias verwechseln werden) seine Dienste leisten. Wenn der wahre, biblische Jesus am Ende der Drangsalszeit zurückkehrt, werden beide Personen schliesslich vernichtet.

Christliche Befürworter dieser Sicht stützen sie, indem sie auf die bedeutenden Ähnlichkeiten zwischen dem biblischen Antichrist und dem muslimischen Mahdi hinweisen. Joel Richardson, Autor von *The Islamic Antichrist* (Der islamische Antichrist), fasst diese Ähnlichkeiten zusammen:

- Wie der Antichrist wird der Mahdi in den letzten Tagen als ein politischer, militärischer und religiöser Führer auftreten, wie es ihn noch nie zuvor gegeben hat.
- In der muslimischen Eschatologie wird der muslimische Jesus auftreten, um den Mahdi zu unterstützen. Die Bibel zeigt, dass der falsche Prophet den Antichristen unterstützen wird.
- In der muslimischen Eschatologie werden der Mahdi und der muslimische Jesus versuchen, die Erde durch eine gewaltige Armee zu unterwerfen. Die Bibel sagt, dass der Antichrist und der falsche Prophet dasselbe versuchen werden.
- In der muslimischen Eschatologie werden der Mahdi und der muslimische Jesus eine neue (islamische) Weltordnung aufrichten. Die Bibel macht deutlich, dass der Antichrist und der falsche Prophet dasselbe tun werden.
- Die muslimische Eschatologie lehrt, dass der Mahdi und der muslimische Jesus das Gesetz der Scharia auf der ganzen Erde einführen werden.[112] Die Bibel sagt, dass der Antichrist und der falsche Prophet ebenfalls weltweit neue Gesetze anordnen werden.
- Die muslimische Eschatologie lehrt, nachdem der Mahdi die ganze Welt für den Islam erobert hat, wird er versuchen, die Ruhetage des Christentums von Samstag und Sonntag auf den Freitag zu verlegen, den heiligen Tag des Islam. Die Bibel

sagt, der Antichrist «wird danach trachten, Zeiten ... zu ändern» (Dan 7,25).

- In der muslimischen Eschatologie werden der Mahdi und der muslimische Jesus eine Weltreligion einführen – d. h. den Islam. Die Bibel macht klar, dass der Antichrist und der falsche Prophet ebenfalls eine Weltreligion durchsetzen werden.
- In der muslimischen Eschatologie werden der Mahdi und der muslimische Jesus jeden töten, der sich nicht dem Islam unterwirft. Die Bibel zeigt, dass der Antichrist und der falsche Prophet jeden töten werden, der sich nicht ihrer Weltreligion beugt.
- In der muslimischen Eschatologie werden der Mahdi und der muslimische Jesus jene enthaupten, die sich nicht dem Islam unterwerfen. Die Bibel macht deutlich, dass auch der Antichrist und der falsche Prophet jene enthaupten werden, die sich weigern, sich ihnen zu unterwerfen (Offb 20,4).
- Die muslimische Eschatologie lehrt, dass der Mahdi und der muslimische Jesus versuchen werden, die Juden zu töten. Der biblische Antichrist und sein falscher Prophet werden dasselbe tun.
- Die muslimische Eschatologie lehrt, dass der Mahdi und der muslimische Jesus Jerusalem angreifen und es für den Islam einnehmen werden. Die Bibel sagt, dass der Antichrist und der falsche Prophet dasselbe tun werden.
- In der muslimischen Eschatologie werden der Mahdi und der muslimische Jesus von Jerusalem aus das islamische Kalifat aufrichten. Die Bibel macht deutlich, dass sich der Antichrist (mit der Hilfe des falschen Propheten) in den jüdischen Tempel setzen wird.
- In der muslimischen Eschatologie wird der Mahdi auf einem weissen Pferd reiten. Der biblische Antichrist wird dasselbe tun.

- In der muslimischen Eschatologie werden der Mahdi und der muslimische Jesus einen sieben Jahre dauernden Friedensvertrag durch einen Juden (einen Leviten) eingehen. Die Bibel zeigt, dass der Antichrist einen sieben Jahre umfassenden Friedensvertrag mit Israel unterzeichnen wird.
- Der Islam leugnet Schlüssellehren des Christentums (einschliesslich der Fleischwerdung Christi). Die Bibel sagt, dass der Geist des Antichristen grundlegende Lehren des Christentums leugnet (wie z. B. die Fleischwerdung Christi).[113]

Richardson kommt zu folgendem Schluss:

> Wir sehen, dass mehrere der einzigartigsten und charakteristischsten Aspekte der Person, des Auftrags und des Handelns des biblischen Antichristen in erstaunlich hohem Masse mit der Beschreibung des Mahdis übereinstimmen, wie sie in den islamischen Überlieferungen zu finden ist. Und jetzt sehen wir sogar, dass muslimische Gelehrte Bibelverse über den Antichristen auf ihren erwarteten Erlöser, den Mahdi, anwenden. Das muss als ironisch betracht werden, wenn nicht sogar als prophetisch.[114]

Diese Ähnlichkeiten haben viele zu der Annahme veranlasst, dass der Antichrist ein Muslim sein wird. Angesichts der gegenwärtigen islamischen Feindseligkeit gegenüber dem Christentum und der enormen Ausbreitung des Islam fällt es vielen leicht, daran zu glauben, dass ein muslimischer Antichrist in der Endzeit an die Macht kommen könnte.

Standpunkt 2: Der Antichrist wird kein Muslim sein

Einige Argumente für einen islamischen Antichristen scheinen sehr überzeugend. Doch viele Christen stimmen dieser Theorie nicht zu. Salomo, der weiseste Mensch, der jemals lebte, sagte einmal: «Wer sich in seinem Prozess zuerst verteidigen darf, hat recht – doch dann kommt der andere und forscht ihn aus» (Spr 18,17). Wenn man die Annahme, dass der Antichrist ein Muslim sein wird, im Licht der Schrift überprüft, passt sie nicht so recht. Im Anschluss folgen einige Hauptargumente, die gegen einen muslimischen Antichristen sprechen.

Die islamische Eschatologie ist widersprüchlich

Die islamische Überlieferung, bekannt als die *Hadith*, bildet die Grundlage der islamischen Eschatologie. Aber viele Stellen in der Hadith, die von der Endzeit handeln, widersprechen sich. Das macht es schwierig, eine detaillierte muslimische Eschatologie zu erstellen, der die meisten Muslime zustimmen würden. David Reagan, Experte für biblische Prophetie, drückte es so aus: «Es ist äusserst schwer, das islamische Konzept von der Endzeit zu rekonstruieren. Die Informationen sind in der ganzen Hadith verstreut.»[115] In Büchern und Artikeln von Befürwortern der Theorie, der Antichrist würde ein Muslim sein, wird das selten erwähnt, aber allein dieser Faktor schwächt ihre Position erheblich.

Muslime haben eine abhängige Eschatologie

Bevor er seine Rolle als Prophet übernahm, wurde Mohammed bei einer reichen Witwe namens Chadidscha als Kameljunge ausgebildet. Schliesslich stieg er zum Leiter all ihrer Handelsinteressen auf und beaufsichtigte die Karawanen für sie. Als Kaufmann war Mohammed oft lange mit Karawanen auf Reisen, die manchmal bis nach Syrien und vielleicht sogar Ägypten führten. Diese Reisen brachten Mohammed in Kontakt mit Menschen unterschiedlicher Religion und Nationalität.[116] Auf den Handelsrouten, die er in den nächsten 15 Jahren bereiste, begegnete er Christen, Juden und möglicherweise Anhängern der Lehre Zoroasters.

Historiker sagen, dass Mohammed die meisten seiner Vorstellungen über die Endzeit aus den Gesprächen mit Christen und

Juden in seiner Zeit als Kaufmann hatte. Irgendwann später wurden seine Vorstellungen von seinen Anhängern ausgeschmückt, denen die biblischen Prophezeiungen über die Endzeit ebenfalls bekannt waren.[117] Dr. Samuel Shahid, Leiter der Islamstudien am Southwestern Baptist Theological Seminary in Fort Worth, Texas, stimmt dem zu und merkt an, dass die wichtigen Konzepte der islamischen Eschatologie den hebräischen Schriften, dem christlichen Neuen Testament und verschiedenen Konzepten des Zoroastrismus entnommen wurden.[118]

Viele in der Hadith enthaltene Lehren wurden ebenfalls stark von christlichen Quellen beeinflusst. Im Islam geschulte Akademiker haben häufig auf eine derartige theologische Abhängigkeit hingewiesen. So gehören zu den islamischen Zeichen der Endzeit beispielsweise die Zunahme von falschen Propheten, der Abfall vom Glauben, der Anstieg von Naturkatastrophen und Kriegen – Ereignisse, die sich allesamt in den christlichen Schriften finden lassen, die Mohammed zeitlich bei Weitem vorausgehen (s. z. B. Mt 24).

Viele Christen sehen ganz deutlich die Fingerabdrücke des Teufels bei der Entstehung der islamischen Religion. Der Teufel ist der Vater der Lüge (Joh 8,44). Die Schrift macht deutlich, dass der Teufel die Menschen zu falschen Religionen und Sekten inspirieren kann (1. Tim 4,1; 1. Joh 4,1). Ausserdem zeigt die Versuchung Christi durch den Teufel (Mt 4,1–11), dass er die Schriften kennt und sie auch einsetzt, um Christus zu versuchen. Somit könnte der Teufel – der die biblische Prophetie kennt – versucht haben, die falsche Religion des Islam als glaubwürdig darzustellen, indem er in dieser Religion ähnliche Prophezeiungen inspirierte (eine Eine-Welt-Religion, ein Reiter auf einem weissen Pferd, ein falscher Prophet und dergleichen). Vergessen Sie nicht, dass der Teufel ein grosser Betrüger ist.

Muslime sind sich hinsichtlich des Mahdis nicht einig

Befürworter eines muslimischen Antichristen lassen die Tatsache ausser Acht, dass Muslime unterschiedliche Ansichten über den

Mahdi vertreten. Das ist ein wesentlicher Punkt für lehrmässige Konflikte zwischen schiitischen und sunnitischen Muslimen. Schiitische Muslime glauben, dass sich der Mahdi zurzeit auf der Erde versteckt und schon bald hervorkommen wird. Sunnitische Muslime nehmen hingegen an, dass der Mahdi in der Geschichte noch in Erscheinung treten muss. Anders ausgedrückt: Schiitische Muslime glauben an ein «Hervorkommen» des Mahdis, während sunnitische Muslime an sein «Zurückkommen» glauben. Muslime haben keineswegs eine einheitliche Eschatologie.

Der Islam leugnet christliche Lehren

Dass der Islam wesentliche christliche Lehren leugnet, wie die Menschwerdung und den stellvertretenden Kreuzestod Christi, ist auf den Geist des Antichristen zurückzuführen (1. Joh 4,3). Das trifft aber nicht nur auf den Islam zu. Viele falsche Religionen und Sekten leugnen die Menschwerdung Christi und andere grundlegende christliche Lehren. Deshalb stützt dieses Argument nicht die Hypothese, dass der Antichrist ein Muslim sein wird.

Ein römischer Antichrist

Daniel 9,26, wo von den 70 Wochen Daniels die Rede ist, zeigt, dass der Antichrist ein Römer sein wird:

> «Und nach den 62 Wochen wird der Gesalbte ausgerottet werden, und ihm wird nichts zuteilwerden; die Stadt aber samt dem Heiligtum wird das Volk des zukünftigen Fürsten zerstören, und sie geht unter in der überströmenden Flut; und bis ans Ende wird es Krieg geben, fest beschlossene Verwüstungen.»

Dieser Vers prophezeit, dass «die Stadt aber samt dem Heiligtum» (Jerusalem und sein Tempel) vom «Volk des zukünftigen Fürsten» zerstört werden wird. Wer zerstörte Jerusalem und seinen Tempel im Jahr 70 n. Chr.? Titus und seine römische Armee. Die Römer sind das Volk des zukünftigen Fürsten, des Antichristen. Daher wird der Antichrist ein Römer sein.

Ein Bund zwischen dem Antichristen und Israel

Die Drangsalszeit beginnt in dem Augenblick, in dem der Antichrist einen Bund mit Israel schliesst. In Daniel 9,27 lesen wir, dass der Antichrist «mit den Vielen einen festen Bund schliessen wird eine Woche lang» – d. h. eine Jahrwoche oder sieben Jahre.

Warum sollte ein muslimischer Führer einen Bund eingehen, der Israel Schutz garantiert? Die meisten Muslime heute sind der Nation Israel nicht wohlgesonnen – insbesondere palästinensische Muslime, die sich dem widersetzen, was sie als israelische Expansionspolitik ansehen. Extreme Muslime wollen alle Juden aus Israel vertreiben und wünschen keineswegs den Schutz des jüdischen Volkes in Israel.

Dieser Bund könnte es Israel ermöglichen, in Frieden und Sicherheit zu leben (Hes 28,25–26), sodass der jüdische Tempel in der ersten Hälfte der Drangsalszeit wieder aufgebaut werden kann. Es ist nur schwer zu glauben, dass ein muslimischer Führer Israel in dieser Hinsicht schützen und es dem Volk gestatten würde, in der heiligen Stadt Jerusalem einen in den Augen der Muslime heidnischen Tempel aufzubauen.

Des Weiteren ist es völlig undenkbar, dass Israel seine Sicherheit einem muslimischen Führer anvertrauen würde. Wie könnte Israel unter einem Bund mit einem muslimischen Führer auch nur ansatzweise das Gefühl von Sicherheit empfinden?[119] Darüber hinaus scheint es wenig glaubhaft, dass die allgemeine muslimische Bevölkerung in verschiedenen muslimischen Ländern auf der ganzen Welt mit einem solchen Bund mit Israel einverstanden wäre.

Die muslimische Eschatologie stellt es so dar, dass der Bund mit den Römern gemacht wird, nicht mit den Juden. Das lässt sich nicht mit Daniel 9,27 in Einklang bringen.

Enthauptungen in der Endzeit

Befürworter eines muslimischen Antichristen nehmen oft an, dass Enthauptungen automatisch ein deutlicher Hinweis auf den Islam sind. Das ist aber nicht der Fall. Sowohl im Alten (2. Sam 4,7) als auch im Neuen Testament (Mt 14,10) lesen wir von Enthauptungen. Sie fanden viele Jahrhunderte vor dem Aufkommen des Islam statt. Vom Antichristen veranlasste Enthauptungen können nicht als Beweis für einen muslimischen Antichristen herangezogen werden.

Die selbsternannte Gottheit des Antichristen

Einer der abscheulichsten Aspekte des Antichristen ist, dass er «sich erheben und grosstun wird gegen jeglichen Gott» (Dan 11,36). In 2. Thessalonicher 2,4 lesen wir zudem: «Der sich widersetzt und sich über alles erhebt, was Gott oder Gegenstand der Verehrung heisst, sodass er sich in den Tempel Gottes setzt als ein Gott und sich selbst für Gott ausgibt.»

Ein muslimischer Antichrist, der sich für Gott erklärt, würde das muslimische Glaubensbekenntnis mit Füssen treten: «Es gibt keinen Gott ausser Allah, und Mohammed ist sein Prophet.» Ich kann mir nicht vorstellen, dass ein wahrer Muslim behauptet, Gott zu sein. So wie Muslime Jesus nie als menschgewordenen Gott oder den Sohn Gottes bezeichnen würden, würde kein Muslim sagen, er wäre Gott. Muslime sind radikale Monotheisten. Ein muslimischer Antichrist, der behauptet, Gott zu sein, wäre für korangläubige Muslime ein Ungläubiger.

Der Islam lehrt, dass Gott keine Partner haben kann. Muslime ziehen das im Allgemeinen als Argument gegen die christliche Lehre von der Dreieinheit und der Gottheit Jesu heran. Das lässt sich auch auf eine menschliche Führungsperson in der Endzeit anwenden, die sagt, sie wäre Gott.

Traditionelle Muslime glauben, dass Allah so radikal anders ist als jede irdische Realität – so völlig transzendent und über den

Bereich des Endlichen hinausgehend –, dass er kaum mit irdischen Begriffen beschrieben werden kann. Wie könnte also ein Muslim behaupten, Gott zu sein – ein Gott, der sich mit irdischen Begriffen beschreiben lässt?

Befürworter eines muslimischen Antichristen entgegnen, der Antichrist würde in der Mitte der Drangsalszeit so sehr von sich eingenommen sein und behaupten, er wäre Gott. Joel Richardson meint: «Der Mahdi wird alle überraschen. So wie Christen Jesus als menschgewordenen Gott ansehen, wird sich der Mahdi dann für die Inkarnation Allahs erklären und als solche Anbetung fordern.»[120]

Was passiert als Nächstes? Uns wird gesagt, dass es einigen Muslimen zu peinlich sein könnte, einzugestehen, betrogen worden zu sein. Sie werden nicht zugeben wollen, dass sie ganz und gar falschlagen. Richardson schlägt vor: «Viele ... werden von einer absoluten Entschlossenheit ergriffen, an die Rechtmässigkeit des Mahdis und des Islams zu glauben. Sie würden eher einer grossen islamischen Täuschung glauben, als anzuerkennen, dass sie völlig falschlagen.»[121]

Es fällt mir äusserst schwer, mir ein solches Szenario vorzustellen. Wenn wahre Muslime – die von Mohammed, dem Koran, dem muslimischen Glaubensbekenntnis und Allah (der allein ewiges Heil gewährt oder verwehrt) absolut überzeugt sind – einen anderen Muslim sehen, der behauptet, Gott zu sein, werden sie diesen Ungläubigen enthaupten wollen. Kein Muslim, der wirklich an den Koran glaubt, würde eine solche Behauptung unbeantwortet lassen.

Richardson schlägt noch eine weitere Möglichkeit vor. Zu dem Zeitpunkt, wenn der Antichrist behauptet, er wäre Gott, «ist es durchaus wahrscheinlich, dass unzählige Muslime erkennen werden, was für ein böser Mensch der Antichrist wirklich ist und sich zum Heil an Jesus wenden werden. Wer weiss»?[122] Das klingt verlockend. Schliesslich ist es der Wunsch von Christen, dass Menschen errettet werden – einschliesslich der Muslime. Das ist aber äusserst strittig, da es gegen die Theorie eines muslimischen Antichristen derart viele stichhaltige Argumente gibt.

Schlussgedanken

Ich könnte noch weitere Argumente für und gegen die Hypothese eines muslimischen Antichristen anführen. Das Genannte sollte aber ausreichen, um die wesentlichen Aspekte dieser Diskussion zu verdeutlichen. Nach meiner Einschätzung wird der Antichrist kein Muslim sein, sondern aus dem wiedererrichteten Römischen Reich kommen und die Macht ergreifen.

Kapitel 20

Ist der Antichrist ein Jude oder ein Nichtjude?

Viele Jahrhunderte lang haben Bibelleser darüber diskutiert, ob der Antichrist ein Jude oder ein Nichtjude sein wird. Beide Standpunkte haben berühmte Befürworter. Ich möchte kurz beide Seiten der Diskussion ansprechen.

Standpunkt 1: Der Antichrist wird ein Jude sein

Die meisten Menschen, die meinen, dass der Antichrist ein Jude sein wird, gründen ihre Ansicht auf theologische Aussagen, aber manchmal wird ihnen auch Rassismus vorgeworfen. Der verstorbene Jerry Falwell behauptete auf einer Pastorenkonferenz im Jahr 1999, dass der Antichrist ein Jude sein würde. Seine Argumentation? «Da Jesus zum ersten Mal vor 2000 Jahren als ein Jude zur Erde kam, glauben die meisten Evangelikalen, dass der Antichrist ebenfalls ein Jude sein wird.»[123]

Falwell wollte damit niemanden kränken. Aber nahezu augenblicklich gab es einen grossen Aufschrei in der jüdischen Gemeinschaft. Abraham H. Foxman, Leiter des Anti-Diffamierungsbundes, erwiderte: «Indem er den Antichrist als lebenden jüdischen Mann identifiziert, bezieht sich Pastor Falwell auf eine besonders bösartige Tradition des christlich-theologischen Anti-Judentums. ... Es scheint klar, dass Pastor Falwell nach Jahren des christlich-jüdischen Dialogs nichts gelernt hat.»[124] Foxman behauptete, Falwells Äusserungen würden es «Eiferern und Antisemiten erlauben», ihre Vorurteile und ihr Überlegenheitsdenken weiter aufrechtzuerhalten.[125]

Rabbi James Rudin, Leiter der interreligiösen Angelegenheiten des American Jewish Committee in New York, sagte, er sei von der Aussage überrascht worden, weil er wusste, dass sich Falwell stark für Israel einsetzt. Dann fügte er hinzu:

> Irgendeinen Mann herauszugreifen und ihn vor allem als Jude zu identifizieren, entspricht einem latenten und historischen Antisemitismus aus der Vergangenheit. ... Das ist äusserst radioaktives Material. Ich denke, christliche Führungspersonen sollten sehr vorsichtig sein, da dies zu negativen Reaktionen bei Menschen führen kann, die im Neuen Testament nicht unterrichtet sind.[126]

Da er nicht beabsichtigte, einen Feuersturm der Empörung heraufzubeschwören, gab Falwell umgehend eine öffentliche Entschuldigung heraus.

Der Stamm Dan

Eine frühe Überlieferung sagt, der Antichrist würde aus dem Stamm Dan kommen, einem der zwölf Stämme Israels. Manche führen das auf die Tatsache zurück, dass sich die Daniter des Abfalls vom Glauben und des Götzendienstes schuldig machten und sich ein Bildnis aufrichteten (Ri 18,30). Dans Testament (5,6; *Testamente der zwölf Patriarchen*) nennt den Teufel als den Fürsten des Stammes. Irenäus, der in der zweiten Hälfte des zweiten Jahrhunderts schrieb, merkte an, dass Dan in der Stammesliste im Buch der Offenbarung ausgelassen wurde aufgrund der Überlieferung, dass der Antichrist aus diesem Stamm kommen sollte (*Gegen die Häresien* V. 30.2).

1. Mose 49,17 wird gelegentlich zitiert, um diesen Gedanken zu stützen: «Dan wird eine Schlange am Weg sein, eine Otter auf dem Pfad, die das Ross in die Fersen beisst, sodass der Reiter rückwärts

stürzt.» Die Erwähnung einer Schlange und einer Otter erinnert direkt an den Teufel und den Antichristen.

Eine unter den Kirchenvätern weit verbreitete Sicht

Eine Reihe von frühen Kirchenvätern glaubte, dass der Antichrist ein Jude sein würde. Zu ihnen zählte nicht nur Irenäus, sondern auch Hippolyt, ein Jünger Irenäus, der schrieb, dass der «Antichrist ein falscher jüdischer Messias ist, dessen Kommen noch irgendwann in der Zukunft liegt».[127] Auch Origenes, Chrysostomos, Hieronymus und Augustinus glaubten, der Antichrist würde ein Jude sein.

Akzeptanz eines nichtjüdischen Führers

Jesus sagte: «Wenn ein anderer in seinem eigenen Namen kommt, den werdet ihr annehmen» (Joh 5,43). Manche behaupten, die Juden würden nie jemanden als ihren Führer akzeptieren, der nicht selbst ein Jude ist.[128] Der reformierte Theologe A. W. Pink sagt: «Er wird Christus imitieren. Er wird sich als der wahre Messias Israels ausgeben. In einem solchen Fall muss er ein Jude sein.»[129] In jüngerer Zeit machte der verstorbene Grant Jeffrey folgenden Vorschlag:

> Eines Tages werden die Juden eine Zeitlang die falschen Behauptungen des Antichristen als ihren verheissenen Messias akzeptieren. ... Da wir aus den Prophezeiungen erfahren, dass sich der Antichrist Israel als der Messias präsentieren wird, sind viele Gelehrte zu dem Schluss gekommen, dass er ein Jude sein muss. Sicherlich würde kein religiöser Jude auch nur im Traum daran denken, einen Nichtjuden als den Messias Israels zu akzeptieren.[130]

Der Antichrist und «das kleine Horn»

Daniel 7,7 stellt den Antichrist als «das kleine Horn» dar. Ein Horn ist ein Symbol der Macht und Stärke, es repräsentiert Herrschaft, Königreiche und Könige (s. Dan 7–8; Offb 12,3; 13,1.11; 17,3–6). Einen jüdischen Antichrist als das kleine Horn zu bezeichnen, ist durchaus passend, da die Juden eine vergleichsweise kleine Nation sind. Dennoch wird er eine Nation nach der anderen unterwerfen, bis er die Weltherrschaft erlangt hat.

Der Gott seiner Väter

Laut Daniel 11,37 wird sich der Antichrist «nicht um den Gott seiner Väter kümmern». Der Begriff *Väter* wird als jüdische Väter ausgelegt, was bedeutet, dass der Antichrist ein Jude sein muss. A. W. Pink merkt dazu an: «Diese Stelle, das ist offensichtlich, beschreibt niemanden anderes als den kommenden Antichristen. ... Was sollen wir diesem Ausdruck entnehmen? Natürlich, dass er ein Jude ist, ein Israelit, und dass seine Väter nach dem Fleisch Abraham, Isaak und Jakob waren.»[131]

Der Antichrist herrscht von Jerusalem aus

Offenbarung 11,8 teilt uns mit, dass der Herrschaftssitz des Antichristen in der «grossen Stadt [ist] ... wo auch unser Herr gekreuzigt worden ist». Diese grosse Stadt ist Jerusalem. Das bedeutet, der Antichrist muss ein Jude sein, denn nur ein Jude würde von Jerusalem aus herrschen.[132]

Standpunkt 2: Der Antichrist wird kein Jude sein

Einige der genannten Punkte mögen überzeugend erscheinen, aber andere Christen haben Argumente gegen den Gedanken vorgebracht, der Antichrist würde ein Jude sein. Hier sind die meiner Ansicht nach überzeugendsten.

Keine klare Aussage

Weder das Alte noch das Neue Testament liefert eine einzige klare Aussage, dass der Antichrist ein Jude sein wird. Das sollte einen zumindest innehalten lassen, bevor man diese Theorie unterschreibt.

Das Meer der Nationen

Offenbarung 13,1 spricht davon, dass «aus dem Meer ein Tier aufsteigt». Später erfahren wir, was das Meer repräsentiert: «Die Wasser, die du gesehen hast ... sind Völker und Scharen und Nationen und Sprachen» (17,15). Der Antichrist steigt aus diesem Meer empor – den Nationen der Erde. Somit scheint es klar zu sein, dass der Antichrist kein Jude sein wird.

Ein römischer Antichrist

Die Schrift macht deutlich, dass der Antichrist römischer Herkunft sein wird (s. Offb 17,9–12). Aus Daniel 9,26 erfahren wir: «Die Stadt aber samt dem Heiligtum wird das Volk des zukünftigen Fürsten zerstören.» «Die Stadt aber samt dem Heiligtum» sind Jerusalem und sein Tempel. Unter Titus zerstörten die Römer 70 n. Chr. die Stadt Jerusalem und seinen Tempel. Der Antichrist wird aus demselben Volk kommen und somit ein römischer Heide sein.

Judenverfolgungen

Die prophetische Schrift zeigt, dass der Antichrist die Juden voller Macht und Grausamkeit verfolgen wird (Mt 24,16–21). Aus diesem Grund «floh die Frau [Israel] in die Wüste, wo sie einen von Gott bereiteten Ort hat, damit man sie dort 1260 Tage lang ernähre» (Offb 12,6). Der Antichrist wird auf jüdischen Gesetzen und Traditionen herumtrampeln und den jüdischen Tempel verwüsten (Dan 9,27; 11,31; 12,11). Warum sollte ein Jude die Juden und ihre Traditionen so behandeln? Die Vorstellung von einem jüdischen Antichristen scheint wenig realistisch.

Antiochus Epiphanes

Eine Reihe von biblischen Gelehrten glaubt, dass Antiochus Epiphanes ein *Typus* vom Antichristen war (s. Dan 11). Ein Typus ist eine historische Institution, Person, ein Ereignis, Gegenstand oder eine Zeremonie, die auf etwas hindeutet, das noch geoffenbart werden muss. Antiochus Epiphanes weist auf den Antichristen hin. Er war ein Heide, der die Juden verfolgte und den jüdischen Tempel entweihte. Der Antichrist wird es ihm gleichtun.

Ein anti-jüdischer Messias?

Einige Ausleger der Prophetie kommen zu dem Schluss, dass der Antichrist ein «anti»-jüdischer Messias sein wird. Als Antichrist wird er sich «dem Konzept eines verheissenen *jüdischen* Messias widersetzen».[133] Das deckt sich mit der Vorstellung, dass der Antichrist die Juden hassen und sie in der Drangsalszeit verfolgen und töten wird.

Erhöhung in Jerusalem

Der Antichrist wird in Jerusalem herrschen, aber das verlangt nicht zwangsläufig, dass er ein Jude ist. Der Schrift zufolge wird der Antichrist zur Mitte der Drangsalszeit mit einer grossen Judenverfolgung beginnen, und die Juden werden so schnell wie möglich aus Jerusalem fliehen (s. Mt 24,16–21; Offb 12,6). Der Antichrist wird jüdische Traditionen und Opfer abschaffen und den jüdischen Tempel entweihen, indem er ein Bildnis von sich selbst darin aufstellt (Dan 9,27; 11,31; 12,11). Durch sein gewaltsames Vorgehen gegen die Juden wird er die Macht in Jerusalem ergreifen.[134] Der Antichrist wird sich in Jerusalem erhöhen, nicht weil er ein Jude ist, sondern weil er die Juden grausam verfolgen wird.

Jüdische Akzeptanz

Das Argument, dass der Antichrist ein Jude sein muss, weil die Juden nur einen jüdischen Führer akzeptieren würden (Joh 5,43), weist logische Mängel auf. Das jüdische Volk schliesst zwar einen Bund mit dem Antichristen (Dan 9,27), was aber keineswegs bedeutet, dass sie ihn als ihren Messias annehmen. Die Juden werden den Antichristen nicht als ihren Messias, sondern als einen politischen Führer und Diplomaten akzeptieren. Sie werden ihn als Garantie für Frieden im Nahen Osten ansehen, nicht mehr.[135] Johannes 5,43 unterstützt nicht die Vorstellung eines jüdischen Antichristen.

Der Stamm Dan

Der Stamm Dan machte sich des Götzendienstes schuldig und geriet dadurch weitgehend in Vergessenheit (3. Mo 24,11; Ri 18,1.30; 1. Kö 12,28–29). Der biblische Gelehrte Robert H. Mounce erklärt: «Als der Stamm Dan nach Norden zog und sich in Lais niederliess, stellten sie sich ein Bildnis auf (Ri 18,30). Später wurde Dan zu einem der beiden grossen Heiligtümer im Nordreich (1. Kö 12,29).»[136] Wer sich am Götzendienst beteiligte, sollte von Gottes Segen abgeschnitten werden.

Dass sich Dan dem Götzendienst zuwandte, ist jedoch kein Beweis, dass der Antichrist aus diesem Stamm kommt. Das ist eine ungerechtfertigte Annahme, für die keine realen Anhaltspunkte vorliegen. Und die Behauptung, dass ein früher Kirchenvater wie Irenäus diese Ansicht vertrat, beweist nicht ihre Richtigkeit. Die Tatsache, dass die Kirchenväter zu verschiedenen Fragen oft unterschiedlicher Meinung waren, zeigt, dass ihre Auslegungen des biblischen Textes nicht unfehlbar waren.

Die Zeiten der Heiden

Die Schrift macht deutlich, dass sich der Ausdruck «die Zeiten der Heiden» (Lk 21,24) auf die Zeit der heidnischen Herrschaft über Jerusalem bezieht. Diese Zeit begann mit der babylonischen Gefangenschaft im Jahr 606 v. Chr. Die Zeiten der Heiden hatten sich 70 n. Chr. bereits fest etabliert, als Titus und seine römischen Soldaten in Jerusalem einfielen und den jüdischen Tempel zerstörten, und sie werden erst zum Schluss der grossen Drangsalszeit mit dem zweiten Kommen Jesu Christi beendet werden.

Das schliesst nicht die Möglichkeit einer vorübergehenden jüdischen Kontrolle über einen Grossteil Jerusalems aus. Die Zeiten der Heiden sind noch nicht vorbei.

Viele Prophetiegelehrte glauben, dass die Zeiten der Heiden ihrem Wesen nach einen nichtjüdischen Antichristen unterstützen. Der Prophetieexperte Arnold Fruchtenbaum drückt es so aus:

> Alle Prämillennialisten teilen die Ansicht, dass der als die Zeiten der Heiden bekannte Zeitraum erst mit dem zweiten Kommen Christi endet. Des Weiteren ist man sich einig, dass der Antichrist der letzte Herrscher in den Zeiten der Heiden ist. ... Wenn das stimmt, wie kann dann ein Jude der letzte Herrscher in einem Zeitraum sein, in dem nur Heiden die Vorherrschaft hatten? Zu sagen, der Antichrist muss ein Jude sein, würde dem Wesen der Zeiten der Heiden widersprechen.[137]

Der Gott seiner Väter

Manchmal beruft man sich auf Daniel 11,37, wo es heisst, dass sich der Antichrist «nicht um den Gott seiner Väter kümmern» wird. Dies weist angeblich auf einen jüdischen Antichristen hin, der den Gott der jüdischen Väter – Abraham, Isaak und Jakob – nicht beachten wird.

Dieses Argument löste sich in Luft auf, als der Übersetzungsfehler in der King James Bibel deutlich wurde. Die meisten englischen Übersetzungen geben es so wieder wie die English Standard Version: «Er wird sich auch nicht um die Götter seiner Väter kümmern» (s. Anmerkung zur Schlachter 2000; vgl. auch Luther 1912 und 1984). Damit ist nicht der eine wahre Gott Abrahams, Isaaks und Jakobs gemeint, sondern falsche heidnische Gottheiten. Der Vers liefert keine Unterstützung für den Gedanken an einen jüdischen Antichrist, der den Gott der Juden verlässt.

Schlussgedanken

Es ist eine interessante Diskussion, und ich bin mir sicher, dass sie noch lange weitergehen wird. Nachdem ich alle Anhaltspunkte erwogen habe, komme ich zu dem Schluss, dass der Antichrist kein Jude, sondern ein Nichtjude sein wird. Angesichts des biblischen Materials ergibt dieser Standpunkt am meisten Sinn.

Kapitel 21

Wird der Antichrist getötet werden und wieder auferstehen?

Wird der Antichrist getötet werden und auf übernatürliche Weise wieder aus den Toten auferstehen? Einige Prophetiegelehrte sagen Ja. Andere meinen Nein. Die tödliche Wunde des Antichristen wird uns in Offenbarung 13,1–3 beschrieben:

> «Und ich sah aus dem Meer ein Tier aufsteigen, das sieben Köpfe und zehn Hörner hatte und auf seinen Hörnern zehn Kronen und auf seinen Köpfen einen Namen der Lästerung. Und das Tier, das ich sah, glich einem Panther, und seine Füsse waren wie die eines Bären und sein Rachen wie ein Löwenrachen; und der Drache gab ihm seine Kraft und seinen Thron und grosse Vollmacht. Und ich sah einen seiner Köpfe wie zu Tode verwundet, und seine Todeswunde wurde geheilt. Und die ganze Erde sah verwundert dem Tier nach.»

Diskussion 1: Wer oder was wird verwundet und wieder geheilt?

Standpunkt 1: Das Römische Reich

Vertreter dieser Sicht sagen, das Römische Reich ging im 5. Jahrhundert unter und wird in der Endzeit wieder neu aufgerichtet.

Die Frage bietet sicher Raum zur Diskussion, aber ich glaube, dass Offenbarung 13,3 nicht von einem wiedererrichteten Römischen Reich spricht, sondern von einer Person – dem Antichristen. Das sage ich, weil es in Offenbarung 13,12 ausdrücklich heisst: «Das erste Tier ... dessen Todeswunde geheilt wurde.» Der Kontext macht deutlich, dass das erste Tier die Person des Antichristen ist. Er wird zusammen mit einem «anderen Tier» erwähnt, dem falschen Propheten. In Vers 14 lesen wir dann von «dem Tier, das die Wunde von dem Schwert hat und am Leben geblieben ist». Das wird so ausgelegt, dass es sich auf eine Person bezieht.

Standpunkt 2: Eine historische Persönlichkeit

Manche Ausleger meinen, eine historische Persönlichkeit wird wieder lebendig werden und die Rolle des Antichristen in der Endzeit ausfüllen. Weit verbreitete Vorschläge sind Nero, Judas Ischariot, Mussolini, Hitler und Stalin.

Das ist eine faszinierende Hypothese, die mich aber nicht überzeugt. Sie scheint mehr auf Eisegese als auf Exegese zu basieren. Ausserdem ist es höchst spekulativ. Meiner Meinung nach verlangt eine neue Sicht von einer Lehre gute biblische Beweise, die sie stützen. In diesem Fall fehlt es jedoch an Beweisen.

Standpunkt 3: Eine neue und einzigartige Person

So wie ich die Bibel verstehe, weist sie auf eine neue und einzigartige Person hin, die in der Endzeit als Antichrist auftauchen wird. Sie ist so ganz anders als jede andere Person, die jemals gelebt hat. In der Vergangenheit gab es viele Antichristen (Plural), aber keiner von ihnen ist mit dem einen Antichrist zu vergleichen, der in der zukünftigen Drangsalszeit geoffenbart werden wird (s. 1. Joh 2,18–29). Diese einzigartige und unheilvolle Person wird vom Teufel angetrieben werden (2. Thess 2,9).

Diskussion 2: Wird der Antichrist getötet werden und wieder auferstehen?

Standpunkt 1: Der Antichrist wird getötet werden und wieder auferstehen

Eine weit verbreitete Sicht ist, dass der Antichrist tatsächlich getötet und anschliessend wieder auferstehen wird. In ihrem Buch *Are We Living in the End Times?* (Leben wir in der Endzeit?) behaupten Tim LaHaye und Jerry Jenkins beispielsweise, dass der Antichrist nicht nur verwundet, sondern auch sterben wird. «Wir glauben, dass das Tier wirklich getötet wird, denn Johannes sagt zweimal, dass es ‹aus dem Abgrund heraufsteigt› (Offb 11,7; 17,8); unserer Ansicht nach bedeutet das, dass das Tier betötet wird, in den Abgrund hinabsteigt und von dort wieder auf die Erde zurückkommt, wenn es auferweckt wird.»[138]

Standpunkt 2: Der Antichrist wird nur scheinbar getötet werden und wieder auferstehen

Andere Christen sind der Auffassung, dass der Antichrist wie tot erscheint, es in Wirklichkeit aber nicht ist. Durch die übernatürlichen Kräfte und den Betrug des Teufels wird es so aussehen, als wäre er aus den Toten auferweckt worden. Das entspricht auch meiner persönlichen Ansicht. Lassen Sie uns einige Anhaltspunkte anschauen, die das unterstützen:

Der Teufel kann keine Menschen auferwecken

Der Teufel ist sehr mächtig und einflussreich in der Welt.

- Er wird «der Fürst dieser Welt» genannt (Joh 12,31), «der Gott dieser Weltzeit» (2. Kor 4,4) und der «Fürst, der in der Luft herrscht» (Eph 2,2).
- Er verführt die ganze Welt (Offb 12,9; 20,3).

- Er hat Macht über Regierungen (Mt 4,8–9), den körperlichen Bereich (Lk 13,11.16; Apg 10,38), den Bereich der Engel (Eph 6,11–12; Jud 1,9) und den Bereich der Gemeinde (Offb 2,9; 3,9).

Ja, der Teufel hat übernatürliche Fähigkeiten, aber dennoch ist er nur ein Geschöpf mit den Begrenzungen eines solchen. Er ist nicht so mächtig, als dass er Menschen aus den Toten auferwecken könnte. Hätte er diese Macht, würde er sicher einige böse Personen aus den Toten auferwecken, um seine betrügerischen Ziele zu erreichen. Aber das tut er nicht, weil er nicht über die Macht dazu verfügt.

Der Teufel mag ein gewisses Mass an übernatürlicher Kraft haben, aber er kann nicht mit Gott verglichen werden. Er besitzt nicht die Eigenschaften, die allein Gott zugeschrieben werden können. Nur Gott ist allgegenwärtig, allmächtig und allwissend.

Der Teufel ist ein Geschöpf, und als solches steht er unter dem Schöpfer. So kann er beispielsweise nur an einem Ort gleichzeitig sein. Obwohl seine Kraft und sein Wissen gross sind, sind sie doch begrenzt. Gott verfügt über uneingeschränkte Macht, der Teufel hingegen ist endlich und begrenzt.

Mein Argument ist: Nur Gott kann Leben erschaffen (1. Mo 1,1.21; 5. Mo 32,39), der Teufel nicht (s. 2. Mo 8,15). Daher können wir den logischen Schluss ziehen, dass Gott allein aus den Toten auferwecken kann (Joh 10,18; Offb 1,18).

Natürlich hat der Teufel die Macht, die Menschen zu verführen (Offb 12,9), und er unterdrückt und beherrscht jene, die sich ihm unterwerfen (Apg 16,16). Er ist ein meisterhafter Zauberer und Superwissenschaftler. Mit seinem riesigen Wissen über Gott, die Menschen und das Universum ist er in der Lage, falsche Zeichen und Wunder zu wirken (2. Thess 2,9; s. auch Offb 13,13–14).

So verblüffte beispielsweise Simon der Zauberer in Samaria die Menschen mit seiner vom Teufel inspirierten Magie (Apg 8,9–11). Aber die Wunder, die Philippus wirkte, waren viel grösser (Apg

8,13). Die falschen Wunder des Teufels sind nicht zu vergleichen mit den gewaltigen Wundern Gottes.

Der Bericht über den Auszug aus Ägypten macht die falschen Wunder des Teufels wahrscheinlich am besten deutlich. In 2. Mose 7,10 lesen wir, dass Gott den Stab Aarons in eine Schlange verwandelte. Daraufhin «rief der Pharao die Weisen und Zauberkundigen. Und auch die ägyptischen Zauberer taten dasselbe mit ihren Zauberkünsten» (V. 11). Das sollte den Pharao natürlich davon überzeugen, dass seine Zauberer ebenso viel Macht besassen wie Mose und Aaron, und der Pharao musste nicht ihrer Bitte nachkommen, Israel ziehen zu lassen. Es funktionierte – zumindest in den ersten drei Fällen (Aarons Stab, die Blutplage und die Froschplage).

Als Mose und Aaron aber durch Gottes Kraft Stechmücken aus dem Staub der Erde hervorbrachten, konnten die Zauberer das Wunder nicht nachmachen. Sie konnten nur noch sagen: «Das ist der Finger Gottes!» (2. Mo 8,15). Der Teufel und seine Zauberer können kein Leben erschaffen.

Bibelgelehrte sind sich nicht einig, ob der Teufel nur überzeugende Tricks auf Lager hat oder echte (wenn auch begrenzte) Wunder wirken kann. Einige Gelehrte behaupten, dass der Teufel die ägyptischen Zauberer ihre Wunder durch einen Trick wirken liess. Möglicherweise hatten sie die Schlangen so verzaubert, dass sie ganz steif wurden und wie ein Stab wirkten. Als sie dann auf den Boden geworfen wurden, verliessen sie ihren tranceähnlichen Zustand und fingen an, sich wie Schlangen zu bewegen. Der Teufel ist der Vater der Lüge (Joh 8,44), daher ist es durchaus möglich, dass er zu irgendeinem Trick griff, statt ein echtes Wunder zu tun.

Andere Gelehrte meinen, dass der Teufel diese Wunder auf übernatürliche Weise bewirkte und die Stäbe der Zauberer tatsächlich in Schlangen verwandelte. Dr. Henry Morris glaubt zum Beispiel, dass der Teufel und seine Dämonen imstande sind, eine Art zweitklassige Wunder zu vollbringen. Sie sind möglicherweise fähig, «die natürlichen Prozesse in der Welt zu manipulieren».[139]

Wieder andere wie der Theologe John Witmer glauben, dass der Teufel manchmal Tricks anwendet und ein andermal übernatürliche (wenn auch begrenzte) Wunder wirkt:

> Einige dieser Schauspiele sind bloss Betrug, falsche Wunder. Andere hingegen sind wirklich übernatürliche Ereignisse, die aber auf die Macht des Teufels zurückgehen, nicht auf Gottes Macht. Denken Sie daran, der Teufel zeigte dem Herrn Jesus «alle Reiche der Welt in einem Augenblick» (Lk 4,5), und er ist fähig, «sich als ein Engel des Lichts» zu verkleiden (2. Kor 11,14).[140]

Ob der Teufel nun die Fähigkeit besitzt, zweitklassige Wunder zu tun, oder nur bühnenreife Tricks vollbringen kann, das biblische Beweismaterial zeigt unmissverständlich, dass nur Gott echte Wunder wirken kann. Gott allein kann die von Ihm erschaffenen Naturgesetze vollkommen kontrollieren und sich über sie hinwegsetzen, auch wenn Er dem Teufel zu einer Gelegenheit die Macht gegeben hat, einen Sturm über Hiobs Familie zu bringen (Hi 1,19). Wie Hiobs Bericht veranschaulicht, besitzt der Teufel nur die Macht, die Gott ihm gibt, sorgfältig eingeschränkt und kontrolliert (s. Hi 1,10–12). Mit anderen Worten, der Teufel ist an der Leine Gottes. Seine begrenzte Macht steht unter der Kontrolle der unendlichen Macht Gottes.

Angesichts dieser biblischen Ausgangslage können wir zu dem Schluss kommen, dass der Teufel entweder ein zweitklassiges Wunder tun und die Wunde des Antichristen heilen wird (weil er zwar verwundet, aber nicht wirklich tot ist), oder sich einer meisterhaften Täuschung bedienen wird – oder vielleicht einer Kombination aus beidem. In jedem Fall wird die Welt darüber staunen.

Die riesige Erfahrung des Teufels

Der Teufel hat unglaubliche Erfahrungen im Beobachten und im Umgang mit den Menschen. Sie ist viel grösser als die eines jeden Menschen. Da er schon so lange existiert, verfügt der Teufel über weitreichende Erfahrungen, die das begrenzte Wissen des Menschen problemlos in den Schatten stellen. Er hat die Menschen aus nächster Nähe in allen denkbaren Situationen beobachtet und kann somit genau vorhersagen, wie sie auf verschiedene Umstände reagieren werden.[141] Obschon der Teufel nicht allwissend ist wie Gott, ermöglicht ihm sein grosser Erfahrungsschatz doch ein Wissen, das dem eines jeden Menschen bei Weitem überlegen ist.

An diesem Punkt kommen wir zu einem wichtigen Gedanken. Aufgrund seiner gewaltigen Erfahrung konnte sich der Teufel viele Schliche und Tricks aneignen, wie er die Menschen verführen kann. Er ist der Vater der Lüge (Joh 8,44). Deshalb beruht vieles, was er tut, auf Lügen und Betrug. Das ist ein Grund, weshalb Christen wachsam sein sollen (2. Kor 2,11; 1. Petr 5,8).

Vielleicht wird der Teufel zu einem Meistertrick greifen und es so aussehen lassen, als wäre der Antichrist aus den Toten auferweckt worden. Womöglich wird er eine nicht tödliche Wunde heilen oder einfach einen übernatürlichen Trick anwenden. Wenn wir damit recht haben, wird seine grosse Erfahrung beim Beeinflussen und Betrügen von Menschen auf jeden Fall ein gewaltiger Pluspunkt für ihn sein.

Wenn schon begabte Zauberkünstler in Las Vegas grosse Menschenmengen mit ihren Tricks täuschen können, wie viel mehr wird es dann dem Teufel gelingen – dem Meisterbetrüger, der eine jahrtausendelange Erfahrung aufzuweisen hat –, die Menschen mit der scheinbaren Auferstehung des Antichristen zu täuschen. Es wird eine Zeit des Betrugs sein (1. Tim 4,1; 2. Tim 4,3–4).

Der Teufel ahmt Gott nach

Augustinus nannte den Teufel einmal *Simius Dei* – «den Nachahmer Gottes». Der Teufel ist ein grosser Fälscher.[142] Er ahmt Gott in vielerlei Weise nach. Eine wesentliche Taktik des Teufels, um Gott und Seinen Plan im Allgemeinen anzugreifen, besteht darin, ein falsches Reich und einen falschen Plan anzubieten.[143] Das wird in

2. Korinther 11,14 angedeutet, wo es heisst, dass sich der Teufel als ein Engel des Lichts ausgibt.

Wie ahmt der Teufel Gott nach? Hier sind einige seiner Methoden:

- Der Teufel hat seine eigene Gemeinde – die «Synagoge des Satans» (Offb 2,9).
- Er hat seine eigenen falschen Apostel und Diener (2. Kor 11, 13–15).
- Der Teufel hat sein eigenes theologisches System entwickelt – genannt «Lehren der Dämonen» (1. Tim 4,1; Offb 2,24).
- Die Diener des Teufels verkünden ein falsches Evangelium, über das Paulus sagte: Wenn jemand «etwas anderes als Evangelium verkündigen würde als das, was wir euch verkündigt haben, der sei verflucht!» (Gal 1,7–8).
- Der Teufel hat seinen eigenen Thron und seine eigenen Anbeter (Offb 13,2.4).
- Der Teufel bringt falsche Christusse und selbsternannte Messiasse hervor (Mt 24,4–5).
- Der Teufel setzt falsche Lehrer ein, die zerstörerische Irrlehren verbreiten (2. Petr 2,1).
- Der Teufel sendet falsche Propheten aus (Mt 24,11).

Ein Theologe ist zu dem Schluss gekommen, dass «der Plan und die Absichten des Teufels es waren, sind und immer sein werden, eine konkurrierende Herrschaft zum Reich Gottes zu etablieren. Er tritt für ein System ein, von dem er das Haupt ist und welches im Gegensatz zu Gott und seiner Herrschaft über das Universum steht.»[144]

Die Schrift macht deutlich, dass der Teufel falsche Zeichen und Wunder wirkt. In 2. Thessalonicher 2,9 lesen wir: Das Kommen des Gesetzlosen «erfolgt aufgrund der Wirkung des Satans, unter Entfaltung aller betrügerischen Kräfte, Zeichen und Wunder».

Eine scheinbare Auferstehung des Antichristen stünde in vollkommenem Einklang mit dem Wesen des Teufels als Nachahmer

Gottes. Diese Auferstehung ahmt die Auferstehung Jesu Christi (das geschlachtete Lamm; Offb 5,6) nur nach. Viele werden darüber staunen.

Der Teufel verblendet den Verstand

In 2. Korinther 4,4 erfahren wir: «Bei den Ungläubigen, denen der Gott dieser Weltzeit die Sinne verblendet hat, sodass ihnen das helle Licht des Evangeliums von der Herrlichkeit des Christus nicht aufleuchtet, welcher Gottes Ebenbild ist.» Diese Stelle zeigt: Der Teufel hindert Ungläubige daran, in Bezug auf geistliche Fragen richtig zu urteilen und schlusszufolgern.[145] Können wir daraus entnehmen, dass der Teufel durch eine falsche Auferstehung in der Lage sein wird, den Verstand der Menschen zu verblenden, und sie es als ein Zeichen der Macht und Gottheit des Antichristen verstehen und ihn deshalb anbeten werden? Dazu haben wir guten Grund.

Der Antichrist steigt aus dem Abgrund auf

Wie lässt es sich dann erklären, dass der Antichrist aus dem Abgrund hervorkommt? Es gibt eine vernünftige Erklärung, die mit dem Gedanken vereinbar ist, dass der Antichrist ernsthaft verwundet, aber nicht wirklich tot sein wird. Der Bibelgelehrte Walter Price erklärt es so:

> «Als die Bürger in Lystra den Apostel Paulus ... steinigten, «schleiften [sie] ihn vor die Stadt hinaus in der Meinung, er sei gestorben» (Apg 14,19). In einem Zustand der Bewusstlosigkeit wurde Paulus «in das Paradies entrückt und hörte unaussprechliche Worte, die ein Mensch nicht sagen darf» (2. Kor 12,4). Paulus schien tot. Doch zur gleichen Zeit, als man ihn für tot hielt, wurde sein Geist in den dritten Himmel entrückt, wo er eine tiefe Offenbarung Gottes empfing. Dasselbe, nur umgekehrt, wird dem Antichristen widerfahren. Irgendwann in seiner Zeit als Herrscher wird man den Antichrist für tot halten. Er wird ebenso wenig tot

> sein, wie der Apostel Paulus es war. Aber so wie die Bürger von Lystra Paulus für tot hielten, wird auch der Antichrist für tot gehalten werden.»[146]

Rice spricht von der folgenden Möglichkeit: So wie der Geist von Paulus seinen Körper verliess und in den Bereich Gottes geführt wurde, wo er weitere Offenbarungen empfing, könnte auch der Geist des Antichristen seinen Körper verlassen (während er scheinbar tot ist) und vom Teufel in den Abgrund geführt werden, wo der Teufel ihm die Reiche der Welt anbietet:

> «So wie der Teufel Jesus auf einen hohen Berg führte und ihm alle Reiche dieser Welt zeigte und ihm anbot, würde er vor ihm niederfallen und ihn anbeten, wird der Teufel auch den Antichrist in die Tiefen des Abgrunds führen und ihm alle Reiche der Welt zeigen. ... Jesus lehnte es ab, sich vor dem Teufel zu beugen. Der Antichrist wird es aber nicht ablehnen.»[147]

Price meint, anschliessend würde der Geist des Antichristen aus dem Abgrund zurückkehren (Offb 11,7), wieder in seinen Körper fahren und dadurch den Anschein erwecken, als wäre er aus den Toten auferstanden, und dann wird er seinen teuflischen Auftrag fortführen. Der Prophetieexperte Mark Hitchcock äussert den Gedanken, dass der Antichrist im Abgrund «wahrscheinlich seine Befehle und Strategie vom Teufel erhält, wortwörtlich seine Seele an ihn verkauft, und dann mit teuflischer Entschlossenheit zurück auf die Erde kommt, um seine Weltherrschaft über eine völlig von Ehrfurcht ergriffene Erde aufzurichten».[148]

Schlussgedanken

Ich bin der Meinung, dass nur Gott echte Wunder wirken kann wie die Auferstehung von Toten. Ich glaube aber auch, dass der Teufel übernatürliche Fähigkeiten besitzt und in der Lage ist, so etwas wie zweitklassige Wunder zu tun. Er ist ein Superwissenschaftler und ein meisterhafter Betrüger, und er verfügt über eine jahrtausendelange Erfahrung, die Menschen zu betrügen. Das alles wird in der zukünftigen Drangsalszeit wahrscheinlich zusammenkommen, wenn der Teufel eine seiner grössten Täuschungen aller Zeiten durchführt, und es so aussehen lassen wird, als würde der Antichrist so wie Jesus wirklich aus den Toten auferstehen.

Kapitel 22

Was ist das Zeichen des Tieres?

Worin das Zeichen des Tieres genau besteht, gehört zu den meistdiskutierten Fragen in Prophetiekreisen. Die Diskussion beinhaltet mehrere Aspekte: Welche Bedeutung hat das Zeichen? Welche Bedeutung hat die Zahl 666? Ist die Hochtechnologie das Zeichen? Lassen Sie uns die verschiedenen Antworten untersuchen, die Christen auf diese Fragen gegeben haben.

Der prophetische Hintergrund

Offenbarung 13 zufolge wird das teuflische Duo aus Antichrist und falschem Propheten die ganze Welt unterwerfen, sodass niemand kaufen oder verkaufen kann, der nicht das Zeichen des Tieres trägt. Das wird offensichtlich zur Mitte der Drangsalszeit passieren:

> «[Der falsche Prophet] bewirkt, dass allen, den Kleinen und den Grossen, den Reichen und den Armen, den Freien und den Knechten, ein Malzeichen gegeben wird auf ihre rechte Hand oder auf ihre Stirn, und dass niemand kaufen oder verkaufen kann als nur der, welcher das Malzeichen hat oder den Namen des Tieres oder die Zahl seines Namens. Hier ist die Weisheit! Wer das Verständnis hat, der berechne die Zahl des Tieres, denn es ist die Zahl eines Menschen, und seine Zahl ist 666» (Offb 13,16–18).

In der Drangsalszeit werden interessanterweise sowohl die Nachfolger des Antichristen als auch die des Herrn Jesus Christus ein

Identifizierungsmerkmal tragen. In Offenbarung 14,1 lesen wir: «Und ich sah, und siehe, das Lamm stand auf dem Berg Zion, und mit ihm hundertvierundvierzigtausend, die trugen den Namen seines Vaters auf ihren Stirnen geschrieben.»

Einige Bibelausleger meinen, dass das Zeichen des Antichristen eine Nachahmung der Versiegelung der 144 000 Zeugen durch Gott in Offenbarung 7 und 14 sein könnte. Thomas Ice und Timothy Demy liefern folgende Anregung:

> Gottes Siegel an seinen Zeugen ist höchstwahrscheinlich unsichtbar und soll sie vor dem Antichristen schützen. Andererseits bietet der Antichrist Schutz vor dem Zorn Gottes – ein Versprechen, das er nicht erfüllen kann – und sein Zeichen ist sichtbar und äusserlich. ... Zum ersten Mal in der Geschichte wird ein äusserer Hinweis jene identifizieren, die Christus und sein Evangelium der Sündenvergebung ablehnen.[149]

Das Zeichen des Tieres anzunehmen, hat verheerende Folgen:

> «Wenn jemand das Tier und sein Bild anbetet und das Malzeichen auf seine Stirn oder auf seine Hand annimmt, so wird auch er von dem Glutwein Gottes trinken, der unvermischt eingeschenkt ist in dem Kelch seines Zornes, und er wird mit Feuer und Schwefel gepeinigt werden vor den heiligen Engeln und vor dem Lamm» (Offb 14,9–10).

Auch in Offenbarung 16,2 lesen wir: «Und der erste ging hin und goss seine Schale aus auf die Erde; da entstand ein böses und schmerzhaftes Geschwür an den Menschen, die das Malzeichen des Tieres hatten und die sein Bild anbeteten.»

Das bedeutet, dass jeder, der dem Antichristen und seiner Sache seine Loyalität zum Ausdruck bringt, den Zorn unseres heiligen und gerechten Gottes spüren wird. Es gibt keine Möglichkeit, das

Zeichen des Tieres rückgängig zu machen. Wie schrecklich wird es diesen Menschen ergehen, wenn sie die volle Kraft des Zorns Gottes und Seine unverminderte Rache erleben werden (s. Ps 75,9; Jes 51,17; Jer 25,15–16). Menschen, die an den Herrn Jesus Christus glauben, werden das Zeichen des Tieres ablehnen und lieber sterben:

> «Ich sah die Seelen derer, die enthauptet worden waren um des Zeugnisses Jesu und um des Wortes Gottes willen, und die das Tier nicht angebetet hatten, noch sein Bild, und das Malzeichen weder auf ihre Stirn noch auf ihre Hand angenommen hatten; und sie wurden lebendig und regierten die 1000 Jahre mit Christus» (Offb 20,4).

Diskussion 1: Welche Bedeutung hat das Zeichen des Tieres?

In den Jahrhunderten wurden viele Vorschläge gemacht hinsichtlich der Bedeutung des Zeichens des Tieres. Wie wir im Anschluss sehen werden, ähneln sich die meisten von ihnen.

Standpunkt 1: Ein Zeichen von Besitz und Unterwerfung

In der zukünftigen 7-jährigen Drangsalszeit werden die Menschen auf irgendeine Weise ein Erkennungsmerkmal bekommen, ähnlich wie man Tiere heutzutage mit einem Brandzeichen versieht. Es ähnelt auch der Art, wie früher Sklaven von ihren Besitzern gebrandmarkt wurden. Die Kennzeichnung drückt aus, dass jemand einverstanden ist, sich dem Antichristen zu unterwerfen und ihn sogar anzubeten. Ohne dieses Zeichen kann man nichts kaufen oder verkaufen, nicht einmal Lebensmittel.

Standpunkt 2: Ein Zeichen des Schutzes

Hesekiel 9,4 liefert uns einen alten Präzedenzfall für die Kennzeichnung von Menschen: «Und der HERR sprach zu ihm: Geh mitten durch die Stadt, mitten durch Jerusalem und mache ein Zeichen auf die Stirn der Leute, die seufzen und jammern über all die Gräuel, die in ihrer Mitte verübt werden!» In diesem Kontext diente das Zeichen an der Stirn zum Schutz, so wie das Blut an den Türpfosten die Israeliten während der zehnten Plage in Ägypten vor dem Tod verschonte (s. 2.Mo 12,21–29). Der Antichrist wird diesen Gedanken offensichtlich ins Gegenteil verkehren und denen, die sich ihm unterwerfen, ein Zeichen des Schutzes geben. Die Menschen werden nur insofern geschützt, dass sie weiterhin kaufen und verkaufen können.

Standpunkt 3: Ein Zeichen der religiösen Loyalität

In der Antike kamen Zeichen auf dem Körper gelegentlich in Verbindung mit heidnischen und falschen Gottheiten zum Einsatz. Der Bibelgelehrte Robert Thomas sagt dazu:

> Das Zeichen muss eine Art Brandmal sein, ähnlich denen, die zur Zeit von Johannes Soldaten, Sklaven und Tempeldiener bekamen. In Kleinasien freuten sich Anhänger heidnischer Religionen, wenn sie eine solche Tätowierung vorzeigen konnten. Es galt ihnen als ein Symbol, dass sie einem bestimmten Gott gehörten. In Ägypten versah Ptolemäus Philopator I. Juden, die sich registrieren liessen, mit einem Efeublatt als Anerkennung ihrer dionysischen Anbetung (vgl. 3. Makk 2,29). Diese Bedeutung ähnelt der langjährigen Praktik, Schilder herumzutragen, die religiöse Loyalitäten bekunden (vgl. Jes 44,5), und folgt der Angewohnheit, Sklaven den Namen oder ein spezielles Kennzeichen ihres Besitzers einzubrennen (vgl. Gal 6,17). Charagma («Malzeichen») war ein [griechischer] Begriff für die Bilder oder Namen von Kaisern auf römischen Münzen. Daher passt er sehr gut für das Symbol des Tieres, das den Menschen eingeprägt wird.[150]

John MacArthur schreibt etwas Ähnliches:

Im Römischen Reich war das ein übliches Identitätszeichen oder Brandmal, das Sklaven und Soldaten auf dem Körper trugen. Einige antike Mysterienkulte liebten solche Tätowierungen, die ihre Mitglieder mit einer Form der Anbetung identifizierten. Der Antichrist wird eine ähnliche Bedingung anordnen, die sichtbar auf der Hand oder Stirn getragen werden muss.[151]

Standpunkt 4: Ein Zeichen der Orthodoxie

Das Zeichen des Tieres könnte auch ein Symbol sein, das zeigt, dass eine Person religiös orthodox ist – d.h. orthodox nach der Definition des Antichristen und des falschen Propheten:

> Das Zeichen wird den Anhängern des Antichristen das Kaufen und Verkaufen erlauben, weil es sie als religiös orthodox ausweist – als gehorsame Anhänger des Tieres und Anbeter seines Bildes. Wer das Zeichen nicht trägt, dem ist es verboten zu kaufen, weil es ihn als Verräter kennzeichnet.[152]

Obgleich die Annahme des Zeichens im Wesentlichen eine geistliche Entscheidung ist, wird sie Konsequenzen für Leben oder Tod haben.

Auch wenn das Zeichen des Tieres bei all diesen Standpunkten mit geringfügig anderen Begriffen beschrieben wird, sind sie doch als Variationen ein und desselben Themas anzusehen. Sie sind sich sehr ähnlich. Im Wesentlichen könnte man sagen, dass das Zeichen des Tieres Besitz und Unterwerfung, religiöse Hingabe und die religiöse Orthodoxie einer Person anzeigt.

Diskussion 2: Welche Bedeutung hat die Zahl 666?

Wenig überraschend gab es auch endlose Diskussionen über die Bedeutung der Zahl 666 (Offb 13,18). (Googelt man die Zahl 666, bekommt man mehr als 100 Millionen Ergebnisse.) Hier sind nur ein paar der interessanteren Vorschläge zur Bedeutung dieser Zahl:

Standpunkt 1: Das Zeichen eines Mannes, der Nero ähnlich ist

Einige meinten, die Zahl 666 könnte sich auf einen bestimmten Mann beziehen – wie den römischen Kaiser Nero. Übersetzt man Neros Namen ins Hebräische, beträgt der Zahlenwert seiner Buchstaben 666. Oder vielleicht wird der Antichrist ein anderer Mann sein, ähnlich böse und skrupellos wie damals Nero.

Standpunkt 2: Das Zeichen eines unvollkommenen Menschen

Einige sagen, so wie die 7 die Zahl der Vollkommenheit und die 6 die Zahl des Menschen ist, könnte die 666 auf einen unvollkommenen Menschen hinweisen. Drei Mal dieselbe Zahl betont möglicherweise die Unvollkommenheit des Antichristen als Mensch.

Standpunkt 3: Das Zeichen einer unheiligen Dreieinheit

Wenn die 7 die Zahl der Vollkommenheit ist, dann zeigt die 777 die vollkommene Dreieinheit an. Wenn das stimmt, verweist die 666 womöglich auf eine unheilige Dreieinheit, bestehend aus dem Antichristen, dem falschen Propheten und dem Teufel. Ein Zeichen auf der Hand oder der Stirn zu empfangen, könnte den Gehorsam gegenüber dieser unheiligen Dreieinheit andeuten. *The Bible Knowledge Commentary* schreibt, dass «die Zahl sechs eins weniger ist als die vollkommene Zahl sieben, und die dreifache Wiederholung der sechs lässt erkennen, dass der Teufel und die beiden Tiere doch nur Geschöpfe sind, nicht der Schöpfer, trotz ihres Anspruchs auf Gottheit».[153]

Standpunkt 4: Das Zeichen des Bösen

Einige haben die Meinung geäussert, dass die Zahl 666 das übernatürliche Böse repräsentiert. Wenn das stimmt, dann deutet die Zahl auf das dem Antichristen (angetrieben vom Teufel) innewohnende Böse und seinen Plan in der Drangsalszeit hin.

Standpunkt 5: Ein Geheimnis

Der Bibelausleger Thomas Constable meint, dass wir die Bedeutung der Zahl 666 möglicherweise nicht erfahren werden, bis der Antichrist schliesslich auf der Weltbühne erscheint:

> Diese Uneinigkeit und Verwirrung [hinsichtlich der Zahl 666] könnte teilweise auf die Tatsache zurückgehen, dass die Bedeutung dieser Zahl erst zu erkennen ist, wenn der Antichrist erscheint. ... Ich denke, weder die Identität des Antichristen noch die Zahl seines Namens werden offenbar sein, bis er kommt und die Prophezeiung erfüllt. Dann werden weise Gläubige in der Lage sein, seine Zahl zu errechnen und seine Person zu identifizieren. Bis dahin werden beide Aspekte der Identität des Antichristen ein Geheimnis bleiben.[154]

Wenn Constable recht hat, können wir bis zum Erscheinen des Antichristen nur spekulieren.

Eines ist sicher

Trotz der unterschiedlichen Ansichten, die Ausleger zu diesem Thema haben, können wir uns alle einig sein: Die Zahl 666 wird auf eine uns heute noch unbekannte Weise ein wichtiger Bestandteil der Identifikation des Antichristen sein. Wie wir gesehen haben, ist die Annahme des Zeichens des Tieres ganz offensichtlich eine unvergebbare Sünde (Offb 14,9–10). Die Entscheidung, das Zeichen anzunehmen, ist unwiderruflich. Einmal getroffen, kann sie nicht rückgängig gemacht werden.

Das Zeichen anzunehmen, bedeutet, den Antichristen als Führer und seine Absichten anzuerkennen. Niemand nimmt dieses Zeichen versehentlich an. Man muss sich dazu entscheiden, alle

Fakten liegen auf dem Tisch. Es ist eine bewusste Entscheidung mit ewigen Konsequenzen. Wer das Zeichen des Tieres annimmt, weiss, was er getan hat.

In der Drangsalszeit bedeutet diese Entscheidung eine fundamentale Polarisierung. Ein Mittelweg ist nicht möglich. Man entscheidet sich entweder für oder gegen den Antichristen, für oder gegen Gott. Heute denken die Menschen, sie könnten Gott und Seinen Ansprüchen auf ihr Leben aus dem Weg gehen, indem sie Neutralität vortäuschen. In der Drangsalszeit wird eine neutrale Position aber nicht möglich sein.

Diskussion 3: Ist die Hochtechnologie das Zeichen?

Standpunkt 1: Das Zeichen ist die Hochtechnologie

In den vergangenen Jahrzehnten haben viele Christen gesagt, dass das Zeichen des Tieres wahrscheinlich ein Computerchip sein wird, der unter der Haut implantiert wird, eventuell im Fettgewebe der Hand. Dieser Mikrochip wird nicht nur grundlegende Informationen zur Identifizierung, sondern auch die Bankkontoverbindung und vielleicht sogar GPS-Technologie enthalten. Ein Zeichen dieser Art würde dem Antichristen die wirtschaftliche Kontrolle über die Welt ermöglichen.

Standpunkt 2: Das Zeichen ist nicht die Hochtechnologie

Andere Christen glauben, obwohl die moderne Technologie dem Antichristen und dem falschen Propheten die Möglichkeit zu einer bargeldlosen Gesellschaft und der damit verbundenen Kontrolle des ganzen Welthandels verschaffen wird, müssen wir unterscheiden zwischen dieser Technologie und dem Zeichen des Tieres. Die Technologie an sich ist nicht das Zeichen.

Laut Offenbarung 13,16 bekommen die Menschen «auf ihre rechte Hand oder auf ihre Stirn» ein Malzeichen. Dieses Zeichen wird *auf* den Menschen sein, nicht *in* ihnen (wie eine Art Mikrocomputerchip). Es wird auf der rechten Hand oder der Stirn sichtbar sein (möglicherweise wie eine Barcode-Tätowierung), nicht versteckt unter der Haut.

Die Schrift macht klar, dass das Zeichen selbst Ergebenheit gegenüber dem Antichristen ausdrücken wird. Das aber ist etwas anderes als die Technologie, die ihn befähigt, sein Wirtschaftssystem durchzusetzen. Mein ehemaliger Prophetiementor John F. Walvoord erklärt, wie die Technologie eine solche wirtschaftliche Kontrolle ermöglicht, basierend auf der Annahme oder Ablehnung des Zeichens:

> Mit der heutigen Technologie hätte ein Weltherrscher, der absolute Kontrolle ausübt, zweifellos die Möglichkeit, eine ständig aktualisierte Zählung aller lebenden Menschen durchzuführen. So wüsste er Tag für Tag ganz genau, wer ihm loyal ist und sein Zeichen angenommen hat und wer nicht.[155]

Es ist höchst wahrscheinlich, dass «Chipimplantate, Scanner und biometrische Erkennungsverfahren als Instrumente genutzt würden zur Durchsetzung seiner Politik, dass niemand ohne das Zeichen kaufen und verkaufen kann».[156]

Es stimmt, dass prophetische Ereignisse ihre Schatten vorauswerfen. David Jeremiah kommt zu folgendem Schluss:

> Uns steht die ganze Technologie zur Verfügung, die der Antichrist und der falsche Prophet brauchen, um diese Welt zu ihren bösen Zwecken zu vernetzen. Heute ist es durchaus im Bereich des Möglichen für eine Machtzentrale, die weltweite Kontrolle über das ganze Bankwesen und den Handel zu erlangen. ... Während wir sehen, wie die Dinge, die für die Drangsalszeit vorhergesagt sind, langsam Form annehmen, wird uns die Tatsache bewusst, dass die Rückkehr des Herrn nicht allzu weit entfernt ist.[157]

Schlussgedanken

Meiner Ansicht nach wird das Zeichen des Tieres Besitz und Unterordnung, religiöse Hingabe und religiöse Orthodoxie gegenüber dem Antichristen, der sich selbst als Gott ausgibt, zum Ausdruck bringen. Das Zeichen wird auf der Haut sichtbar sein. Der Antichrist wird seine Wirtschaftspolitik mit Hilfe der modernen Technologie durchsetzen können, vielleicht auch mittels implantierter Mikrochips.

Diskussion 7

Welche Sicht vom Tausendjährigen Reich ist richtig?

In diesem Abschnitt

Kapitel 23

Was spricht für den Amillennialismus?

Das Wort *Millennium* (Tausendjähriges Reich) stammt von dem Lateinischen *mille*, was «tausend» bedeutet. Der Begriff bezieht sich auf die Aussage in Offenbarung 20,4, dass die Heiligen «lebendig wurden und die 1000 Jahre mit Christus regierten». Wenn Freunde der Prophetie vom Tausendjährigen Reich sprechen, beziehen sie sich in erster Linie auf diesen Vers.

Eines der am beständigsten diskutierten Themen der Eschatologie befasst sich mit dem Wesen des Tausendjährigen Reiches. Der hermeneutische Ansatz einer Person bei der Auslegung der Prophetie ist eng verbunden mit ihrer Sicht vom Tausendjährigen Reich. Wer einen allegorischen Ansatz vertritt, ist in der Regel entweder ein Befürworter des Amillennialismus oder des Postmillennialismus. Vertreter eines wörtlichen Ansatzes stehen hinter dem Prämillennialismus.

Natürlich bewegen sich alle drei Sichtweisen innerhalb der Grenzen der Orthodoxie. Es gibt gute Christen auf allen Seiten der Diskussion. Wie wir aber in diesem und in den nächsten beiden Kapiteln noch sehen werden, sind mit jeder einzelnen Sicht weitreichende Konsequenzen verbunden.

Hauptlehren des Amillennialismus

Der Amillennialismus – für den so bekannte Theologen wie Oswald T. Allis, William Hendriksen und Anthony A. Hoekema eintreten – wählt eine vergeistlichende oder symbolische Herangehensweise bei der Auslegung der biblischen Prophetie.[158] Alttestamentliche Prophezeiungen an Israel werden so betrachtet, als wären sie von der neutestamentlichen Gemeinde erfüllt worden. Das nennt man «Substitutionstheologie» – d.h. die Gemeinde ersetzt Israel als Empfänger der Verheissungen Gottes.

Der Begriff *amillennial* bedeutet wörtlich «kein Millennium». Statt daran zu glauben, dass Christus einmal buchstäblich auf der Erde regieren wird, legen Amillennialisten prophetische Verse über die Herrschaft Christi im Allgemeinen bildlich aus und sagen, dass sie sich auf die gegenwärtige geistliche Herrschaft Christi aus dem Himmel beziehen. Das Reich Gottes ist jetzt, und es ist die himmlische Herrschaft über die Gemeinde.[159]

Laut dieser Sicht werden Gut und Böse weiter zunehmen, bis Christus am Ende des Gemeindezeitalters zurückkommt. Doch vor dem zweiten Kommen werden sich die Zustände auf der Erde verschlechtern. An die Rückkehr des Herrn schliessen sich dann unmittelbar eine allgemeine Auferstehung und ein allgemeines Gericht sowie der Beginn des ewigen Zustandes an. Diese Sicht lehrt, dass nach der Rückkehr Christi die Ewigkeit beginnt ohne ein vorheriges buchstäbliches Tausendjähriges Reich auf Erden. Der Amillennialist J. G. Vos bestätigt dieses Verständnis vom Amillennialismus:

> Der Amillennialismus ist die Sicht von den letzten Dingen, die besagt, dass die Bibel kein «Tausendjähriges Reich» voraussagt oder eine Zeit des weltweiten Friedens und der Gerechtigkeit auf dieser Erde vor dem Ende der Welt. Der Amillennialismus lehrt, dass es in dieser Welt eine parallele und gleichzeitig stattfindende Entwicklung von Gut und Böse geben wird – Gottes Reich neben dem Reich des Teufels –, die bis zum zweiten Kommen Christi anhält. Beim zweiten Kommen Christi wird es die Auferstehung und das Gericht geben, gefolgt von der ewigen Ordnung der Dinge – das absolute, vollkommene Reich Gottes, in dem es keine Sünde, kein Leid und keinen Tod geben wird.[160]

Hauptargumente des Amillennialismus

Zu den Hauptargumenten zur Unterstützung des Amillennialismus zählen:

1. Viele Amillennialisten glauben, dass der abrahamitische und der davidische Bund (in beiden finden sich Verheissungen auf den Thron und Verheissungen auf das Land an Israel) an Bedingungen geknüpft waren. Es wird keine zukünftige Erfüllung geben, weil die Bedingungen des Bundes nicht eingehalten wurden. Israel war ungehorsam und hat durch Sünde sein Recht auf die Verheissungen verwirkt.
2. Andere Amillennialisten behaupten, die in den Bündnissen enthaltenen Verheissungen auf das Land wären zur Zeit Josuas (Jos 21,43–45), Davids (2. Sam 8,3) oder Salomos (1. Kö 5,1) erfüllt worden.[161]
3. Wieder andere Amillennialisten meinen, die Verheissungen an Israel wurden in der Gemeinde nicht wörtlich erfüllt. Viele glauben, dass Christus jetzt symbolisch auf dem Thron Davids im Himmel sitzt und von dort aus regiert. Deshalb sollten wir nicht mit einer irdischen tausendjährigen Herrschaft auf dem Thron Davids rechnen, wie Prämillennialisten annehmen.
4. Die apokalyptische Literatur sollte symbolisch ausgelegt werden, sagen Amillennialisten. Wir sollten den Text nicht wörtlich verstehen, wenn er von einer tausendjährigen Herrschaft Christi auf Erden spricht.
5. Israel und die Gemeinde sind nicht zwei unterschiedliche Einheiten, sondern vielmehr ein Volk Gottes, das durch den Gnadenbund vereint ist. (Das ist eine zentrale Lehre der Bundestheologie.)
6. Das Neue Testament zeigt, dass alttestamentliche Prophezeiungen in der Gemeinde erfüllt wurden (z. B. Jer 31,31; Hebr

8,8–13). Daher muss dasselbe für die Verheissungen in den biblischen Bündnissen zutreffen.

7. Der Amillennialismus ist die Sicht, die am besten mit der Vorstellung vereinbar ist, dass das Alte Testament im Neuen Testament erfüllt wurde.
8. Der Amillennialismus wurde ebenso vom späten Augustinus (354–430 n.Chr.) vertreten wie von den Reformatoren Martin Luther (1483–1546) und Johannes Calvin (1509–1564). Die meisten Puritaner waren Amillennialisten, ebenso wie die meisten Katholiken. Bekannte Befürworter dieser Sicht aus jüngerer Vergangenheit waren unter anderem J. I. Packer (geb. 1926) und Louis Berkhof (1873–1957).
9. Amillennialisten lehnen den Dispensationalismus als menschliche Erfindung aus jüngster Zeit ab und vertreten stattdessen die Bundestheologie, die die ganze Bibel als zwei Bündnisse auslegt – den Bund der Werke und den Bund der Gnade. Der Bund der Werke war angeblich eine Abmachung zwischen Gott und Adam, bei der Gott für Gehorsam das Leben und für Ungehorsam den Tod verheissen hatte. (Adam versagte.) Der Gnadenbund ist eine Vereinbarung zwischen Gott, gegen den verstossen wurde, und dem sündigenden, aber auserwählten Sünder, bei der Gott die Errettung durch Christus verheissen hat. Normalerweise enthält dieses System auch den Bund der Erlösung (einen dritten Bund). Dieser Bund wurde in der vergangenen Ewigkeit zwischen Vater, Sohn und Heiligem Geist verfügt und definiert die Rolle jeder Person im Heilsplan.

Das Problem des Amillennialismus

Prämillennialisten haben festgestellt, dass der Amillennialismus eine ganze Reihe von Problemen aufzuweisen hat. Hier sind die Wesentlichsten von ihnen:

Bedingungslose Bündnisse

Prämillennialisten glauben, dass die alttestamentlichen Bündnisse nicht an Bedingungen geknüpft waren. Nehmen wir einmal den abrahamitischen Bund. Gott schloss diesen Bund mit Abraham (1. Mo 12,1–3; 15,18–21) und bestätigte ihn später gegenüber Isaak (17,21) und Jakob (35,10–12). In diesem Bund hatte Gott verheissen, Abrahams Nachkommen zu Seinem eigenen besonderen Volk zu machen. Genauer gesagt, Gott gab Abraham folgende Verheissungen:

- Ich will dich zu einem grossen Volk machen.
- Ich will dich segnen.
- Ich will deinen Namen grossmachen.
- Du wirst ein Segen sein.
- Ich will die segnen, die dich segnen.
- Ich will die verfluchen, die dich verfluchen.
- Alle Völker der Erde werden durch dich gesegnet.
- Ich will dir das Land Kanaan geben.

Diese Bundesverheissungen waren bedingungslos. Zum Hintergrund sollte noch gesagt werden, dass es zu biblischen Zeiten zwei Arten von Bündnissen gab – die einen waren an Bedingungen geknüpft und die anderen nicht. Einem Bund mit Bedingungen ist ein *Wenn* angefügt. Diese Art von Bund verlangte, dass das Volk bestimmten Verpflichtungen oder Bedingungen nachkam, bevor Gott Seine Verheissungen erfüllen musste. Wenn das Volk Gottes den Bedingungen nicht entsprach, war Gott in keiner Weise verpflichtet, sich an Seine Verheissungen zu halten.

Im Gegensatz dazu wies ein bedingungsloser Bund nicht derartige Voraussetzungen auf, um erfüllt zu werden. Mit ihm war kein *Wenn* verbunden. Was Gott verheissen hatte, gab Er souverän ohne jegliche Verdienste (oder dem Ausbleiben derselben) seitens des Empfängers. Einige Gelehrte nennen diese Art von Bund einen einseitigen Bund.

Es ist wichtig, dass wir an dieser Stelle festhalten, dass der Bund Gottes mit Abraham bedingungslos war. Er war gekennzeichnet von Gottes «Ich will», was erkennen lässt, dass Gott entschlossen war, das zu tun, was Er verheissen hatte.

Woher wissen wir, dass der Bund bedingungslos war? Alten Gebräuchen zufolge teilten die beiden Parteien eines an Bedingungen geknüpften Bundes ein Tier in zwei gleich grosse Hälften und gingen dann zwischen diesen beiden Hälften hindurch. Dies deutete an, dass beide Seiten verantwortlich waren, die Verpflichtungen des Bundes einzuhalten (s. Jer 34,18–19). Im Fall des abrahamitischen Bundes ging nur Gott zwischen den Hälften hindurch, nachdem ein tiefer Schlaf auf Abraham gefallen war (1. Mo 15,12.17). Das zeigt, dass Gott Abraham in diesem Bund bedingungslose Verheissungen gemacht hatte. Abraham musste keine Verpflichtungen erfüllen, um die Verheissungen des Bundes zu empfangen.

Gottes Bund mit David war ebenfalls ein bedingungsloser Bund. Seine Erfüllung hing in keiner Weise von David ab. David erkannte das, als er die Verheissung von Gott bekam, und er reagierte demütig und erkannte Gottes Souveränität über alle Angelegenheiten der Menschen an.

In diesem Bund hatte Gott David verheissen, dass einer seiner Nachkommen ewig herrschen würde (2. Sam 7,12–13; 22,51). Die drei Schlüsselworte dieses Bundes sind *Königtum*, *Haus* und *Thron*. Diese Worte verweisen auf die politische Zukunft Israels. Das Wort *Haus* beinhaltet hier den Gedanken an eine königliche Dynastie.

Dieser Bund findet seine endgültige Erfüllung in Jesus Christus, der aus der Abstammungslinie Davids gekommen ist (Mt 1,1) und eines Tages im zukünftigen Tausendjährigen Reich auf dem Thron Davids in Jerusalem herrschen wird (Hes 36,1–12; Mi 4,1–5; Zeph 3,14–20; Sach 14,1–21). Die Tatsache, dass dies ein bedingungsloser Bund ist, garantiert seine Erfüllung.

Im Neuen Testament ist der davidische Bund zur Zeit Jesu noch vollständig in Kraft. Vor der Geburt Jesu erschien der Engel Gabriel Maria und sagte zu ihr: «Gott der Herr wird ihm den Thron seines Vaters David geben; und er wird regieren über das Haus Jakobs in Ewigkeit, und sein Reich wird kein Ende haben» (Lk 1,32–33). Beachten Sie die drei wichtigen Worte in diesen Versen: *Thron*, *Haus* und *Reich*. Jedes einzelne findet sich auch in dem Bund wieder, den Gott mit David geschlossen hatte, wo Gott die Verheissung gab, dass einer aus Davids Linie ewig herrschen würde (2. Sam 7,16). Gabriels Worte müssen Maria, eine junge fromme Jüdin, augenblicklich an diese alttestamentlichen Verheissungen erinnert haben. Seine Worte verkündeten klar und deutlich, dass der davidische Bund von dem Kind in ihrem Leib erfüllt würde.

Es ist weise, diesen Bund nicht zu vergeistlichen, so als wäre er in der Gemeinde erfüllt worden. Schliesslich wurde der Präzedenzfall schon festgelegt, wie wir die Prophetie auslegen sollten. Um herauszufinden, wie Gott Prophezeiungen in der Zukunft erfüllen wird, müssen wir uns nur anschauen, wie Er sie in der Vergangenheit erfüllt hat. So wie die Prophezeiungen über das erste kommen Christi wörtlich erfüllt wurden – dass Er von einer Jungfrau (Jes 7,14) in Bethlehem geboren (Mi 5,1) und für unsere Sünden durchbohrt wurde (Sach 12,10) –, wird auch Offenbarung 20,4, wo es heisst, dass Christus 1000 Jahre auf der Erde regieren wird, wörtlich erfüllt werden.

Israel und die Gemeinde

Wie wir gesehen haben, lehrt der Amillennialismus, dass Israel und die Gemeinde nicht zwei unterschiedliche Einheiten sind, sondern vielmehr ein Volk Gottes, das durch den Gnadenbund vereint ist. In diesem Buch habe ich in den Kapiteln 3 und 4 jedoch gesagt, dass die Prophetie einen klaren Unterschied zwischen der Gemeinde und Israel macht. Ich möchte hier nicht alles wiederholen, sondern nur kurz ein paar Punkte zusammenfassen:

1. Sowohl Israel als auch die Gemeinde gehören zum Volk Gottes und zum geistlichen Reich Gottes und beide haben Teil an den geistlichen Segnungen des abrahamitischen und des Neuen Bundes.
2. Allerdings begann die Existenz der Gemeinde zu Pfingsten (Apg 1,5; 1. Kor 12,13).
3. Israel ist eine irdische politische Einheit (2. Mo 19,5–6), die universelle Gemeinde hingegen ist der unsichtbare geistliche Leib Christi (Eph 1,3).
4. Israel bestand aus den Israeliten, während sich die Gemeinde sowohl aus erlösten Juden wie auch aus erlösten Nichtjuden zusammensetzt (s. Eph 2,15).
5. Ein Jude wird man durch die physische Geburt, während man in die Gemeinde durch die geistliche Geburt kommt (Joh 3,3).
6. Israel und die Gemeinde werden in der ganzen Apostelgeschichte voneinander unterschieden. Das Wort *Israel* kommt 20 Mal vor und das Wort *Gemeinde* 19 Mal.
7. Der Apostel Paulus unterscheidet deutlich zwischen der Gemeinde und Israel in 1. Korinther 10,32.
8. Der Apostel Paulus machte ganz klar, dass Israel als Volk vor der Rückkehr Christi wiederhergestellt wird (Röm 11,1–2.29).

Aus diesen und anderen Gründen betrachten Prämillennialisten die Gemeinde und Israel als zwei unterschiedliche Einheiten. Das bedeutet, dass die Verheissungen, die Gott Israel im Alten Testament gab, einschliesslich der Verheissungen auf den Thron im davidischen Bund sowie den Verheissungen auf das Land im abrahamitischen Bund, wörtlich an Israel erfüllt werden.

Bestätigungen der Verheissung auf das Land

Wie wir gesehen haben, behaupten einige Amillennialisten, dass die Verheissungen auf das Land entweder zur Zeit Josuas, Davids oder Salomos erfüllt wurden. Diese Behauptung bringt das offensichtliche Problem mit sich, dass weder Josua noch David noch Salomo das ganze von Gott verheissene Land in Besitz genommen hatten. Ebenso wenig blieb das Land im dauerhaften Besitz Israels, wie Gott ebenfalls verheissen hatte. Daher ist die amillennialistische Position kurzsichtig. Gott bestätigte Israel die Verheissungen auf das Land im Rest des Alten Testaments – lange nach der Zeit Josuas, Davids oder Salomos (s. Jes 60,21; Jer 24,6; 30,18; 32,37–40; 33,6–9; Hes 28,25–26; 34,11–12; 36,24–26; 39,28; Hos 3,4–5; Am 9,14–15; Mi 2,12; 4,6–7; Zeph 3,20; Sach 8,7–8). Ausser Jona spricht jeder alttestamentliche Prophet davon, dass die Juden dauerhaft in das Land Israel zurückkehren werden. Amillennialisten müssen solche Passagen symbolisch auslegen.

Symbolische Auslegung

Amillennialisten versuchen ihre Auslegungen oft zu rechtfertigen, indem sie an eine Hermeneutik des Symbolismus appellieren, da die apokalyptische Literatur höchst symbolisch ist. Prämillennialisten meinen, dass die apokalyptische Literatur zwar häufig Symbole verwendet, diese aber im Kontext oft erklärt werden. Im Buch der Offenbarung sagte Johannes beispielsweise, dass die sieben Sterne in der rechten Hand Christi die sieben Engel [Boten] der sieben Gemeinden waren, und die sieben Leuchter waren die sieben Gemeinden (1,20); die Schalen mit Räucherwerk waren die Gebete der Heiligen (5,8); und die Wasser waren Völker, Scharen, Nationen und Sprachen (17,15). Wir sehen, dass jedes Symbol etwas Tatsächliches repräsentiert. Hinweise im Text zeigen uns oftmals die wörtliche Bedeutung des Symbols – entweder im unmittelbaren Kontext oder im weiteren Kontext der ganzen Schrift. Prämillennialisten sind nicht bereit, die symbolische amillennialistische Herangehensweise an die Prophetie zu übernehmen.

Ausserdem enthält die Bibel mehr nichtsymbolische Prophezeiungen. Wir sollten diese Prophezeiungen so lesen, wie wir die Begriffe im normalen, alltäglichen Zusammenhang verstehen.

Schauen Sie sich noch einmal meine Kommentare im ersten Kapitel an über die Weisheit, einen wörtlichen Ansatz bei der Auslegung der biblischen Prophetie zu wählen. Ein durchgehend wörtlicher Ansatz führt geradewegs zum Prämillennialismus.

Schlussgedanken

Natürlich könnte noch mehr gesagt werden, um den Amillennialismus zu beschreiben und zu kritisieren. Ich glaube, der fatale Fehler des Amillennialismus ist, dass er die biblische Prophetie vergeistlicht oder allegorisiert. Ich sehe keine Rechtfertigung für diesen Ansatz. Ich meine, die biblischen Beweise liegen deutlich aufseiten des Prämillennialismus.

Kapitel 24

Was spricht für den Postmillennialismus?

Wie der Amillennialismus wählt auch der Postmillennialismus einen vergeistlichenden oder allegorischen Ansatz bei der Auslegung der biblischen Prophetie. Er sagt, dass die Welt durch den fortschreitenden Einfluss der Gemeinde vor der Rückkehr Christi zum Christentum bekehrt wird. Durch die Predigt des Evangeliums breitet sich das Reich Gottes zurzeit angeblich in der Welt aus. Da das Evangelium Jesu Christi die Kraft Gottes ist (Röm 1,16), glauben Postmillennialisten, dass die Welt bekehrt werden muss.

Laut dieser Sicht wird das Tausendjährige Reich ein längerer Zeitraum sein – womöglich länger als 1000 Jahre –, in dem noch vor der Rückkehr Christi Frieden und Wohlstand herrschen. Einige Postmillennialisten glauben, das Tausendjährige Reich würde allmählich beginnen. Andere meinen, die Gerechtigkeit würde sich eher plötzlich auf der Erde ausbreiten.

Der Postmillennialist Loraine Boettner gibt uns diese kurze Beschreibung des Postmillennialismus:

> [Der Postmillennialismus ist] die Sicht von den letzten Dingen, die besagt, dass sich das Reich Gottes heute durch die Predigt des Evangeliums und das Erlösungswerk des Heiligen Geistes in den Herzen Einzelner in der Welt ausbreitet, dass die Welt letztlich zum Christentum bekehrt werden soll, und dass Christus am Ende eines langen Zeitraums der Gerechtigkeit und des Friedens,

> gemeinhin das «Tausendjährige Reich» genannt, zurückkehrt. ... Auf das zweite Kommen Christi folgen unmittelbar die allgemeine Auferstehung, das allgemeine Gericht und die Einführung von Himmel und Hölle in ihrer ganzen Fülle.[162]

Nach postmillennialistischem Denken wird die Bekehrung der Welt jeden Lebensbereich verbessern – wirtschaftlich, sozial, kulturell und politisch. Diese Sicht meint, die Gemeinde würde über alles triumphieren, was ihr entgegensteht. Das Böse wird eines Tages auf ein unerhebliches Mass reduziert sein.

Postmillennialisten glauben, bestimmte Bibelverse würden den Gedanken stützen, dass die Welt zum Christentum bekehrt wird. So verweisen sie zum Beispiel auf das Gleichnis vom Sauerteig, das darauf schliessen lässt, dass sich das Reich Gottes weltweit ausbreitet (Mt 13,33). Des Weiteren lässt Sacharja 9,10 angeblich erkennen, dass sich das Reich Christi von einem Meer zum anderen ausbreiten wird. 4. Mose 14,21 macht deutlich, dass die ganze Erde mit der Herrlichkeit des Herrn erfüllt wird. Da Christus für die Sünden der ganzen Welt starb (1. Joh 2,2), wird der Grossteil der Welt letzten Endes errettet werden.

Offenbarung 19,11–21 zeigt angeblich, wie Christus bei Seinem zweiten Kommen auf eine Welt zurückkommt, auf der der grosse Missionsbefehl erfüllt worden ist. Diese Stelle soll bildhaft den ganzen Zeitraum zwischen dem ersten und dem zweiten Kommen Jesu Christi darstellen und den fortschreitenden Sieg Christi über die Welt widerspiegeln.

Um ihre Sicht zu stützen, weisen Postmillennialisten darauf hin, dass viele Dinge heute besser werden. Kulturelle Missstände wie die Sklaverei haben abgenommen. Reiche Nationen leisten armen Ländern Entwicklungshilfe. Christen geben grosszügige Spenden an ihre Ortsgemeinden. Heute ist die Bibel in den meisten Ländern auf der Welt erhältlich. Die christliche Medienlandschaft war nie grösser. Bibelschulen und Seminare bilden neue Prediger aus, um die Welt zu evangelisieren. Und verbesserte Transportmöglichkeiten machen es leichter, verlorene Menschen auf der ganzen Welt zu erreichen.[163]

Nach dieser Sicht wird das Tausendjährige Reich kommen, nachdem die Welt vollständig zum Christentum bekehrt ist, und es kann länger dauern als nur 1000 Jahre. Laut dieser Auffassung wird Christus im Tausendjährigen Reich aber nicht auf der Erde sein. Wir hören, dass das Leben im Tausendjährigen Reich ähnlich dem im gegenwärtigen Zeitalter sein wird, mit der Ausnahme, dass die Sünde weitgehend zurückgedrängt wurde und christliche Grundsätze über allem stehen. Der prämillennialistische Theologe Charles C. Ryrie merkt an, dass im Postmillennialismus «das Reich auf der Erde sein wird, aber es wird ein ‹Reich der Gemeinde› sein, kein jüdisches Reich, und der König, Christus, wird sich nicht auf der Erde befinden. Er wird in den Herzen der Menschen regieren und erst nach Abschluss des Tausendjährigen Reiches auf die Erde zurückkehren».[164] Diese Sicht wird deshalb Postmillennialismus genannt, weil Christus erst nach dem Millennium kommen wird.

Zu den bekannteren Befürwortern dieser Position gehören A. A. Hodge (1823–1886), Benjamin B. Warfield (1851–1921), Augustus H. Strong (1836–1921), Loraine Boettner (1932–2000) und R.J. Rushdoony (1916–2001).[165]

Argumente für den Postmillennialismus

Postmillennialisten liefern die folgenden Argumente für ihre Sicht:

1. Die Schrift verheisst eine weltweite Verkündigung des Evangeliums (Mt 28,18–20). Das deutet an, dass die Welt im Lauf der Zeit bekehrt wird.
2. Menschen aus allen Nationen werden errettet (Offb 7,9–10). Das erfordert eine weltweite Bekehrung zum Christentum.
3. Der Thron Christi ist im Himmel, und von diesem aus wird Er herrschen, nicht von einem Thron auf der Erde (s. Ps 9,5.8;

11,4; 45,6; 47,8 usw.). Während Er vom Himmel aus herrscht, wird die Welt zunehmend besser.
4. Das Gleichnis Jesu vom Senfkorn zeigt, dass das Christentum in der Welt kontinuierlich fortschreiten wird (Mt 13,31–32). Ein Senfkorn ist klein, aber was aus ihm erwächst, ist unglaublich gross.
5. Die moralischen, sozialen und geistlichen Zustände in der Welt sollen sich angeblich verbessern – aufgrund des Einflusses der Gemeinde. Das wird so weitergehen und schliesslich zum Tausendjährigen Reich führen und danach wird Christus wiederkommen.

Das Problem des Postmillennialismus

Die Welt wird nicht besser

Prämillennialisten glauben nicht, dass sich die Welt moralisch, sozial und geistlich verbessert. Sicherlich gibt es ein paar wichtige Ausnahmen. Aber insgesamt scheint die Welt immer tiefer in der Sünde zu versinken. Aufgrund des zunehmenden Bösen in der Welt ist der Postmillennialismus nicht mehr annähernd so populär, wie er es einmal war. Doch als der Postmillennialismus im 19. Jahrhundert noch sehr verbreitet war, hatte man grosse Hoffnungen, dass die Welt besser würde. Der Theologe Paul Enns sagt dazu:

> Man muss den Grund für diese Auffassung sehen, da sie auf eine Zeit des Optimismus und des Fortschritts in Wissenschaft, Kultur und im allgemeinen Lebensstandard folgte. Der Erste und der Zweite Weltkrieg hatten noch nicht stattgefunden. ... Nach den beiden Weltkriegen ging der Postmillennialismus erheblich zurück, da diese Katastrophen gegen den Optimismus der Lehre sprachen.[166]

Prämillennialisten glauben an die biblische Lehre, dass der Abfall vom Glauben – nicht die Bekehrung der Welt – in der Endzeit vorherrschen wird. Das Wort *Apostasie* stammt von dem griechischen Wort *apostasia*, was «abfallen» bedeutet. Es bezieht sich auf ein Abfallen von der Wahrheit und meint eine entschlossene, bewusste Abkehr vom Glauben, ein Aufgeben des Glaubens.

Die Schrift sagt uns, dass der Abfall in der Endzeit zunehmen wird. So werden wir in 1. Timotheus 4,1–2 beispielsweise gewarnt: «Der Geist aber sagt ausdrücklich, dass in späteren Zeiten etliche vom Glauben abfallen und sich irreführenden Geistern und Lehren der Dämonen zuwenden werden durch die Heuchelei von Lügenrednern, die in ihrem eigenen Gewissen gebrandmarkt sind.»

Des Weiteren heisst es in 2. Timotheus 4,3–4: «Denn es wird eine Zeit kommen, da werden sie die gesunde Lehre nicht ertragen, sondern sich selbst nach ihren eigenen Lüsten Lehrer beschaffen, weil sie empfindliche Ohren haben; und sie werden ihre Ohren von der Wahrheit abwenden und sich den Legenden zuwenden.» Wer zweifelt daran, dass diese Worte genau unsere Zeit beschreiben? Wenn man am Abend die Fernsehkanäle in den USA durchgeht, begegnen einem zahllose Beispiele für falsche Lehrer, die Lehren verbreiten, die die Vorlieben der Menschen ansprechen wie z. B. das Wohlstandsevangelium.

In 2. Timotheus 3,1–5 erfahren wir Details über den Abfall vom Glauben in der Endzeit:

> «Das aber sollst du wissen, dass in den letzten Tagen schlimme Zeiten eintreten werden. Denn die Menschen werden sich selbst lieben, geldgierig sein, prahlerisch, überheblich, Lästerer, den Eltern ungehorsam, undankbar, unheilig, lieblos, unversöhnlich, verleumderisch, unbeherrscht, gewalttätig, dem Guten feind, Verräter, leichtsinnig, aufgeblasen; sie lieben das Vergnügen mehr als Gott; dabei haben sie den äusseren Schein von Gottesfurcht, deren Kraft aber verleugnen sie.»

Beachten Sie, dass sich die Menschen in den letzten Tagen selbst lieben (Humanismus), geldgierig sind (Materialismus) und das Vergnügen lieben (Hedonismus). Humanismus, Materialismus und Hedonismus gehören zu den führenden Lebensanschauungen in unserer heutigen Welt, und oft ergänzen sie sich. Die Vorherrschaft dieser Lebensphilosophien ist nicht vereinbar mit der Behauptung, dass die Welt immer besser wird. Jesus selbst warnte:

> «Und weil die Gesetzlosigkeit überhandnimmt, wird die Liebe in vielen erkalten. ... Wie es aber in den Tagen Noahs war, so wird es auch bei der Wiederkunft des Menschensohnes sein. Denn wie sie in den Tagen vor der Sintflut assen und tranken, heirateten und verheirateten bis zu dem Tag, als Noah in die Arche ging, und nichts merkten, bis die Sintflut kam und sie alle dahinraffte, so wird auch die Wiederkunft des Menschensohnes sein» (Mt 24,12.37–39).

Diese Stelle spricht ausdrücklich von der zukünftigen Drangsalszeit. Aber ich kann mir nicht helfen, die von Jesus beschriebene Haltung auch heute schon zu erkennen. Die Menschen gehen vergnügt ihren Weg, scheinbar ohne Interesse an den Dingen Gottes, oder vielleicht laufen sie auch schon einem falschen Gott hinterher.

Amerika befindet sich zweifellos in einer moralischen Krise. Der moralische Stoff dieses Landes zerfällt vor unseren Augen, und wenn sich der Trend fortsetzt, ist es nur eine Frage der Zeit, bis das Land kapituliert. Wir sehen die weit verbreitete Akzeptanz von Homosexualität. Abtreibung – sogar die barbarische Praxis der Abtreibung im fortgeschrittenen Stadium der Schwangerschaft – wird weithin praktiziert. Seit der Verfügung *Roe v. Wade* im Jahr 1973 wurden etwa 50 Millionen ungeborene Babys ermordet. Pornografie ist im Internet weit verbreitet und frei zugänglich und versklavt Millionen von Sexsüchtigen. Drogenmissbrauch und Alkoholismus sind unter Jugendlichen und Erwachsenen ebenso an der Tagesordnung. Geschlechtsverkehr mit häufig wechselnden Partnern, Unzucht und Ehebruch weiten sich immer mehr aus und führen zu Krankheiten, die durch Geschlechtsverkehr übertragen werden.

Unterdessen fällt die Familie vor unseren Augen auseinander. Die Scheidungsrate liegt weiterhin um 50 Prozent, und viele Menschen leben heute in eheähnlichen Beziehungen zusammen. Die Zahl der ausserehelichen Geburten hat neue Höhen erreicht, 40 Prozent der Frauen sind bei der Geburt ihres Kindes nicht verheiratet. Und homosexuelle Paare dürfen Kinder adoptieren und sie in einem homosexuellen Umfeld grossziehen.

Die Menschen scheinen heute mehr an ihrem persönlichen Glück als an Heiligkeit interessiert zu sein. Sie sehnen sich mehr nach Vergnügen als danach, Gott zu loben. Humanismus, Materialismus und Hedonismus sind die alles überragenden Kräfte.

Angesichts dieser Bibelverse und gesellschaftlichen Fakten scheint die Behauptung unmöglich, dass die Welt zunehmend besser wird, oder dass sie vor der Rückkehr des Herrn zum Christentum bekehrt wird.

Der Postmillennialismus wird noch problematischer, wenn wir uns die sieben Jahre anschauen, die dem zweiten Kommen Christi vorangehen, ein Zeitraum, der als Drangsalszeit bekannt ist. Die Schrift sagt über diese Zeit Folgendes:

1. Die Schrift spricht von einem bestimmten Zeitraum am Ende des Zeitalters, der Drangsalszeit genannt wird (Mt 24,29–35).
2. Diese Zeit wird so furchtbar sein, dass sie mit keiner vergangenen oder zukünftigen in der Geschichte gleichzusetzen ist (V. 21).
3. Sie wird um der Auserwählten verkürzt werden (V. 22), da sonst niemand überleben könnte.
4. Sie wird die Zeit der Drangsal Jakobs genannt, da sie ein Gericht über Israel ist, das den Messias ablehnte (Jer 30,7; Dan 12,1–4).

5. In dieser Drangsalszeit werden auch die Nationen für ihre Sünde und Ablehnung Christi gerichtet (Jes 26,21; Offb 6,15–17).
6. Diese Drangsalszeit dauert sieben Jahre (Dan 9,24.27).
7. Es wird so schrecklich sein, dass sich die Menschen verstecken und sogar sterben wollen (Offb 6,16).
8. Diese Zeit ist gekennzeichnet von Zorn (Jes 26,20–21; Zeph 1,15.18), Gericht (Offb 14,7), Versuchung (Offb 3,10), Verwüstung (Dan 9,27; Joel 1,15), Finsternis (Am 5,18), Umkehrung (Jes 24,1–4) und Strafe (Jes 24,20–21). Daher scheint die postmillennialistische Vorstellung, dass die Dinge vor der Rückkehr Christi besser und besser werden, unmöglich.

Weltweite Verkündigung des Evangeliums

Es gibt noch andere Probleme mit dem Postmillennialismus. Zum Beispiel verlangt er einen gewaltigen logischen Sprung, wenn er behauptet, dass die weltweite Verkündigung des Evangeliums vor der Rückkehr des Herrn (Mt 28,18–20) die Welt immer besser machen wird, bis sie schliesslich ganz zum Christentum bekehrt ist. Die Wahrheit ist: Trotz einer weltweiten Verkündigung werden auch weiterhin viele das Evangelium ablehnen. Das ist ein Grund, warum Jesus sagte: «Geht ein durch die enge Pforte! Denn die Pforte ist weit und der Weg ist breit, der ins Verderben führt; und viele sind es, die da hineingehen. Denn die Pforte ist eng und der Weg ist schmal, der zum Leben führt; und wenige sind es, die ihn finden» (Mt 7,13–14). Prämillennialisten preisen den Herrn für die Verbreitung des Evangeliums, aber die Schrift verheisst an keiner Stelle, dass dadurch die ganze Welt bekehrt wird. Der Teufel wehrt sich mit Macht, was allein schon an der explosionsartigen Zunahme an Sekten und falschen Religionen in unserer Zeit ersichtlich wird.

Postmillennialisten behaupten zu Recht, dass Menschen aus allen Nationen errettet werden (Offb 7,9–10). Aber das lässt nicht auf die Bekehrung der ganzen Welt zum Christentum schliessen. Der Text sagt:

> «Nach diesem sah ich, und siehe, eine grosse Schar, die niemand zählen konnte, aus allen Nationen und Stämmen und Völkern und Sprachen; die standen vor dem Thron und vor dem Lamm, bekleidet mit weissen Kleidern, und Palmzweige waren in ihren Händen. Und sie riefen mit lauter Stimme und sprachen: Das Heil ist bei unserem Gott, der auf dem Thron sitzt, und bei dem Lamm!»

Das Problem der Postmillennialisten ist, dass dieser Vers nur auf die zukünftige, 7-jährige Drangsalszeit anzuwenden ist (Dan 9,26–27; Offb 14–18). Und in diesem Zeitraum wird die Welt ganz gewiss nicht bekehrt werden. Letztlich macht das Buch der Offenbarung ebenso deutlich, dass die ganze Welt dann unter der Herrschaft des Antichristen stehen wird (Offb 13), was wohl kaum ein bekehrtes Umfeld ist. Des Weiteren sagt die Offenbarung, dass die Welt in dieser Zeit von der grossen Hure oder der falschen Religion verführt wird – dem religiösen Babylon der Endzeit. Es wird auch viele christliche Märtyrer geben (Offb 6,9). Somit scheint es wohl kaum angebracht, Offenbarung 7,9–10 anzuführen, um den Postmillennialismus zu stützen.

Die Herrschaft Christi

Postmillennialisten sagen, dass der Thron Christi im Himmel ist und dass Er von diesem Thron aus herrscht, nicht von einem Thron auf der Erde (s. Ps 93,2; 103,19). Prämillennialisten bestreiten nicht, dass Christus jetzt in geistlicher Hinsicht regiert. Das aber erklärt den bedingungslosen davidischen Bund nicht für ungültig, der ausdrücklich verheisst, dass Davids Nachkomme, der Messias Gottes, im Tausendjährigen Reich buchstäblich auf dem Thron Davids regieren wird. Die geistliche Herrschaft Christi erfüllt nicht, was Gott David in 2. Samuel 7,13–16 verheissen hat. Der davidische Bund war an keine Bedingungen geknüpft, daher wird Gott die Verheissungen dieses Bundes in der Zukunft erfüllen.

Das Gleichnis vom Senfkorn

Das Gleichnis Jesu vom Senfkorn stellt ein kontinuierliches Fortschreiten des Christentums in der Welt dar (Mt 13,31–32). Aber noch einmal, man muss schon einen gewaltigen logischen Sprung machen, um von dieser Aussage Jesu zu dem Schluss zu kommen, dass die ganze Welt besser und besser wird und vor dem zweiten Kommen Christi bekehrt wird. Auch das Reich des Teufels wird weiter wachsen. Aus diesem Grund wird das Unkraut am Ende des Zeitalters vom Weizen getrennt werden und die Böcke von den Schafen (s. Mt 25,31–46). Und wie wir bereits gesagt haben, prophezeit die Schrift sowohl den lehrmässigen als auch den moralischen Abfall vom Glauben in der Endzeit (1. Tim 4,1–2; 2. Tim 4,3–4).

Unterschlagung von Bibelversen

Postmillennialisten unterschlagen bestimmte Bibelverse, um ihren eigenen Standpunkt zu stützen. So sagen sie beispielsweise, Sacharja 9,10 würde deutlich machen, dass sich das Reich Christi von einem Meer zum anderen ausbreiten wird, und 4. Mose 14,21 zeigt, dass die ganze Erde mit der Herrlichkeit des Herrn erfüllt wird. Der Kontext lässt jedoch erkennen, dass diese Verse nicht vor dem zweiten Kommen Christi erfüllt werden, sondern erst danach, wenn Er Seine tausend Jahre währende Herrschaft über die Erde beginnt. Die ganze Erde wird mit der Herrlichkeit des Herrn erfüllt werden, weil der Herr der Herrlichkeit persönlich auf dem Thron Davids auf dieser Erde regieren wird (2. Sam 7,12–16).

Postmillennialisten unterschlagen auch Offenbarung 19,11–21. Diese Stelle umspannt nicht den ganzen Zeitraum vom ersten bis zum zweiten Kommen Jesu Christi. Sie beschreibt vielmehr das einzigartige und endgültige Kommen des Herrn Jesus auf dem Höhepunkt Harmageddons nach der 7-jährigen Drangsalszeit:

> «Und ich sah den Himmel geöffnet, und siehe, ein weisses Pferd, und der darauf sass, heisst ‹Der Treue und der Wahrhaftige›; und

in Gerechtigkeit richtet und kämpft er. Seine Augen aber sind wie eine Feuerflamme, und auf seinem Haupt sind viele Kronen, und er trägt einen Namen geschrieben, den niemand kennt als nur er selbst. Und er ist bekleidet mit einem Gewand, das in Blut getaucht ist, und sein Name heisst: ‹Das Wort Gottes›. Und die Heere im Himmel folgten ihm nach auf weissen Pferden, und sie waren bekleidet mit weisser und reiner Leinwand. Und aus seinem Mund geht ein scharfes Schwert hervor, damit er die Heidenvölker mit ihm schlage, und er wird sie mit eisernem Stab weiden; und er tritt die Weinkelter des Grimmes und des Zornes Gottes, des Allmächtigen. Und er trägt an seinem Gewand und an seiner Hüfte den Namen geschrieben: ‹König der Könige und Herr der Herren›.

Und ich sah einen Engel in der Sonne stehen; und er rief mit lauter Stimme und sprach zu allen Vögeln, die inmitten des Himmels fliegen: Kommt und versammelt euch zu dem Mahl des grossen Gottes, um das Fleisch der Könige zu verzehren und das Fleisch der Heerführer und das Fleisch der Starken und das Fleisch der Pferde und derer, die darauf sitzen, und das Fleisch aller, der Freien und der Knechte, sowohl der Kleinen als auch der Grossen! Und ich sah das Tier und die Könige der Erde und ihre Heere versammelt, um Krieg zu führen mit dem, der auf dem Pferd sitzt, und mit seinem Heer. Und das Tier wurde ergriffen und mit diesem der falsche Prophet, der die Zeichen vor ihm tat, durch welche er die verführte, die das Malzeichen des Tieres annahmen, und die sein Bild anbeteten; die beiden wurden lebendig in den Feuersee geworfen, der mit Schwefel brennt. Und die Übrigen wurden getötet mit dem Schwert dessen, der auf dem Pferd sitzt, das aus seinem Mund hervorgeht, und alle Vögel sättigten sich von ihrem Fleisch.»

Man muss eine Allegorie an die andere reihen, um zur postmillennialistischen Auslegung dieser Stelle zu kommen.

Schlussgedanken

Aus lehrmässiger Sicht finde ich kaum Argumente für den Postmillennialismus. Der Schrift zufolge wird die Endzeit vor der Rückkehr Christi durch eine massive Abkehr von der Wahrheit gekennzeichnet. Wenn ich mir die Welt um mich herum ansehe, bin ich weiterhin nicht davon überzeugt, dass sie besser und besser wird. Klar, die Welt macht in technischer Hinsicht grosse Fortschritte, und das ist auch gut so. Aber mit jedem neuen technologischen Fortschritt scheint die Menschheit neue Möglichkeiten zu entwickeln, diese Technologie für ihre eigenen sündigen Absichten zu nutzen und zu pervertieren. Mehr als je zuvor bin ich überzeugt, dass die Schrift durch die Augen des Prämillennialismus am meisten Sinn ergibt.

Kapitel 25

Was spricht für den Prämillennialismus?

Der Prämillennialismus lehrt, dass Christus vor dem Tausendjährigen Reich zurückkommen wird. Genauer gesagt, er lehrt, dass Christus nach Seinem zweiten Kommen ein Reich des vollkommenen Friedens und der Gerechtigkeit auf der Erde aufrichtet, das 1000 Jahre Bestand haben wird.

Zwei Formen des Prämillennialismus haben sich herausgebildet. Der dispensationalistische Prämillennialismus, unter anderem vertreten von John F. Walvoord (1910–2002), unterscheidet zwischen der Gemeinde und Israel und besagt, dass Gott im Tausendjährigen Reich Seine bedingungslosen Verheissungen an Israel erfüllen wird.[167] Der historische Prämillennialismus, unter anderem vertreten von George Eldon Ladd (1911–1982), besteht nicht auf die Unterscheidung zwischen der Gemeinde und Israel (die Gemeinde wird als geistliches Israel betrachtet) noch verlangt er eine durchgängig wörtliche Auslegungsmethode.[168]

Meine Ausführungen konzentrieren sich auf den dispensationalistischen Prämillennialismus.

Biblische Argumente für den dispensationalistischen Prämillennialismus

Der dispensationalistische Prämillennialismus liefert die folgenden Argumente zur Stützung seiner Ansichten:

1. Diese Sicht entsteht ganz natürlich aus einer wörtlichen Hermeneutik.
2. Sie erklärt am besten die bedingungslosen Verheissungen auf das Land, die Abraham und seine Nachkommen empfingen und die noch erfüllt werden müssen (1. Mo 13,14–18; 5. Mo 30).
3. Sie macht am meisten Sinn hinsichtlich der Verheissung auf den Thron aus dem bedingungslosen davidischen Bund (2. Sam 7,12–16).
4. Sie lässt sich am besten vereinbaren mit den zahllosen alttestamentlichen Vorhersagen über das kommende Zeitalter des Messias.
5. Sie stimmt mit dem Ende des Alten Testaments und der sicheren Erwartung des messianischen Reiches überein (z. B. Jes 9,5; 16,5; Mal 3,1).
6. Sie erklärt am besten die biblische Lehre, dass Jesus und die Apostel auf Thronen in Jerusalem herrschen werden (Mt 19,28; 25,31–34; Apg 1,6–7).
7. Sie stimmt mit der Aussage des Apostels Paulus überein, dass Israel eines Tages wiederhergestellt wird (Röm 9,3–4; 11,1).

Der offensichtliche Gegensatz zum Amillennialismus und Postmillennialismus ist, dass das von Christus errichtete Reich buchstäblich 1000 Jahre dauern wird, in denen Er persönlich und physisch auf der Erde regiert. Anders als vor allem im Postmillennialismus ist Christus derjenige, der das Reich aufrichtet, nicht die Gemeinde durch die Christianisierung der Welt. Beachten Sie auch, dass im Tausendjährigen Reich alle Bundesverheissungen an Israel auch an Israel erfüllt werden (statt gegenwärtig in der Gemeinde erfüllt zu werden). Das basiert auf einer wörtlichen Auslegung der biblischen Prophetie und der biblischen Bündnisse, im Gegensatz zum allegorischen Ansatz von Amillennialisten und Postmillennialisten. Der dispensationalistische Prämillennialist ist überzeugt, dass die biblische Prophetie auch wirklich *Israel* meint, wenn sie von Israel spricht (den physischen Nachkommen Abrahams), und die *Gemeinde*, wenn sie von der Gemeinde spricht.

Die biblischen Bündnisse sind im prämillennialistischen Denken besonders wichtig. Der prämillennialistische Theologe Paul Enns erklärt, wie diese Bündnisse ihre endgültige Erfüllung im Tausendjährigen Reich finden:

> Die bedingungslosen Bündnisse verlangen eine tatsächliche, physische Rückkehr Christi, um sein Reich aufzurichten. Der abrahamitische Bund verheisst Israel ein Land, Nachkommen und Herrscher und einen geistlichen Segen (1. Mo 12,1–3); der palästinische Bund verheisst Israel, dass es im Land wiederhergestellt und es bewohnen wird (5. Mo 30,1–10); der davidische Bund verheisst einen Herrscher auf dem Thron Davids (2. Sam 7,16); der neue Bund verheisst Israel Vergebung – wodurch das Volk gesegnet werden kann (Jer 31,31–34). Beim zweiten Kommen Christi werden diese Bündnisse erfüllt, wenn Israel aus den Nationen gesammelt wird (Mt 24,31), sich bekehrt (Sach 12,10–14) und unter der Herrschaft seines Messias im Land wiederhergestellt wird.[169]

Im Lauf der Kirchengeschichte gab es viele, die den Prämillennialismus vertreten haben, wie etwa die Kirchenväter Justin der Märtyrer (100–165), Klemens von Alexandria (150–215) und Tertullian (155–225). Augustinus (354–430) vertrat diese Sicht zu einem frühen Zeitpunkt in seiner theologischen Laufbahn. Andere prämillennialistische Kapazitäten sind John Nelson Darby (1800–1882), Griffith Thomas (1861–1924), Lewis Sperry Chafer (1871–1952) und James Montgomery Boice (1938–2000).[170]

Innerhalb der prämillennialistischen Theologie finden sich verschiedene Meinungen über den Zeitpunkt der Entrückung der Gemeinde. Der Prätribulationismus ist die Sicht, dass Christus die ganze Gemeinde noch vor dem Beginn der Drangsalszeit entrücken wird. Laut Posttribulationismus wird Christus die Gemeinde nach der Drangsalszeit bei Seinem zweiten Kommen entrücken. Eine dritte Lehrmeinung besagt, dass Christus die Gemeinde zur Mitte der Drangsalszeit entrücken wird. Eine weitere Ansicht ist, dass die Entrückung gegen Ende der Drangsalszeit stattfindet, bevor der grosse Zorn Gottes auf die Erde ausgegossen wird. Die Teilentrückung hingegen lehrt, dass nur treue und wachsame Christen entrückt werden und untreue Christen zurückbleiben, um in der Drangsalszeit gereinigt zu werden. Ich glaube, dass die prätribulationistische Position – die vorherrschende Sicht unter Prämillennialisten – am ehesten mit dem biblischen Zeugnis übereinstimmt (1. Thess 1,9–10; 5,4–9; Offb 3,10). (Alle diese Sichtweisen wurden in den Kapiteln 8–12 ausführlich behandelt.)

Statt an eine allgemeine Auferstehung und ein allgemeines Gericht zu glauben wie Amillennialisten und Postmillennialisten, sind Prämillennialisten der Auffassung, dass es mehrere Auferstehungen und Gerichte gibt, die zu unterschiedlichen Zeitpunkten stattfinden. Sie werden nicht alle in einen Topf geworfen.

So werden die Gerechten beispielsweise bei der Entrückung auferweckt (1. Thess 4,13–17), die zwei Zeugen werden in der Drangsalszeit auferweckt (Offb 11,3.11–12), die Märtyrer der Drangsalszeit werden am Ende dieses Zeitraums auferweckt (Offb 20,4–5) und die Menschen, die sich im Tausendjährigen Reich bekehren und sterben, werden am Ende des Tausendjährigen Reiches auferweckt. Was die Gerichte angeht, so werden Christen nach der Entrückung vor den Richterstuhl Christi treten müssen (1. Kor 3,1–15; 2. Kor 5,10), die Nationen werden nach dem zweiten Kommen Christi gerichtet werden (Mt 25,31–46) und die ungläubigen Toten finden ihr Gericht nach dem Tausendjährigen Reich vor dem grossen weissen Gerichtsthron (Offb 20,11–15).

Kennzeichen des Tausendjährigen Reiches im Prämillennialismus

Die Schrift enthält einige interessante Beschreibungen über das Leben im Tausendjährigen Reich. Hier nur ein paar kurze Highlights.

Christus wird regieren

Die Regierung Christi wird die ganze Welt einschliessen. «Und ihm wurde Herrschaft, Ehre und Königtum verliehen, und alle Völker, Stämme und Sprachen dienten ihm; seine Herrschaft ist eine ewige Herrschaft, die nicht vergeht, und sein Königtum wird nie zugrunde gehen» (Dan 7,14). Christus wird die Nationen zum Erbe haben und die Enden der Erde zu Seinem Eigentum (Ps 2,6–9).

Die Regierung Christi wird ihren Sitz in Jerusalem haben. «Denn von Zion wird das Gesetz ausgehen und das Wort des HERRN von Jerusalem. Und er wird Recht sprechen zwischen den Heiden» (Jes 2,3–4; s. auch Jer 3,17; Hes 48,30–35; Joel 4,16–17; Mi 4,1.6–8; Sach 8,2–3).

Christus wird auf dem Thron Davids herrschen. «Siehe, es kommen Tage, spricht der HERR, da werde ich dem David einen gerechten Spross erwecken; der wird als König regieren und weise handeln und wird Recht und Gerechtigkeit schaffen auf Erden. In seinen Tagen wird Juda gerettet werden und Israel sicher wohnen» (Jer 23,5–6).

Die Regierung Christi wird vollkommen und kompetent sein. «Denn ein Kind ist uns geboren, ein Sohn ist uns gegeben; und die Herrschaft ruht auf seiner Schulter; und man nennt seinen Namen: Wunderbarer, Ratgeber, starker Gott, Ewig-Vater, Friedefürst. Die Mehrung der Herrschaft und der Friede werden kein Ende haben auf dem Thron Davids und über seinem Königreich, dass er es gründe und festige mit Recht und Gerechtigkeit von nun an bis in Ewigkeit. Der Eifer des HERRN der Heerscharen wird dies tun!» (Jes 9,5–6).

Die Regierung Christi wird der ganzen Welt dauerhaften Frieden bringen. «Und er wird das Urteil sprechen zwischen grossen Völkern und starke Nationen zurechtweisen, die weit weg wohnen, sodass sie ihre Schwerter zu Pflugscharen schmieden und ihre Spiesse zu Rebmessern; kein Volk wird gegen das andere ein Schwert erheben, und sie werden den Krieg nicht mehr erlernen; sondern jedermann wird unter seinem Weinstock und unter seinem Feigenbaum sitzen, und niemand wird ihn aufschrecken; denn der Mund des HERRN der Heerscharen hat es geredet!» (Mi 4,3–4). Die Regierung Christi wird da Erfolg haben, woran alle früheren menschlichen Regierungen gescheitert sind.

Es wird viele physische Segnungen geben

Aufgrund einer wörtlichen Auslegung der Schrift glauben Prämillennialisten, dass die Menschen, die in das Tausendjährige Reich Christi eingehen, ein paar einzigartige physische Segnungen geniessen werden.

Die Menschen werden in einer gesegneten und besseren Umgebung leben. «Die Wüste und Einöde wird sich freuen, und die Steppe wird frohlocken und blühen wie ein Narzissenfeld. Sie wird lieblich blühen und frohlocken, ja, es wird Frohlocken und Jubel geben; denn die Herrlichkeit des Libanon wird ihr gegeben, die Pracht des Karmel und der Saron[-Ebene]. Sie werden die Herrlichkeit des HERRN sehen, die Pracht unseres Gottes» (Jes 35,1–2).

Es wird reichlich Regen für den Erdboden und eine Menge Nahrung für die Tiere geben. «Und Er wird Regen spenden für deine Saat, mit der du den Acker besäst, sodass das Brotgetreide, der Ertrag des Ackers, saftig und nahrhaft wird; dein Vieh wird zu jener Zeit auf weiter Aue weiden. Die Rinder und Esel, die das Feld bearbeiten, werden gesalzenes Mengfutter fressen, das mit der Worfschaufel und mit der Gabel geworfelt ist» (Jes 30,23–24).

Alle Tiere werden miteinander und mit den Menschen in Harmonie leben, ihr raubtierhaftes und Fleisch fressendes Wesen wurde ihnen genommen. «Da wird der Wolf bei dem Lämmlein wohnen und der Leopard sich bei dem Böcklein niederlegen. Das Kalb, der junge

Löwe und das Mastvieh werden beieinander sein, und ein kleiner Knabe wird sie treiben. Die Kuh und die Bärin werden miteinander weiden und ihre Jungen zusammen lagern, und der Löwe wird Stroh fressen wie das Rind» (Jes 11,6–7).

Die Menschen werden länger leben. «Es soll dann nicht mehr Kinder geben, die nur ein paar Tage leben, noch Alte, die ihre Jahre nicht erfüllen; sondern wer hundertjährig stirbt, wird noch als junger Mann gelten» (Jes 65,20).

Körperliche Gebrechen und Krankheiten werden geheilt. «An jenem Tag werden die Tauben die Worte des Buches hören, und die Augen der Blinden werden aus Dunkel und Finsternis heraus sehen» (Jes 29,18).

Wohlstand wird weit verbreitet sein und den Menschen Freude und Glück bescheren. «Und sie werden kommen und auf der Höhe Zions jubeln und herbeiströmen zu der Güte des HERRN, zum Korn, zum Most und zum Öl und zu den jungen Schafen und Rindern; und ihre Seele wird sein wie ein bewässerter Garten, und sie werden nicht länger verschmachten. Dann wird die Jungfrau sich mit Reigentanz erfreuen, auch junge Männer und Greise miteinander; und ich will ihre Trauer in Freude verwandeln und sie trösten und erfreuen nach ihrem Schmerz. Und ich werde die Seele der Priester mit Fett sättigen, und mein Volk soll sich an meiner Güte sättigen!, spricht der HERR» (Jer 31,12–14).

Christus wird geistlichen Segen geben

In Seinem Tausendjährigen Reich wird Christus auch grosse geistliche Segnungen schenken. Sie alle stehen in Verbindung mit der wunderbaren Tatsache, dass Jesus Christus selbst bei Seinem Volk auf der Erde sein wird. Das wird beispiellose Auswirkungen auf das geistliche Leben der Menschen haben.

Kein Wunder, dass der Prophet Jesaja schreibt: «Denn die Erde wird erfüllt sein von der Erkenntnis des HERRN, wie die Wasser den Meeresgrund bedecken» (Jes 11,9). Der Teufel wird während des

Tausendjährigen Reiches gebunden sein (Offb 20,1–3). Wir können uns kaum vorstellen, wie gross die geistlichen Segnungen in dieser Zeit auf der Erde sein werden, Segnungen aufgrund des Neuen Bundes (Jer 31,31–34).

Der Heilige Geist wird dort sein und in allen Gläubigen wohnen. «Und ich werde meinen Geist in euch legen, und ihr sollt leben; und ich werde euch wieder in euer Land bringen; und ihr werdet erkennen, dass ich der HERR bin. Ich habe es gesagt und werde es auch tun!, spricht der HERR» (Hes 37,14).

Der Heilige Geist wird «aus der Höhe über uns ausgegossen» (Jes 32,15). «Und nach diesem wird es geschehen, dass ich meinen Geist ausgiesse über alles Fleisch; und eure Söhne und eure Töchter werden weissagen, eure Ältesten werden Träume haben, eure jungen Männer werden Gesichte sehen; und auch über die Knechte und über die Mägde will ich in jenen Tagen meinen Geist ausgiessen» (Joel 3,1–2).

Auf der ganzen Welt wird Gerechtigkeit herrschen. «Und dein Volk wird aus lauter Gerechten bestehen und das Land auf ewig besitzen» (Jes 60,21).

Die Menschen werden dem Herrn gehorsam sein. «Daran werden gedenken und zum HERRN umkehren alle Enden der Erde, und vor dir werden anbeten alle Geschlechter der Heiden» (Ps 22,28).

Heiligkeit wird sich durchsetzen. «Und eine Strasse wird dort sein und ein Weg; man wird ihn den heiligen Weg nennen; kein Unreiner wird auf ihm gehen, sondern er ist für sie; die auf dem Weg wandeln ... Und die Erlösten des HERRN werden zurückkehren und nach Zion kommen mit Jauchzen. Ewige Freude wird über ihrem Haupt sein; Wonne und Freude werden sie erlangen, aber Kummer und Seufzen werden entfliehen!» (Jes 35,8–10).

Treue wird vorherrschen. «Dass Güte und Treue einander begegnen, Gerechtigkeit und Friede sich küssen; dass Treue auf der Erde wachse und Gerechtigkeit vom Himmel schaue» (Ps 85,11–12; Luther 1912).

Die Bewohner der Erde werden den Messias anbeten. «Denn vom Aufgang der Sonne bis zu ihrem Niedergang soll mein Name gross werden unter den Heidenvölkern, und überall sollen meinem Namen Räucherwerk und Gaben, und zwar reine Opfergaben, dargebracht werden; denn gross soll mein Name unter den Heidenvölkern sein!, spricht der HERR der Heerscharen» (Mal 1,11).

Gottes Gegenwart wird offenbar. «Juble und freue dich, du Tochter Zion! Denn siehe, ich komme und werde in deiner Mitte wohnen, spricht der HERR. An jenem Tag werden sich viele Heidenvölker dem HERRN anschliessen, und sie sollen mein Volk sein; und ich werde in deiner Mitte Wohnung machen, und du wirst erkennen, dass mich der HERR der Heerscharen zu dir gesandt hat» (Sach 2,14–15).

Argumente gegen den Prämillennialismus

Fairerweise müssen wir hier auch die Kritik am Prämillennialismus anführen, die Christen aus anderen eschatologischen Lagern vorgebracht haben.

- Die biblische Prophetie sollte allegorisch und nicht wörtlich ausgelegt werden. (Prämillennialisten glauben, die Prophetie sollte wie der Rest der Schrift wörtlich ausgelegt werden. Im ersten Kapitel habe ich dieses Thema ausführlich behandelt.)
- Die biblischen Bündnisse waren an Bedingungen gebunden, und Israel ist ihnen nicht gerecht geworden, wodurch es die Segnungen der Bündnisse verwirkt hat. (Prämillennialisten glauben, dass die Bündnisse bedingungslos waren. Auf diese Frage bin ich im vierten Kapitel eingegangen.)
- Die Gemeinde ist das neue Israel und erhält daher Gottes prophetischen Segen. (Dispensationalistische Prämillennialisten meinen, dass die Gemeinde und Israel in der biblischen Pro-

phetie durchgehend voneinander unterschieden werden. Darüber habe ich in Kapitel 4 gesprochen.)

- Prophezeiungen über die Herrschaft Christi sind in Seiner geistlichen Herrschaft aus dem Himmel erfüllt worden. (Prämillennialisten sind der Auffassung, dass Christus in einem 1000 Jahre währenden Reich persönlich auf dem Thron Davids regieren wird. Das basiert auf einer wörtlichen Auslegung des davidischen Bundes in 2. Samuel 7.)

Schlussgedanken

Aufgrund des ganzen vorhandenen biblischen Materials ergibt der Prämillennialismus meiner wohl durchdachten Ansicht zufolge am meisten Sinn. Er ist die natürliche Folge einer wörtlichen Hermeneutik. Wie ich bereits gesagt habe: Wenn die offensichtliche Bedeutung Sinn macht, dann suche nach keinem anderen Sinn, sonst kommt nur Unsinn heraus. Der Prämillennialismus ergibt absolut Sinn!

Diskussion 8

Ist es in Ordnung, ein Datum für prophetische Ereignisse festzulegen?

In diesem Abschnitt

Kapitel 26

Pro

Seitdem die Pharaonen über Ägypten herrschten, haben die Menschen den bevorstehenden Untergang oder ein glorreiches apokalyptisches Szenario vorhergesagt. Der Sage zufolge wurde die Menschheit am Ende des ersten Jahrtausends ernsthaft von einem Millenniumfieber erfasst. Einige Berichte zeigen, dass um 999 n. Chr. herum viele Menschen in christlichen Ländern dachten, die Welt würde zu Ende gehen, und sie sich ungewohnt zu verhalten begannen. Sie benahmen sich so brüderlich, grosszügig, selbstlos und liebevoll zu ihren Nachbarn, dass das wahre Tausendjährige Reich für eine kurze Zeit in Reichweite schien.[171]

> Die Menschen vergaben ihren Nachbarn die Schulden und bekannten ihre Untreue und Verfehlungen. Landwirtschaftliche Nutztiere wurden freigelassen, während sich ihre Besitzer auf das Jüngste Gericht vorbereiteten. ... Die Kirchen wurden belagert von Menschenmassen, die ihre Sünden bekennen wollten und nach Absolution verlangten. Der Handel wurde unterbrochen. Wohlhabendere Personen gaben Bettlern freiwillig zu essen. Obwohl Gefangene freigelassen wurden, blieben viele in den Gefängnissen, weil sie ihre Sünden vor dem Ende abbüssen wollten. Pilger strömten in Scharen von Europa nach Jerusalem. Klassenunterschiede wurden vergessen. Sklaven befreit.
>
> Nahe Dezember zogen Gruppen von Flagellanten durchs Land und geisselten sich gegenseitig. Weihnachten verging unter einem wahren Strom von Liebe und Frömmigkeit. Lebensmittelgeschäfte

verschenkten Nahrung und Kaufleute lehnten Bezahlung ab. Als der 31. Dezember kam, erreichte der allgemeine Wahnsinn neue Höhen. In Rom hielt Papst Sylvester II. eine Mitternachtsmesse in der Basilika des Heiligen Petrus, bei der es nur Stehplätze gab. Aber die Menschen standen gar nicht. Alle lagen betend auf ihren Knien.

Nach der Messe senkte sich Totenstille herab. Die Uhr schlug die letzten Minuten, während Papst Sylvester seine Hände zum Himmel erhob. Die Besucher lagen in diesem Augenblick mit ihrem Gesicht zum Boden und hörten dem Ticken der Uhr zu.

Plötzlich hielt die Uhr an. Aus Furcht sanken mehrere tot zusammen, während die Menge vor Schrecken zu schreien begann. So plötzlich wie sie aufhörte zu ticken, ging die Uhr auf einmal weiter und schlug Mitternacht. Noch immer herrschte Totenstille, bis die Uhr nach Mitternacht weitertickte. Die Turmglocken fingen an, triumphierend zu läuten. Papst Sylvester streckte seine Hände aus und segnete seine Herde. Nachdem sie das *Te Deum* gesungen hatten, fielen sich Männer und Frauen in die Arme, lachten und weinten und tauschten Friedensküsse aus.

Kurz nach der Spannung in der Basilika des Heiligen Petrus und an anderen Orten nahm das Leben wieder seinen normalen Rhythmus auf. Freigelassene Tiere wurden wieder eingefangen. Kaufleute hörten auf, ihre Waren zu verschenken. Entlassene Gefangene wurden festgenommen und eingesperrt. Man erinnerte sich an die Schulden der anderen. Und das Leben lief so weiter, als wäre nichts geschehen.[172]

Passierten diese Dinge wirklich um 1000 n. Chr. herum? Nach all den Artikeln und Büchern, die zu diesem Thema erschienen sind, möchte man das meinen.[173] Geht man der Sache jedoch tiefer auf den Grund und sucht nach unstrittigen historischen Beweisen, ist das Ergebnis weniger befriedigend.[174] Wenn tatsächlich eine weit verbreitete Panik und Hysterie stattfand, gäbe es dann nicht mehr als die 12 oder 13 noch erhalten gebliebenen Berichte über das, was zum ersten Jahrtausendwechsel geschah – von denen nur die Hälfte eine apokalyptische Panik erwähnt?[175]

Raoul Glaber, ein im späten 10. Jahrhundert geborener burgundischer Mönch, schrieb *Historiae*, das von vielen für eine wesentliche Quelle der Geschehnisse um den Jahrtausendwechsel angesehen wird. Seine Schriften weisen auf eine Panik hinsichtlich des nahenden Endes hin.[176] Eine Reihe von Historikern hat Glabers Werk jedoch angezweifelt.[177]

Ausserdem interpretieren Historiker Glaber und andere zur Verfügung stehende Schriften aus dieser Zeit (auch wenn es nur sehr wenige sind) auf unterschiedliche Weise.

> Die Menschen jener Zeit schrieben ihre Testamente im deutlichen Bewusstsein einer Zukunft. Doch die Anfangssätze vieler erhalten gebliebener Testamente beginnen etwa so: «Da das Ende der Welt nahe ist, erkläre ich hiermit ...» oder «Die Welt geht ihrem Ende entgegen, deshalb erkläre ich ...»[178]

Wer kann sagen, was das alles bedeutete? Zeilen wie diese gehörten zum Standard, normale Anfänge eines rechtlichen Dokuments aus jenen Tagen.[179]

Trotz aller Verwirrung denke ich, können wir mit einer gewissen Sicherheit sagen, dass es am Ende des ersten Jahrtausends zwar keine Massenhysterie oder Panik gab, aber doch die weit verbreitete Sorge, das Ende der Welt könnte nahe sein. Eine Reihe von hoch angesehenen Gelehrten unterstützt diese Sicht und hält fest, dass die Menschen am Ende des ersten Jahrtausends definitiv ein vorapokalyptisches Schaudern erfasste. Der reformierte Gelehrte Louis Berkhof bestätigt das in *The History of Christian Doctrines* (Die Geschichte der christlichen Lehren):

> Im 10. Jahrhundert gab es die weit verbreitete Erwartung, dass das Ende der Welt nahe war ... verbunden mit der Vorstellung des

> zügigen Kommens des Antichristen. Die christliche Kunst wählte ihre Themen aus der Eschatologie. Das Kirchenlied *Dies Irae* versprühte die Schrecken des kommenden Gerichts, Maler stellten das Ende der Welt auf Leinwand dar und Dante beschrieb in seiner *Göttlichen Komödie* anschaulich die Hölle.[180]

In seinem angesehenen Werk *History of the Christian Church* gibt uns Philip Schaff einen Eindruck von der Zeit. Papst Sylvester II. (der um 1000 n. Chr. lebte) gab «den ersten Impuls, wenn auch verfrüht, zu den Kreuzzügen zu einer Zeit, als Hunderte von Pilgern ins Heilige Land strömten, weil sie nach dem ersten christlichen Jahrtausend das Ende der Welt erwarteten».[181]

In seinem Buch *The Millennial Maze* (Das millenniale Labyrinth) liefert Stanley J. Grenz folgende Perspektive:

> Die Kirchengeschichte kann wiederholt auf Zeiten zurückblicken, in denen über das Ende der Welt und das Kommen eines goldenen Zeitalters auf Erden spekuliert wurde. Der Anbruch des Jahres 1000 n. Chr. schürte die Erwartungen zum Beispiel sehr. Als sowohl dieses Jahr als auch 1033 n. Chr. (tausend Jahre nach dem Tod Christi) vorbei waren, richtete sich das Interesse auf das Jahr 1065 n. Chr., weil in diesem Jahr der Karfreitag mit Mariä Verkündigung zusammenfiel. Menschenscharen reisten nach Jerusalem, um auf die Rückkehr des Herrn zu warten, manche von ihnen kamen schon im Jahr zuvor und warteten in der heiligen Stadt bis nach Ostern.[182]

Später bemerkt Grenz Folgendes:

> Die verschiedenen Aussagen von Augustinus über die Bedeutung des in Offenbarung 20 erwähnten Tausendjährigen Reiches entbehrten nicht einer gewissen Doppeldeutigkeit. ... Sie konnten leicht so verstanden werden (was auch der Fall war), dass das

> zweite Kommen Christi tausend Jahre nach seinem ersten stattfinden würde. Diese indirekte Vorhersage, die die Autorität des Bischofs Hippolyts trug, führte zusammen mit dem Thema des alten Zeitalters der Welt und mit der Zunahme politischer Desaster und Naturkatastrophen zu einer angespannten Erwartungshaltung in Teilen der Christenheit, zuerst 1000 n. Chr. und dann mit dem Herannahen des Jahres 1033 n. Chr.[183]

In seiner eingehenden Studie kam Henri Focillon zu dem Schluss:

> Wir haben festgestellt, dass in der Mitte des 10. Jahrhunderts eine Bewegung existierte, die zunehmende Überzeugung, dass sich die Welt dem Ende näherte. ... Als das letzte Jahr des Jahrtausends vorbei war, verbreitete sich der Glaube an das Ende der Welt im Lauf des 11. Jahrhunderts mit neuem Schwung.[184]

Obwohl diese Zunahme festgestellt wurde, weist Focillon vorsichtig darauf hin, dass es keine Massenhysterie gab, wie einige legendäre Berichte dieser Zeit anzudeuten scheinen.

Zusammenfassend lässt sich sagen, dass der erste Jahrtausendwechsel keine Massenhysterie auslöste, auch wenn viele Leute besorgt waren, dass das Ende der Welt bevorstehen könnte. Damit will ich sagen: So wie sich viele Menschen zum ersten Jahrtausendwechsel Sorgen über das Ende der Welt machten, waren auch viele besorgt, als das Jahr 2000 n. Chr. nahte. Manche glaubten, das Ende der Welt stünde bevor. Andere meinten, ein herrlicher Idealzustand wartete auf die Menschheit.

Der Millenniumswahnsinn 2000 n. Chr.

Ungeachtet dessen, was um 1000 n. Chr. passierte, bekamen mit dem Herannahen des Jahres 2000 n. Chr. eine ganze Menge Leute Gottesfurcht.[185] Einige sagten den drohenden Untergang voraus, andere erwarteten ideale Zustände und noch andere prophezeiten, dass im Anschluss an diesen Idealzustand der Untergang kommen würde. Wie man es auch betrachtet, der Millenniumswahnsinn nahm zu, je näher wir dem Jahr 2000 kamen. Der kulturelle Beobachter Christopher Lasch sagte Folgendes:

> Während sich das 20. Jahrhundert seinem Ende nähert, wächst die Überzeugung, dass auch viele andere Dinge zu Ende gehen werden. Sturmwarnungen, Omen, Anzeichen für Katastrophen quälen unsere Zeit. Das «Gefühl für das Ende», das einen Grossteil der Literatur des 20. Jahrhunderts geformt hat, durchdringt jetzt auch die allgemeine Vorstellungskraft.[186]

Stanley Grenz machte eine ähnliche Bemerkung:

> Am Ende des 20. Jahrhunderts ist die Botschaft der Weltuntergangsprediger – einst Anlass für Witze und Zielscheibe für den Spott der «aufgeklärten» Bürger der modernen Welt – in den Gedanken vieler Menschen zu einer ernsthaften Möglichkeit und einer echten Sorge geworden, wie sie in den vorangegangenen Jahrzehnten nicht vorkamen. Zum ersten Mal in der jüngeren Geschichte spüren wir, dass unsere Zivilisation am Rande eines Abgrunds von Selbstzerstörung und Chaos schwankt.[187]

Der Beitrag des Nostradamus

Nostradamus (1503–1566) war ein französischer Astrologe und Okkultist, der für seine Prophezeiungen – von denen viele vage, voller Anspielungen, verschlüsselt, rätselhaft und schwer zu verstehen waren – weltweite Berühmtheit erlangte. Lag er mit einigen seiner Prophezeiungen richtig? Viele Anhänger von Nostradamus sagen Ja – auch wenn ein grosses Mass an Freiheit bei der Interpretation solcher Prophezeiungen nötig ist. Der ehemalige Religionsredakteur der *Los Angeles Times*, Russell Chandler, fasst in seinem Buch *Doomsday: The End of the World* (Der Jüngste Tag: Das Ende der Welt) die angeblich erfüllten Prophezeiungen zusammen:

> Die mystischen Gedichte des Nostradamus wurden benutzt, um die zukünftige Geschichte Frankreichs vorauszusagen (einschliesslich des Aufstiegs Napoleons und die Französische Revolution); die Amerikanische Revolution; die Ära des Zweiten Weltkriegs und Hitlers («Hister»), Mussolinis und Franklin Roosevelts; die Ermordung von John und Robert Kennedy; Erfindungen wie den Flugverkehr, Heissluftballons, Kriegsführung aus der Luft, Gasmasken, U-Boote, Periskope, bemannte Raumstationen und die Atombombe; Katastrophen wie den Brand Londons von 1666, die Explosion der Raumfähre Challenger und den Reaktorunfall in Tschernobyl, beide im Jahr 1986; die Krankheit AIDS; die Identität von drei Antichristen; den Niedergang der römisch-katholischen Kirche und des Kommunismus – um nur ein paar Beispiele zu nennen.[188]

Chandler stellt fest: «Heutige Anhänger von Nostradamus sind viel effektiver, indem sie seine Voraussagen erst nach dem Eintreffen von historischen Ereignissen mit diesen in Verbindung bringen, statt vorher exakt zu bestimmen, was der aristokratische Astrologe meinte.»[189] Das steht im klaren Gegensatz zu den biblischen Propheten, deren Vorhersagen schon vor ihrer Erfüllung deutlich verstanden wurden. Die Israeliten verstanden beispielsweise, dass der Messias von einer Jungfrau (Jes 7,14) in Bethlehem geboren (Mi 5,1) und für die Sünden der Menschheit durchbohrt werden sollte (Jes 53,5; Sach 12,10).

Auf jeden Fall glaubt eine ganze Reihe von Leuten, dass Nostradamus vor 450 Jahren die Bühne für den Millenniumswahnsinn von 2000 n. Chr. bereitete. John Hogue, Autor des Buches *Nostradamus and the Millennium*, sagt, Nostradamus prophezeite, dass die

Menschheit zwei alternative Zukunftsmodelle für die Zeit zwischen 1992 und 1999 hatte – das eine beinhaltete Zerstörung, das andere einen Idealzustand.

Hogue gründet seine Sicht auf Nostradamus' Behauptung, dass das wichtigste Element für die letzten sieben Jahre des 20. Jahrhunderts Feuer sein würde. Möglicherweise würde der Mensch durch (nukleares?) Feuer vernichtet werden, oder vielleicht würde ein geistliches Feuer das Bewusstsein des Menschen wecken und zu einer idealen Gesellschaft führen.[190]

Andere Ausleger von Nostradamus sagen, er habe für das Jahrzehnt vor dem Jahr 2000 nur Untergang vorausgesagt. Rene Noorbergen, ein ehemaliger Kriegsberichterstatter und Bewunderer von Nostradamus, sagt, der Prophet habe den Dritten Weltkrieg vorhergesagt. Hier seine Auslegung der Worte des Nostradamus:

> Irgendwann vor 1995 werden sich Russland und die Vereinigten Staaten gegen China, den arabischen Nahen Osten und Lateinamerika verbünden und den verheerendsten und schrecklichsten Krieg führen, den die Welt jemals erlebt hat. In diesem möglicherweise letzten grossen Krieg mit konventionellen, atomaren und biologischen Waffen wird kein Kontinent der Zerstörung entkommen.[191]

Das Jahr 2000 gehört mittlerweile schon lange der Vergangenheit an und Nostradamus' Vorhersagen – oder Noorbergens Auslegung derselben – haben sich als viel Lärm um nichts herausgestellt.

Sekten, New-Age-Bewegung und der Millenniumswahnsinn

Einige Leute aus der New-Age-Bewegung gehörten zu jenen, die nach dem Jahr 2000 einen Idealzustand auf der Welt voraussagten. Ken Carey, Autor von mehreren New-Age-Führern, stellte sich das

Jahr 2000 n. Chr. als eine Art übernatürlichen Wendepunkt vor, hinter dem «eine realisierbare ideale Gesellschaft» wartete, in der die Menschen das «echte Gefühl eines Neubeginns» haben werden.[192]

David Spangler, ein weiterer Anhänger des New Age, war derselben Ansicht und verwies auf eine mittelamerikanische Prophezeiung, die eine grosse Reinigung in unserer Zeit voraussagte. Danach würde ein neues Zeitalter der Harmonie und Ganzheit entstehen. Spangler sagte: «Die Hopi-Indianer des amerikanischen Südwestens haben eine ähnliche Prophezeiung, die sich ebenfalls auf die Zeit von 1980 bis 2000 n. Chr. konzentriert und sie als Übergang in einen neuen Zyklus der Zusammenarbeit beschreibt.»[193]

Elizabeth Clare Prophet, umstrittene New-Age-Führerin der Church Universal and Triumphant (CUT), behauptete, ein Ascended Master hätte sie informiert, dass eine Katastrophe auf die Welt wartete.[194] Sie hatte jahrelang vorausgesagt, dass Russland in die Vereinigten Staaten einmarschieren würde. Prophet sagte, die Zeit um 1994 herum sei besonders gefährlich. «Ich glaube, irgendwann zwischen jetzt und dem Jahr 2002 besteht eine hohe Wahrscheinlichkeit für einen Krieg zwischen den Vereinigten Staaten und der Sowjetunion.»[195]

Aufgrund dieser Aussage bauten Prophet und ihre Anhänger grosse Atombunker für die Treuen. Mitglieder ihrer Kirche konnten sich für nur 6000 bis 10 000 Dollar einen Platz in diesen Schutzräumen erkaufen.[196] Mrs. Prophet verglich sie mit der Arche Noah auf der Erde.[197]

Diese New-Age-Spekulationen stellten sich ebenfalls als viel Lärm um nichts heraus.

Edgar C. Whisenant

Diese Geschichte führt uns zu der traurigen Tatsache, dass sich auch Christen vom Millenniumswahnsinn anstecken liessen. In den Jahren vor dem Jahrtausendwechsel wagten sich immer mehr

Christen, ein Datum für die Entrückung und andere prophetische Ereignisse festzulegen. Edgar C. Whisenant schrieb das Buch *88 Reasons Why the Rapture Will Be in 1988* (88 Gründe, warum die Entrückung im Jahr 1988 stattfinden wird). Dieses 58 Seiten umfassende Buch verkaufte sich unfassbare 4,5 Millionen Mal und sorgte in der Gemeinde für eine grosse Kontroverse. Die Entrückung, sagte Whisenant, würde am 11., 12. oder 13. September 1988 stattfinden.

Um den Zeitpunkt der Entrückung zu berechnen, verliess sich Whisenant auf nichtchristliche Quellen wie Pyramidologie, Astrologie, Wahrsagerei und Numerologie.[198] Ebenso baute er auf das Zeugnis der Astrologin und des Mediums Jeanne Dixon.[199]

In seinem Buch *Soothsayers of the Second Advent* (Wahrsager des zweiten Kommens Christi) stellte mein verstorbener Freund William Alnor fest, dass Charles Taylor 1988 seine Israelreise nach dem Datum von Whisenant plante und Teilnehmer mit der Aussicht anwarb, vom Heiligen Land aus entrückt zu werden. «Nur 1975 Dollar von Los Angeles oder 1805 Dollar von New York (inklusive Rückreise, wenn nötig)», hiess es in seinen *Bible Prophecy News*. Später warb er für diese Reise:

> Wir sind im Intercontinental Hotel untergebracht, direkt am Ölberg, wo Sie einen wundervollen Blick auf das Osttor und den Tempelberg haben. Und wenn es das Jahr der Rückkehr unseres Herrn ist, was wir erwarten, werden Sie sogar nur wenige Meter vom Ort seiner Himmelfahrt in die Herrlichkeit aufsteigen.[200]

Als Whisenants Datum für die Entrückung nicht aufging, passte er seine Berechnungen einfach an. Er verlegte den 11.–13. September auf den 3. Oktober, und als auch dieses Datum verstrichen war, bekräftigte er: «Auf jeden Fall wird es in wenigen Wochen soweit sein.» Tat Whisenant Busse über seinen gescheiterten Berechnungsversuch? Nein. Stattdessen behauptete er, seine Berechnungen lägen nur um ein Jahr daneben und Christus käme 1989 während des Rosch Haschana (30. September) zurück, oder womöglich am Ende des Laubhüttenfestes zwischen dem 14. und 20. Oktober 1989.[201]

Harold Camping

In seinem umstrittenen Buch *1994?* sagte Harold Camping von *Family Radio* voraus, dass Jesus Christus im September 1994 zurückkehren würde. «Kein Buch, das jemals geschrieben wurde, ist so verwegen oder kühn wie jenes, das behauptet, den Zeitpunkt des Endes der Welt vorauszusagen, und genau das nimmt sich dieses Buch heraus.»[202]

«Wenn ich damit richtigliege», sagte Camping in voller Absicht, «und alles deutet darauf hin, bleibt uns nur noch sehr wenig Zeit, mit Gott in Ordnung zu kommen.» In seinem Buch warnte er: «Wenn der 6. September 1994 kommt, kann niemand mehr errettet werden. Dann ist das Ende gekommen.»[203] Camping prahlte damit, die Wahrscheinlichkeit, dass er mit seinen Berechnungen falschliegt, sei «äusserst gering».[204] Er beteuerte: «Ich wäre sehr überrascht, wenn die Welt das Jahr 2000 erreichen würde.»[205]

Natürlich ist Camping mit seinen Vorhersagen spektakulär gescheitert. Aber er gab noch nicht auf. Viel später prophezeite er, Jesus käme für die Seinen am 21. Mai 2011. Danach würde es fünf Monate lang Feuer, Schwefel und Seuchen auf dem ganzen Planeten geben, mit Millionen von Toten jeden Tag. Die endgültige Zerstörung der Welt würde sich dann am 21. Oktober 2011 ereignen. Ein weiterer spektakulärer Irrtum!

Ich könnte noch viele andere christliche Führungspersonen zitieren. Zwei kommen mir augenblicklich in den Sinn. Die Prophetielehrerin Mary Stewart Relfe sagte, sie empfing «göttliche Offenbarungen vom Herrn», die andeuteten, dass das zweite Kommen Christi 1997 stattfinden würde.[206] Lester Sumrall schrieb in seinem Buch *I Predict 2000 AD* (Ich sage das Jahr 2000 n. Chr. voraus): «Ich sage voraus, dass die Fülle des menschlichen Handelns auf der Erde im Jahr 2000 n. Chr. erreicht ist. Dann wird Jesus Christus 1000 Jahre lang von Jerusalem aus regieren.»[207]

Schlussgedanken

Ich selbst glaube fest an die Entrückung. Es gibt keine einzige Prophezeiung, die vor diesem herrlichen Ereignis noch erfüllt werden muss. Ich glaube auch, dass Christus uns aufruft, die Zeiten genau zu beobachten, um sorgfältig zu prüfen, ob wir in der Endzeit leben (s. Mt 16,1–3; 24,32–33). Wir können uns zwar freuen, der Entrückung näher zu kommen, aber die Schrift sagt eindeutig, dass wir nie ein Datum für prophetische Ereignisse festlegen sollten. Niemals! Darüber werde ich im nächsten Kapitel sprechen.

Kapitel 27

Kontra

Im vorherigen Kapitel habe ich einen kurzen Überblick über einige Personen gegeben, die im Lauf der Jahrhunderte versucht haben, ein Datum festzulegen. Mir blieb nur die Möglichkeit, auf ein paar Beispiele einzugehen. Hätte der Platz es erlaubt, hätte ich gerne noch zahllose andere Beispiele angeführt. Ich bin mir sicher, dass noch viele kommen werden, die sich zukünftig auf ein Datum festlegen werden.

Nun möchte ich kurz und knapp zehn gute Gründe nennen, weshalb Christen nicht der Versuchung nachgeben sollten, Daten für prophetische Ereignisse zu bestimmen.

Eine trostlose Erfolgsbilanz

In den vergangenen 2000 Jahren lagen jene, die das Ende vorhergesagt oder erwartet hatten, jedes Mal zu hundert Prozent falsch. Die Geschichte der Weltuntergangsprophezeiungen ist kaum mehr als eine Geschichte zerschlagener Erwartungen. Obschon ich glaube, dass wir heute wahrscheinlich in der Zeit leben, in der der Herr zurückkommen und uns entrücken wird, könnte es noch sehr lange dauern. Vermutungen über das Datum der Entrückung oder irgendein anderes prophetisches Ereignis anzustellen, ist somit töricht. Dieser Versuchung sollten wir widerstehen.

Gefährliche Entscheidungen

Christen, die meinen, sie müssten an bestimmte Daten für prophetische Ereignisse glauben, treffen gefährliche Entscheidungen. Seinen Besitz verkaufen und in die Berge ziehen, sich einer Gruppe von Überlebenskämpfern anschliessen, viel Geld für einen Atombunker ausgeben, die Ausbildung abbrechen, kein Geld für die Rente zurücklegen, Familie und Freunde verlassen ... all das kann das Leben eines Menschen ruinieren.

Gefahr für den Glauben

Christen, die an bestimmte Daten für prophetische Ereignisse glauben, wie zum Beispiel die Erwartung, dass die Entrückung an einem bestimmten Tag stattfindet, können ihrem Glauben durch fehlgeschlagene Erwartungen schaden. Diese Christen stellen möglicherweise später fest, dass ihr Vertrauen in die Bibel schwindet, weil ihre Hoffnungen unangebracht und unbiblisch waren. Ich habe Zeitungsartikel über einige desillusionierte Christen gelesen, die sich an Harold Campings Vorhersagen geklammert hatten. Einige von ihnen spendeten einen Grossteil ihrer Ersparnisse an Campings Dienst, weil sie an eine nahe Entrückung glaubten. Heute fragen einige von ihnen Gott: «Warum hast du zugelassen, dass mir so etwas passiert?» Gott hat damit nichts zu tun. In Seinem Wort warnt Gott uns davor, Daten festzulegen (Apg 1,7). Harold Camping ist der wahre Schuldige.

Motivation für ein Leben in Reinheit

Wenn man aufgrund von falschen prophetischen Daten sein Vertrauen in die prophetischen Abschnitte der Bibel verliert, ist es möglich, dass die biblische Prophetie aufhört, eine Motivation für ein reines und heiliges Leben zu sein.[208] Achten Sie einmal darauf, wie der Apostel Paulus die Endzeiterwartung mit der Heiligkeit im täglichen Leben verknüpft:

> «Denn die Gnade Gottes ist erschienen, die heilbringend ist für alle Menschen; sie nimmt uns in Zucht, damit wir die Gottlosigkeit und die weltlichen Begierden verleugnen und besonnen und ge-

> recht und gottesfürchtig leben in der jetzigen Weltzeit, indem wir die glückselige Hoffnung erwarten und die Erscheinung der Herrlichkeit des grossen Gottes und unseres Retters Jesus Christus, der sich selbst für uns hingegeben hat, um uns von aller Gesetzlosigkeit zu erlösen und für sich selbst ein Volk zum besonderen Eigentum zu reinigen, das eifrig ist, gute Werke zu tun» (Tit 2,11–14).

Christen, die aufgrund eines falschen Datums für die Entrückung («die glückselige Hoffnung») desillusioniert sind, sind weniger motiviert, «die Gottlosigkeit und die weltlichen Begierden [zu] verleugnen und besonnen und gerecht und gottesfürchtig [zu] leben in der jetzigen Weltzeit».

Als Petrus vom prophetischen Tag des Herrn und Gottes Erschaffung der neuen Himmel und der neuen Erde schrieb, sagte er zu seinen Lesern: «Da nun dies alles aufgelöst wird, wie sehr solltet ihr euch auszeichnen durch heiligen Wandel und Gottesfurcht» (2. Petr 3,11). Wenn sich ein Datum für die Entrückung, auf das wir grosse Hoffnungen gesetzt haben, als trügerisch herausstellt, ist es möglich, dass wir weniger motiviert sind zu einem Leben in Heiligkeit und Gottesfurcht.

Johannes ermutigt alle Christen: «Geliebte, wir sind jetzt Kinder Gottes, und noch ist nicht offenbar geworden, was wir sein werden; wir wissen aber, dass wir ihm gleichgestaltet sein werden, wenn er offenbar werden wird; denn wir werden ihn sehen, wie er ist. Und jeder, der diese Hoffnung auf ihn hat, reinigt sich, gleichwie auch er rein ist» (1. Joh 3,2–3). Wenn wir von einem falschen prophetischen Datum enttäuscht wurden, könnte unsere Motivation abnehmen, unser Leben zu reinigen. Viele Pastoren machen sich darum Sorgen. Offen gesagt, es war eine meiner grössten Sorgen für die Menschen, die von Harold Camping betrogen wurden.

Schädlich für den Glauben anderer

Christen, die der Versuchung erliegen, an bestimmte Daten für prophetische Ereignisse zu glauben, können dem Glauben von Neubekehrten und unreifen Gläubigen versehentlich schaden, wenn die vorausgesagten Ereignisse nicht eintreffen. Seien wir doch ehrlich. Neubekehrte, die im Wort Gottes noch nicht so erfahren und geschult sind, sind geistlich anfälliger als jene, die eine gewisse Reife im Wort erlangt haben. Ein Neubekehrter könnte auf das von einem Radioprediger festgesetzte Datum hereinfallen und zu dem Schluss kommen, dass dieser Prediger das Wort Gottes richtig auslegt. Wenn das Datum dann aber vorbei ist, könnte er desillusioniert sein und sich fragen, ob das Wort Gottes überhaupt stimmt.

Prophetischer Agnostizismus

Christen, die an bestimmte Daten für prophetische Ereignisse glauben, können sogar zu «prophetischen Agnostikern» werden, wenn die Vorhersage eines Datums nicht eintrifft. Das Wort *Agnostizismus* leitet sich von zwei griechischen Wörtern ab – *a*, was «kein» oder «ohne» bedeutet, und *gnosis*, was so viel wie «Wissen» bedeutet. Wörtlich bedeutet *Agnostizismus* «kein Wissen» oder «ohne Wissen». Im Allgemeinen ist ein Agnostiker eine Person, die behauptet, dass geistliche Dinge ungewiss sind (kein Wissen vorhanden ist), insbesondere die Existenz Gottes. Ein prophetischer Agnostiker, wie ich den Begriff verwende, ist jemand, der nichts über biblische Prophetie weiss. Nachdem alle Vorhersagen eines Datums nicht eintrafen und ihre Hoffnungen zerschlagen wurden, ist es durchaus möglich, dass die Menschen anfangen zu glauben, dass wir einfach nicht sicher sein können, was die Zukunft bringt.

Sensationsmache

Christen, die an bestimmte Daten für prophetische Ereignisse glauben, neigen zu Sensationsmache. In Wahrheit ist Sensationsmache jeglicher Art für Nachfolger des Herrn Jesus Christus unangemessen. Vielmehr ruft Christus Seine Nachfolger zu einem nüchternen und wachsamen Leben auf, während sie auf Ihn warten. So sagt Er zum Beispiel in Markus 13,32–37:

> «Um jenen Tag aber und die Stunde weiss niemand, auch die Engel im Himmel nicht, auch nicht der Sohn, sondern nur der Vater. Habt acht, wacht und betet! Denn ihr wisst nicht, wann die Zeit da ist. Es ist wie bei einem Menschen, der ausser Landes reiste, sein Haus verliess und seinen Knechten Vollmacht gab und jedem sein Werk, und dem Türhüter befahl, dass er wachen solle. So wacht nun! Denn ihr wisst nicht, wann der Herr des Hauses kommt, am Abend oder zur Mitternacht oder um den Hahnenschrei oder am Morgen; damit er nicht, wenn er unversehens kommt, euch schlafend findet. Was ich aber euch sage, das sage ich allen: Wacht!»

Wenn wir über prophetische Ereignisse nachdenken, sollen wir «achthaben» und «wachen». Jesus hätte Seine Nachfolger nicht zur Wachsamkeit ermahnt, wären wir in der Lage, das genaue Datum des Kommens des Herrn zu bestimmen.

Schaden für die Sache Christi

Christen, die an bestimmte Daten für prophetische Ereignisse glauben, können der Sache Christi letztlich sogar schaden. Manche Ungläubige verweisen gerne verächtlich auf Christen, die für Endzeitvorhersagen viel aufgegeben haben – vor allem wenn mit den Ereignissen bestimmte Daten verbunden waren.[209] Sie lieben es, Artikel über derart leichtgläubige Christen zu schreiben. Warum sollten wir solchen Menschen, die dem Christentum gegenüber feindselig eingestellt sind, auch noch Zündstoff liefern?

Sich ablenken lassen

Christen, die an bestimmte Daten für prophetische Ereignisse glauben, können leicht von ihrer absoluten Priorität – ein gerechtes und heiliges Leben mit dem Fokus auf Jesus – abgelenkt werden. Wir sollten auch weiter «hinschauen auf Jesus, den Anfänger und Vollender des Glaubens» (Hebr 12,2). Das entspricht den Worten des Psalmisten: «Meine Augen sind stets auf den HERRN gerichtet» (Ps 25,15). «So blicken unsere Augen auf den HERRN, unseren Gott» (Ps 123,2).

Nur Gott weiss es

Das Timing der Endzeitereignisse steht ganz allein in Gottes Händen, und Er hat uns keine genauen Details darüber mitgeteilt. Jesus sagte zu Seinen Nachfolgern: «Es ist nicht eure Sache, die Zeiten oder Zeitpunkte zu kennen, die der Vater in seiner eigenen Vollmacht festgesetzt hat» (Apg 1,7). Die Jünger wollten wissen, wann Christus Sein messianisches Reich aufrichtete. Sie wollten in Erfahrung bringen, ob es schon bald soweit sein würde. Jesus sagte ihnen, dass sie der Zeitplan des Vaters hinsichtlich des messianischen Reiches nichts anginge. Nach Seiner Himmelfahrt gab Er uns aber weitere prophetische Offenbarungen, die es den Gläubigen ermöglichen, mehr über die Endzeit zu verstehen (z.B. 1.Thess, 2.Thess, 1.Tim, 2.Tim und das Buch der Offenbarung). In diesen Stellen offenbarte Gott, wie die religiöse Landschaft in der Endzeit aussehen wird.

In 1. Timotheus 4,1 sagte Paulus beispielsweise: «Der Geist aber sagt ausdrücklich, dass in späteren Zeiten etliche vom Glauben abfallen und sich irreführenden Geistern und Lehren der Dämonen zuwenden werden.» Zudem teilte er uns mit: «Denn es wird eine Zeit kommen, da werden sie die gesunde Lehre nicht ertragen, sondern sich selbst nach ihren eigenen Lüsten Lehrer beschaffen, weil sie empfindliche Ohren haben; und sie werden ihre Ohren von der Wahrheit abwenden und sich den Legenden zuwenden» (2.Tim 4,3–4). In 2. Timotheus 3,1–5 schrieb Paulus:

> «Das aber sollst du wissen, dass in den letzten Tagen schlimme Zeiten eintreten werden. Denn die Menschen werden sich selbst lieben, geldgierig sein, prahlerisch, überheblich, Lästerer, den Eltern ungehorsam, undankbar, unheilig, lieblos, unversöhn-

lich, verleumderisch, unbeherrscht, gewalttätig, dem Guten feind, Verräter, leichtsinnig, aufgeblasen; sie lieben das Vergnügen mehr als Gott; dabei haben sie den äusseren Schein von Gottesfurcht, deren Kraft aber verleugnen sie.»

Solche Verse zeigen uns, wie es in der Endzeit zugehen wird. Und wir sollten nicht blind sein für das, was die Schrift uns darüber zu sagen hat. Denken Sie daran, dass Jesus Seine Nachfolger aufrief, die Zeiten aufmerksam zu beobachten (s. Mt 16,1–3). Wir sollen uns bewusst sein, was die biblische Prophetie lehrt und die Ereignisse in der Welt im Auge behalten, um mögliche Zusammenhänge zwischen dem Weltgeschehen und der biblischen Prophetie erkennen zu können.

Nichtsdestotrotz sollten wir niemals Daten festlegen (Mt 24,36). Wir kennen nicht den genauen Tag oder die Stunde des Kommens Jesu (Apg 1,7). Gottes genauer Zeitplan ist uns verborgen. Anhand der Zeichen der Zeit können wir nur die allgemeine Zeit der Rückkehr des Herrn kennen (Mt 24,33).

Schlussgedanken

Meiner Meinung ist nichts falsch daran, wenn Christen aufgeregt sind, dass wir offenbar in der Endzeit leben. Es ist gut, ein gerechtes Leben zu führen und die Möglichkeit zu erwarten, dass die Entrückung in jedem Augenblick stattfinden könnte. Gleichzeitig dürfen wir jedoch keine bestimmten Daten für Ereignisse in der Endzeit festlegen. Allein Gott kennt diese Daten! Wir sollten unser Leben so führen, als würde der Herr heute für uns kommen, und so planen, als müssten wir noch unser ganzes Leben hier verbringen. Auf diese Weise sind wir auf Zeit und Ewigkeit vorbereitet.

Nachwort

Miteinander diskutieren, ohne sich zu entzweien

In diesem Buch haben wir uns mit vielen Diskussionen über die Endzeit beschäftigt. Ihnen mag nicht bewusst gewesen sein, dass Christen so viele unterschiedliche Ansichten zu so vielen Fragen der biblischen Prophetie vertreten. Ich hoffe, dieses Buch hat Ihnen einen besseren Zugang zu diesen Diskussionen verschafft. Ausserdem ist es meine Hoffnung, dass es Ihnen geholfen hat, Ihren eigenen Standpunkt zu diesen Themen klarer zu sehen.

Am Ende ist es mein Herzenswunsch, einige versöhnliche Worte hinzuzufügen. Auch wenn wir über viele Feinheiten der biblischen Prophetie sprechen, sind wir in den grossen Fragen doch einer Meinung – Christus kommt zurück, wir werden eine deutlich verbesserte Version unseres Körpers empfangen (Auferstehungskörper), wir werden über unser Leben auf der Erde Rechenschaft ablegen müssen, wir werden für immer vor dem Angesicht Gottes leben und eines Tages wird es weder Sünde, noch Leid, noch den Teufel oder den Tod geben. Sind das nicht gute Nachrichten? Trotz aller Differenzen sollten wir unser Denken doch von den grossen Dingen bestimmen lassen.

Und wenn wir über die Feinheiten der biblischen Prophetie diskutieren, müssen wir uns darüber nicht entzweien. Wenn es um die Auslegung der Prophetie geht, haben wir alle eine gute Portion Demut nötig, um unsere Tendenz zum Dogmatismus zu zügeln.

Angesichts unserer grundlegenden Gemeinsamkeiten in wesentlichen christlichen Lehren (wie dem Glauben an den dreieinen Gott, die Gottheit Christi, Errettung aus Gnade allein durch Glauben usw.) sollten wir innerhalb dieser Einigkeit durchaus Vielfalt zulassen (s. Paulus' Worte in Röm 14,2–5). Menschen sind begrenzt und fehlbar, deshalb werden wir immer unterschiedliche Meinungen haben, vor allem zu nicht entscheidenden Fragen (wie den genauen Zeitpunkt der Entrückung).

Wir sind frei, unsere eigenen, in Ehren gehaltenen Ansichten zu speziellen Fragen der biblischen Prophetie zu vertreten, und das mit der völligen Überzeugung, recht zu haben. Wir sollten diese nicht entscheidenden Lehren aber nie zum Prüfstein für die christliche Gemeinschaft machen. Als Prätribulationist habe ich viele posttribulationistische Freunde, und so soll es auch weiterhin sein.

Ungeachtet, ob alle Christen vollkommen mit mir übereinstimmen in prophetischen Fragen, möchte ich als ein Christ bekannt sein, der alle anderen Christen liebt. Wenn ich meine abweichenden Auffassungen gegenüber anderen Christen zum Ausdruck bringe, möchte ich «die Wahrheit reden in Liebe» (Eph 4,15; Rev. Elberfelder 2006).

Wichtig ist nicht nur, was wir glauben, sondern auch wie wir uns verhalten. Natürlich betonte Jesus, wie wichtig die Wahrheit ist. Er sagte: «Ihr werdet die Wahrheit erkennen, und die Wahrheit wird euch frei machen!» (Joh 8,32). Aber Er sagte auch, dass die Liebe, nicht nur die Wahrheit, ein Erkennungszeichen eines Christen ist (Joh 13,35). Was ein Mensch sagt, kann richtig sein, aber wie er es sagt, falsch. Echte Christen sollten sich bemühen, anderen zu helfen und sie zu lieben.

Ich liebe die Arbeiten von J. C. Ryle. In seinem klassischen Buch *Holiness* schreibt er, wie verletzend Worte unter Christen sein können, die anderer Meinung sind, und wie aussichtslos diese verletzenden Worte im Grunde sind:

> Ich muss protestieren gegen die verhöhnende, stichelnde und geringschätzige Sprache, die in letzter Zeit des Öfteren zu hören war. ... Eine solche Sprache ist zumindest unschicklich und steht ihren eigenen Zielen im Weg. Eine Sache, die mit einer solchen Sprache verteidigt wird, ist zu Recht verdächtig. Die Wahrheit braucht derartige Waffen nicht. Wenn wir mit den Menschen nicht einer Meinung sind, dürfen wir nicht unhöflich und verächtlich über ihre Ansichten sprechen.[210]

Daher ruft Ryle dazu auf: «Lasst uns einander mit Barmherzigkeit beurteilen», und jenen, die in einigen Punkten nicht unserer Ansicht sind, «mit Verbitterung und Kälte zu begegnen, beweist nur, dass wir echte Heiligkeit nicht kennen».[211]

Der Theologe J. I. Packer verwendet ein ähnliches Bild, um uns zu zeigen, wie wichtig ein barmherziges Verhalten im Leib Christi ist:

> Wie sollten sich Familien – Geschwister, insbesondere Brüder und Schwestern – benehmen? Sie werden wohl nicht bestreiten, dass Geschwister wie Familienmitglieder aussehen und sich auch so verhalten sollten. Wenn Brüder und Schwestern nie zusammenkommen, nie miteinander reden, einander völlig gleichgültig erscheinen, ist das ein unnatürlicher und skandalöser Zustand. Das gilt für jede menschliche Familie. Ich sage Ihnen ohne Angst vor Widerspruch: dasselbe gilt auch für die Familie Gottes ... Spaltungen in der Gemeinde, die die Familie davon abhalten, wie eine Familie zu handeln, und den Leib daran hindern, wie ein Leib zu funktionieren ... sind unnatürlich; unnatürlich bis schändlich.[212]

Der bessere Weg ist der Weg der Liebe und Barmherzigkeit.

Ich denke, der Apostel Paulus traf das perfekte Gleichgewicht, als er die Epheser ermahnte, «die Wahrheit [zu] reden in Liebe» (Eph 4,15; Rev. Elberfelder 2006). Wenn wir versuchen, liebevoll die Wahrheit zu sagen, stellen wir möglicherweise fest, dass unsere Sicht zu einem bestimmten Thema falsch ist und andere recht haben. Doch selbst wenn wir recht haben, sollten wir unsere Auffassung demütig vertreten (1. Petr 3,15). Gewiss sollten wir nie die Gemeinschaft aufkündigen oder nicht mehr mit denen zusammenarbeiten, die andere Ansichten zu nicht entscheidenden Fragen haben (wie dem genauen Zeitpunkt der Entrückung, dem Zeitpunkt der Invasion aus Hesekiel oder dem speziellen Dienst der 144 000 Juden in Offenbarung 7).

Ich schliesse mit einer einfachen, aber altbekannten Ermahnung:

In entscheidenden Punkten – Einigkeit;
in nicht entscheidenden Punkten – Freiheit;
und in allen anderen Dingen – Barmherzigkeit.

Die Wahrheit in Liebe zu reden, mag nicht immer einfach sein, aber es ist barmherzig!

Bibliografie

Alcorn, Randy. *Heaven*. Wheaton: Tyndale House, 2004.

Barnhouse, Donald Grey. *Revelation: An Expository Commentary*. Grand Rapids: Zondervan, 1971.

Boa, Kenneth und Robert Bowman. *Sense and Nonsense about Heaven and Hell*. Grand Rapids: Zondervan, 2007.

Fruchtenbaum, Arnold. *The Footsteps of the Messiah*. San Antonio: Ariel Ministries, 2004.

Habermas, Gary und J. P. Moreland. *Immortality: The Other Side of Death*. Nashville: Thomas Nelson, 1992.

Hays, J. Daniel, J. Scott Duvall und C. Marvin Pate. *Dictionary of Biblical Prophecy and End Times*. Grand Rapids: Zondervan, 2007.

Hindson, Ed. *Revelation: Unlocking the Future*. Chattanooga: AMG, 2002.

Hitchcock, Mark. *Bible Prophecy*. Wheaton: Tyndale House, 1999.

Hoyt, Herman. *The End Times*. Chicago: Moody, 1969.

Ice, Thomas und Timothy Demy. *Prophecy Watch*. Eugene: Harvest House, 1998.

Jeremiah, David. *Escape the Coming Night: An Electrifying Tour of the World as It Races Toward Its Final Days*. Dallas: Word, 1990.

LaHaye, Tim und Ed Hindson. *The Popular Bible Prophecy Commentary*. Eugene: Harvest House, 2006.

– *The Popular Encyclopedia of Bible Prophecy*. Eugene: Harvest House, 2004.

LaHaye, Tim und Jerry Jenkins. *Are We Living in the End Times?* Wheaton: Tyndale House, 1999.

Newell, William. *Revelation: Chapter-by-Chapter*. Grand Rapids: Kregel, 1994.

Pache, Rene. *The Future Life*. Chicago: Moody, 1980.

Pentecost, J. Dwight. *Things to Come*. Grand Rapids: Zondervan, 1964.

Price, Walter K. *The Coming Antichrist*. New Jersey: Loizeaux Brothers, 1985.

Rhodes, Ron. *40 Days Through Revelation: Uncovering the Mystery of the End Times*. Eugene: Harvest House, 2013.

– *Northern Storm Rising: Russia, Iran, and the Emerging End-Times Military Coalition Against Israel*. Eugene: Harvest House, 2008.

– *Unmasking the Antichrist*. Eugene: Harvest House, 2012.

Richardson, Joel. *The Islamic Antichrist*. Los Angeles: WND, 2009.

– *Epicenter: Why Current Rumblings in the Middle East Will Change Your Future*. Carol Stream: Tyndale House, 2006.

Ryrie, Charles C. *Dispensationalism Today*. Chicago: Moody, 1965.

Swindoll, Charles. *Insights on Revelation*. Grand Rapids: Zondervan, 2011.

Thomas, Robert L. *Revelation 1–7: An Exegetical Commentary*. Chicago: Moody, 1992.

– *Revelation 8–22: An Exegetical Commentary*. Chicago: Moody, 1995.

Walvoord, John F. *Daniel: The Key to Prophetic Revelation*. Chicago: Moody, 1971.

– *End Times*. Nashville: Word, 1998.

– *The Millennial Kingdom*. Grand Rapids: Zondervan, 1975.

– *The Prophecy Knowledge Handbook*. Wheaton: Victor, 1990.

Wood, Leon J. *The Bible and Future Events: An Introductory Summary of Last-Day Events*. Grand Rapids: Zondervan, 1973.

– *A Commentary on Daniel*. Grand Rapids: Zondervan, 1973.

Andere beim Mitternachtsruf erschienene Bücher von Ron Rhodes:

Die Chronologie der Endzeit

In 90 Tagen durchs Neue Testament

Fussnoten

1 Charles Swindoll und Roy B. Zuck, Hrsg., *Understanding Christian Theology* (Nashville: Thomas Nelson, 2003), S. 1368.

2 Floyd Hamilton, *The Basis of the Millennial Faith* (Grand Rapids: Eerdmans, 1955), S. 38.

3 Zitiert in Arnold Fruchtenbaum, *The Footsteps of the Messiah* (San Antonio: Ariel Ministries, 1983), ohne Seitenangabe.

4 Charles C. Ryrie, *The Basis of the Premillennial Faith* (Dubuque, IA: ECS Ministries, 2005), ohne Seitenangabe.

5 Ryrie, *The Basis of the Premillennial Faith.*

6 Charles Feinberg, *Premillennialism or Amillennialism* (Grand Rapids: Zondervan, 1936), S. 39.

7 Siehe z. B. Cyrus Ingersol Scofield, *Rightly Dividing the Word of Truth* (Prosser, WA: Classic Christian Reprints, 2008).

8 Siehe John F. Walvoord, *The Millennial Kingdom: A Basic Text in Premillennial Theology* (Grand Rapids: Zondervan, 1983); Charles C. Ryrie, *The Basis of Premillennial Faith* (Dubuque, IA: Loizeaux Brothers, 1981).

9 Siehe Craig A. Blaising und Darrell L. Bock, Hrsg., *Dispensationalism, Israel and the Church: The Search for Definition* (Grand Rapids: Zondervan, 2010).

10 Thomas Ice, «What Is Progressive Dispensationalism?» www.raptureready.com/featured/ice/WhatIsProgressiveDispensationalism

11 Robert Saucy, *The Case for Progressive Dispensationalism* (Grand Rapids: Zondervan, 1993), S. 69–75.

12 Ice, «What Is Progressive Dispensationalism?»

13 Siehe z. B. Oswald T. Allis, *Prophecy and the Church* (Eugene: Wipf & Stock, 2001).

14 Paul Enns, *The Moody Handbook of Theology*, überarbeitete Ausgabe (Chicago: Moody, 1989), S. 490.

15 Norman Geisler, *Systematic Theology*, Bd. 4, *Church, Last Things* (Minneapolis: Bethany House, 2005), ohne Seitenangabe.

16 Siehe z. B. Anthony A. Hoekema, *The Bible and the Future* (Grand Rapids: Eerdmans, 1994).

17 Zitiert in Thomas Ice, «What Is Replacement Theology?» www.pre-trib.org/data/pdf/Ice-WhatisReplacementThe.pdf.

18 Kenneth L. Gentry, «Supersessional Orthodoxy; Zionistic Sadism», *Dispensationalism in Transition*, Bd. 6, Nr. 2 (Februar 1993), S. 1.

19 Gentry, «Supersessional Orthodoxy; Zionistic Sadism».

20 Zitiert in Thomas Ice, «What Is Replacement Theology?»

21 Hans LaRondelle, *The Israel of God in Prophecy* (Berrien Springs, MI: Andrews University Press, 1983), S. 108.

22 Justin der Märtyrer, *Dialogue with Trypho* 11, in *Ante-Nicene Fathers*, 1:200.

23 S. Lewis Johnson, «Paul and ‹The Israel of God›: An Exegetical and Eschatological Case Study», in *Essays in Honor of J. Dwight Pentecost*, Hrsg. Stanley Toussaint und Charles Dyer (Chicago: Moody Press, 1986), S. 183.

24 Zitiert in Randall Price, *Jerusalem in Prophecy* (Eugene: Harvest House, 1998), S. 234.

25 Russell Jones, *The Latter Days* (Grand Rapids: Baker, 1961), S. 83.

26 Thomas Constable, «Notes on Galatians», *Constable's Expository Notes on the Bible*, www.soniclight.com/constable/notes/pdf/galatians.pdf.

27 F.F. Bruce, *The Epistle to the Galatians* (Grand Rapids: Eerdmans, 1982), S. 275.

28 S. Lewis Johnson, «Paul and ‹The Israel of God›: An Exegetical and Eschatological Case Study», in *Essays in Honor of J. Dwight Pentecost*, Hrsg. Stanley Toussaint und Charles Dyer (Chicago: Moody Press, 1986), S. 189.

29 Peter Richardson, *Israel in the Apostolic Church* (Cambridge: Cambridge University, 1969), S. 83.

30 Zitiert in Mark Hitchcock, *The Late Great United States* (Colorado Springs: Multnomah, 2009), S. 129–130.

31 Mark Hitchcock, *The End: A Complete Overview of Bible Prophecy and the End of Days* (Wheaton: Tyndale House, 2012), S. 107.

32 Arnold Fruchtenbaum, *The Footsteps of the Messiah* (San Antonio: Ariel Ministries, 2004), S. 108.

33 Hitchcock, *The End*, S. 107.

34 Hitchcock, *The End*, S. 107.

35 Ausgezeichnete Informationen zu diesem Thema finden sich in Mark Hitchcock, *The Late Great United States* (Colorado Springs: Multnomah, 2009), S. 93.

36 Siehe Tim LaHaye und Ed Hindson, *Global Warning: Are We on the Brink of World War III?* (Eugene, Harvest House, 2008); s. auch Ron Rhodes, *Northern Storm Rising* (Eugene, Harvest House, 2008). Kap. 1–3.

37 John F. Walvoord und Mark Hitchcock, *Armageddon, Oil, and Terror* (Carol Streams: Tyndale House, 2007), S. 72.

38 Thomas Ice, «Are We Living in the Last Days?» www.raptureready.com/featured/ice/AreWeLivingintheLastDays.html.

39 Ice, «Are We Living in the Last Days?»

40 J. Dwight Pentecost, «Where Do the Events in Ezekiel 38–39 Fit into the Prophetic Picture?» Bibliotheca Sacra (Oktober–Dezember 1957), S. 334–346.

41 Harold Hoehner, «The Progression of Events in Ezekiel 38–39», in *Integrity of Heart, Skillfulness of Hands*, Hrsg. Charles Dyer und Roy B. Zuck (Grand Rapids: Baker Books, 1994), S. 84.

42 Thomas Ice, «Ezekiel 38 and 39, Part 1», www.pre-trib.org/data/pdf/Ice-(Part1)Ezekiel38&39.pdf.

43 Siehe John F. Walvoord, *End Times* (Nashville: Word, 1998), S. 124.

44 Arnold Fruchtenbaum, *The Footsteps of the Messiah* (San Antonio: Ariel Ministries, 2004), S. 118–119.

45 Mark Hitchcock, *Iran: The Coming Crisis* (Colorado Springs: Multnomah Books, 2006), S. 182–184.

46 J. Dwight Pentecost, *Things to Come* (Grand Rapids: Zondervan, 1965), S. 352.

47 Pentecost, «Where Do the Events in Ezekiel 38–39 Fit into the Prophetic Picture?»

48 Ralph H. Alexander, «A Fresh Look at Ezekiel 38 and 39», *Journal of the Evangelical Theological Society* 17 (Sommer 1974), S. 157–169.

49 J. Paul Tanner, «Rethinking Ezekiel's Invasion by Gog», *Journal of the Evangelical Theological Society* 39, Nr. 1 (März 1996), S. 29–46, www.etsjets.org/files/JETS-PDFs/39/39-1/39-1-pp029-046_JETS.pdf.

50 Mark Hitchcock, *Bible Prophecy* (Wheaton: Tyndale House, 1999), S. 214–215.

51 Alexander, «A Fresh Look at Ezekiel 38 and 39».

52 Siehe John F. Walvoord, *The Rapture Question* (Grand Rapids: Zondervan, 1979); J. Dwight Pentecost, *Things to Come* (Grand Rapids: Zondervan, 1965), Charles C. Ryrie, *The Basis of Premillennial Faith* (Dubuque: Loizeaux Brothers, 1981).

53 Renald Showers, *Maranatha: Our Lord Come!* (Bellmawr: Friends of Israel, 1995), S. 214.

[54] Arnold Fruchtenbaum, *The Footsteps of the Messiah* (San Antonio: Ariel Ministries, 2004), ohne Seitenangabe.

[55] Zitiert in Showers, *Maranatha: Our Lord Come!*, S. 197. S. auch Ron Rhodes *Five Views on the Rapture: What You Need to Know* (Eugene: Harvest House, 2011).

[56] Showers, *Maranatha: Our Lord Come!*, S. 128.

[57] Siehe J. Oliver Buswell, *Systematic Theology of the Christian Religion* (Grand Rapids: Zondervan, 1962); Merrill C. Tenney, *Interpreting Revelation* (Grand Rapids: Eerdmans, 1988); Gleason L. Archer u. a., *Three Views on the Rapture* (Grand Rapids: Zondervan, 1966).

[58] Siehe Herman Hoyt, The End Times (Chicago: Moody Press, 1969), S. 82; Robert Lightner, *The Last Days Handbook* (Nashville: Thomas Nelson, 1990), S. 66.

[59] Charles C. Ryrie, *Basic Theology* (Chicago: Moody, 1999), S. 581. S. auch Ron Rhodes *Five Views on the Rapture: What You Need to Know* (Eugene: Harvest House, 2011).

[60] Hoyt, The End Times, S. 83.

[61] Siehe George Eldon Ladd, *The Blessed Hope: A Biblical Study of the Second Advent and the Rapture* (Grand Rapids: Eerdmans, 1955); Robert Gundry, *The Church and the Tribulation: A Biblical Examination of Posttribulationism* (Grand Rapids: Zondervan, 2010); Alexander Reese, *The Approaching Advent of Christ* (Grand Rapids: Grand Rapids International, 1975).

[62] Charles C. Ryrie, *Basic Theology* (Chicago: Moody, 1999), ohne Seitenangabe.

[63] Siehe Ron Rhodes *Five Views on the Rapture: What You Need to Know* (Eugene: Harvest House, 2011).

[64] Robert Van Kampen, *The Rapture Question Answered* (Grand Rapids: Revell, 1997); Marvin Rosenthal, *Prewrath Rapture of the Church* (Nashville: Thomas Nelson, 1990).

[65] Siehe John F. Walvoord, *The Rapture Question* (Grand Rapids: Zondervan, 1979); J. Dwight Pentecost, *Things to Come* (Grand Rapids: Zondervan, 1965), Charles C. Ryrie, *The Basis of Premillennial Faith* (Dubuque: Loizeaux Brothers, 1981).

[66] Norman Geisler, *Church/Last Things*, Bd. 4 von *Systemnatic Theology* (Minneapolis: Bethany House, 2005), ohne Seitenangabe.

[67] Siehe z. B. Robert Govett, *Robert Govett on Revelation* (Haysville: Scohoettle, 2010); Joseph A. Seiss, *The Apocalypse: Lectures on the Book of Revelation* (New York: Cosimo Classics, 2007).

[68] Thomas Waugh, *When Jesus Comes* (London: Charles Kelly, 1901), S. 108.

69 Siehe Ron Rhodes, *Five Views on the Rapture: What You Need to Know* (Eugene: Harvest House, 2011); Ron Rhodes, *Dictionary of Bible Prophecy* (Eugene: Harvest House, 2010), s. d. «Partial Rapture.»

70 Herman Hoyt, *The End Times* (Chicago: Moody Press, 1969), S. 91.

71 Bernard Ramm, *Protestant Bible Interpretation* (Grand Rapids: Baker, 1978), S. 105.

72 J. I. Packer, *«Fundamentalism» and the Word of God* (Grand Rapids: Eerdmans, 1958), S. 102.

73 John F. Walvoord, «Revelation» in *Bible Knowledge Commentary*, New Testament edition, Hrsg. John F. Walvoord und Roy B. Zuck (Wheaton: Victor Books, 1983), S. 926.

74 Alan Johnson, *Revelation*, Bd. 12 von *The Expositor's Bible Commentary*, Hrsg. Frank E. Gaebelein (Grand Rapids: Zondervan, 1981), S. 410.

75 George Eldon Ladd, *A Theology of the New Testament*, Hrsg. Donald A. Hagner (Grand Rapids: Eerdmans, 1993), S. 672.

76 Siehe David Chilton, *The Days of Vengeance: An Exposition of the Book of Revelation* (Waterbury Center: Dominion Press, 2006).

77 Siehe z. B. Hank Hanegraaff, *The Apocalypse Code: Find Out What the Bible REALLY Says About the End Times ... and Why It Matters Today* (Nashville: Thomas Nelson, 2010); Gary DeMar, *Last Days Madness: Obsession of the Modern Church* (Atlanta: American Vision, 1999).

78 Charles C. Ryrie, *The Basis of the Premillennial Faith* (Dubuque: ECS Ministries, 2005), ohne Seitenangabe.

79 Robert Jamieson, A. R. Fausset und David Brown, *Commentary Critical and Explanatory on the Whole Bible* (Hartford: S. S. Scranton, 1871), S. 641.

80 Matthew Henry, *Matthew Henry's Commentary on the Whole Bible*, Bd. 4, *Isaiah to Malachi* (New York: Revell, 1712), S. 1094–1095.

81 John F. Walvoord und Roy B. Zuck, «Additional Commentary on Daniel 9,25–27», in *The Bible Knowledge Commentary*, Old Testament edition, Hrsg. John F. Walvoord und Roy B. Zuck (Wheaton: Victor Books, 1983), S. 1362.

82 Siehe Mark Hitchcock, *101 Antworten auf die meistgestellten Endzeitfragen* (Schweiz, 8600 Dübendorf, Verlag Mitternachtsruf, 2015), S. 71.

83 Gary DeMar, *Last Days Madness: Obsession of the Modern Church* (Atlanta: American Vision, 1999), S. 358.

84 Siehe z. B. *Adam Clarke's Commentary on the Bible* (Grand Rapids: Baker, 1983).

85 J. Massyngberde Ford, *Revelation*, Bd. 38 von *The Anchor Bible*, Hrsg. William Foxwell Albright und David Noel Freedman (Garden City: Doubleday, 1975), S. 54–56, 93, 259–307.

86 Thomas Ice, «Babylon in Bible Prophecy», www.raptureready.com/featured/ice/BabylonInBibleProphecy.html.

87 Alan F. Johnson, «Babylon», in *Hebrews Through Revelation*, Hrsg. Frank E. Gaebelein, Bd. 12 von *The Expositor's Bible Commentary* (Grand Rapids: Zondervan, 1982), s. Anmerkung zu Offenbarung 7,4.

88 Matthew Henry, *Matthew Henry's Concise Commentary on the Whole Bible* (Nashville: Thomas Nelson, 2003), s. Anmerkung zu Offenbarung 7,4.

89 *The ESV Study Bible* (Wheaton: Crossway, 2008). Siehe Anmerkungen zu Offenbarung 7,4–8.

90 Thomas Constable, «Notes on Galatians», in *Constable's Expository Notes on the Bible*, www.soniclight.com/constable/notes/pdf/galatians.pdf. Siehe Anmerkungen zu Galater 3,29.

91 Constable, «Notes on Galatians».

92 In allen Zeitaltern hatte Gott Seinen treuen Überrest. Obwohl Elias Zeit beispielsweise durch einen grossen Abfall vom Glauben gekennzeichnet war, erfahren wir in 1. Könige 19,18, dass Gott noch 7000 Menschen treu geblieben waren (s. auch Jes 1,9; 4,3; 11,16; Jer 6,9; Hes 14,22; Mi 2,12; Röm 9,27; 11,5). In der Drangsalszeit werden zum treuen jüdischen Überrest sowohl die 144 000 jüdischen Zeugen (Offb 7) als auch die zwei prophetischen Zeugen Gottes gehören (Offb 11).

93 Dr. Pentecost erwähnte dies in seinem Kurs zur Offenbarung am Dallas Theological Seminary, 1981.

94 John Gill, «Revelation 11», in *John Gill's Exposition on the Whole Bible*, www.studylight.org/com/geb/view.cgi?bk=65&ch=11. Siehe Anmerkungen zu Vers 3.

95 Leon Morris, *Revelation*, Bd. 20 von *Tyndale New Testament Commentaries*, Hrsg. Leon Morris (Downers Grove: IVP Academic, 2008). Siehe Anmerkungen zu Offenbarung 11,3.

96 Kenneth L. Barker, u. a., Hrsg., *The Expositor's Bible Commentary*, gekürzte Ausgabe, Bd. 2 (Grand Rapids: Zondervan, 2004). Siehe Anmerkungen zu Offenbarung 11,3.

97 *The ESV Study Bible* (Wheaton: Crossway, 2008). Siehe Anmerkungen zu Offenbarung 11,3.

98 Thomas Constable, «2 Thessalonians», in *The Bible Knowledge Commentary*, New Testament edition, Hrsg. John F. Walvoord und Roy B. Zuck (Wheaton: Victor Books, 1983). Siehe Anmerkungen zu 2. Thessalonicher 2,7.

99 Paul Feinberg, «2 Thessalonians 2 and the Rapture», in *When the Trumpets Sounds*, Hrsg. Thomas Ice und Timothy Demy (Eugene: Harvest House, 1995), S. 307.

[100] Arnold G. Fruchtenbaum, *The Footsteps of the Messiah* (San Antonio: Ariel Ministries, 2003), ohne Seitenangabe.

[101] Fruchtenbaum, *The Footsteps of the Messiah.*

[102] Feinberg, «2 Thessalonians 2 and the Rapture», S. 307.

[103] Feinberg, «2 Thessalonians 2 and the Rapture», S. 307.

[104] Thomas Constable, «2 Thessalonians», in *The Bible Knowledge Commentary*, New Testament edition, Hrsg. John F. Walvoord und Roy B. Zuck (Wheaton: SP Publications 1983), S. 719.

[105] Tim LaHaye und Ed Hindson, Hrsg., *The Popular Bible Prophecy Commentary* (Eugene: Harvest House, 2006), S. 455.

[106] Mal Couch, «Restrainer», in *The Popular Encyclopedia of Bible Prophecy*, Hrsg. Tim LaHaye und Ed Hindson (Eugene: Harvest House, 2004), S. 325.

[107] Mark Hitchcock, *Is the Antichrist Alive Today?* (Colorado Springs: Multnomah, 2002), S. 83.

[108] Couch, «Restrainer», S. 325.

[109] Zitiert in David Jeremiah, *The Coming Economic Armageddon* (New York: Faith Words, 2010), S. 114.

[110] Joel Richardson und Joseph Farah sind zwei Befürworter dieser Theorie, mit denen ich gesprochen habe.

[111] Die folgende kurze Zusammenfassung basiert teilweise auf den Nachforschungen meines Freundes David R. Reagan, der im Dezember 2010 auf der jährlichen Prätribulationismuskonferenz in Dallas, Texas, ein Papier mit dem Titel «The Muslim Antichrist Theory: An Evaluation» (Die Theorie eines muslimischen Antichristen: Eine Einschätzung) präsentierte. Eine Abschrift ist online erhältlich auf lamblion.com/articles/articles_islam6.php.

[112] Die Scharia ist der moralische Kodex und das religiöse Gesetz des Islam.

[113] Joel Richardson, *The Islamic Antichrist* (Los Angeles: WND Books, 2009), S. 171–175.

[114] Richardson, *The Islamic Antichrist*, S. 50.

[115] Reagan, «The Muslim Antichrist Theory: An Evaluation».

[116] Kenneth Boa, *Cults, World Religions, and You* (Wheaton: Victor Books, 1979), S. 49.

[117] Siehe Ron Rhodes, *Reasoning from the Scriptures with Muslims* (Eugene: Harvest House, 2002), S. 36–37.

[118] Zitiert in Reagan, «The Muslim Antichrist Theory: An Evaluation». S. auch Ron Rhodes, *The 10 Things You Need to Know About Islam* (Eugene: Harvest House, 2007), S. 43, 106.

119 Denken Sie nur daran, dass der iranische Präsident Mahmud Ahmadinedschad 2006 die Worte Khomeinis zitierte: «Das Okkupationsregime über Jerusalem sollte von den Seiten der Zeit verschwinden.» Siehe «Israel's Deputy Prime Minister Admits Ahmadinejad Never Said Israel Should Be ‹Wiped Off the Face of the Map›», *Common Dreams*, 18. April 2012, www.commondreams.org/headline/2012/04/18-2.

120 Richardson, *The Islamic Antichrist*, S. 182–183.

121 Richardson, *The Islamic Antichrist*, S. 184.

122 Richardson, *The Islamic Antichrist*, S. 182–183.

123 Larry Witham, «Falwell Angers Jews with Antichrist Talk», *The Washington Times*, 20. Januar, 1999.

124 Zitiert in Witham, «Falwell Angers Jews with Antichrist Talk».

125 Chana Shavelson, «Jews, Christians Speak Out After Falwell's Assertion That Antichrist Is Jewish Man», *The Jewish Advocate*, 25. März 2011.

126 Associated Press, «Falwell Says Christ Will Return Soon, Antichrist Is Jewish, May Be Alive Now», *The Virginian-Pilot*, 16. Januar 1999.

127 Zitiert in Thomas Ice, «The Ethnicity of the Antichrist», Rapture Ready, www.raptureready.com/featured/ice/TheEthnicityofTheAntichrist.html.

128 Charles Hodge, *Systematic Theology* (Peabody: Hendriksen, 1999), ohne Seitenangabe.

129 Arthur W. Pink, *The Antichrist: A Study of Satan's Christ* (Blacksburg: Wilder, 2008), S. 28.

130 Grant R. Jeffrey, *Prince of Darkness: Antichrist and the New World Order* (Toronto: Frontier Research Publications, 1994), S. 39.

131 Pink, *The Antichrist*, S. 29.

132 Hodge, *Systematic Theology.*

133 David Parsons, «The Antichrist», *The Jerusalem Post*, 24. Januar 1999.

134 Hodge, *Systematic Theology.*

135 Siehe David Reagan, «The Rise and Fall of the Antichrist», Rapture Ready, www.raptureready.com/featured/reagan/dr33.html

136 Robert H. Mounce, *The Book of Revelation*, Bd. 18 von *The New International Commentary on the New Testament*, Hrsg. Gorden Fee und Joel Green (Grand Rapids: Eerdmans, 1977), S. 169–170.

137 Arnold Fruchtenbaum, *The Nationality of the Anti-Christ* (Englewood: American Board of Missions to the Jews, ohne Jahresangabe), S. 24, 26.

138 Tim LaHaye und Jerry Jenkins, *Are We Living in the End Times?* (Wheaton: Tyndale House, 1999), S. 281.

139 Henry Morris, «Biblical Naturalism and Modern Science», *Bibliotheca Sacra* 125 (Juli–September 1968), S. 195–204.

140 John A. Witmer, «The Doctrine of Miracles», *Bibliotheca Sacra* 130 (April 1973), S. 126–134.

141 Charles C. Ryrie, *Balancing the Christian Life* (Chicago: Moody Press, 1978), S. 124.

142 Charles C. Ryrie, *A Survey of Bible Doctrine* (Chicago: Moody Press, 1980), S. 94.

143 Charles C. Ryrie, *Basic Theology* (Wheaton: Victor Books, 1986), S. 147.

144 Ryrie, *Balancing the Christian Life*, S. 124.

145 Paul Enns, *The Moody Handbook of Theology*, überarbeitete Ausgabe (Chicago: Moody Press, 1989), S. 297.

146 Walter K. Price, *The Coming Antichrist* (Neptune: Loizeaux Brothers, 1985), S. 145.

147 Price, *The Coming Antichrist*, S. 146–147.

148 Mark Hitchcock, *The Complete Book of Bible Prophecy* (Wheaton: Tyndale House, 1999), S. 199–200.

149 Thomas Ice und Timothy Demy, *The Coming Cashless Society* (Eugene: Harvest House, 1996), S. 125–126.

150 Zitiert in Thomas Ice und Timothy Demy, *Fast Facts on Bible Prophecy from A to Z* (Eugene: Harvest House, 2004), S. 129.

151 John MacArthur, *John MacArthur Studienbibel* (Deutschland, 33661 Bielefeld, CLV Christliche Literaturverbreitung, 2002), S. 1938.

152 David Jeremiah, *The Coming Economic Armageddon: What Bible Prophecy Warns About the New Global Economy* (New York: Faith Words, 2010), S. 146.

153 John F. Walvoord, «Revelation» in *The Bible Knowledge Commentary*, New Testament edition, Hrsg. John F. Walvoord und Roy B. Zuck (Wheaton: Victor Books, 1983), S. 963.

154 Thomas Constable, «Constable's Notes on Revelation», in *Constable's Expository Notes on the Bible*, soniclight.com/constable/notes/pdf/revelation.pdf

155 John F. Walvoord, *The Final Drama: Fourteen Keys to Understanding the Prophetic Scriptures* (Grand Rapids: Kregel, 1997), S. 125.

156 Ice und Demy, *The Coming Cashless Society*, S. 132.

157 Jeremiah, *The Coming Economic Armageddon*, S. 163–164.

158 Siehe Anthony A. Hoekema, *The Bible and the Future* (Grand Rapids: Eerdmans, 1994); Oswald T. Allis, *Prophecy and the Church* (Eugene: Wipf & Stock, 2001).

159 Einige Amillennialisten mögen diese Bezeichnung nicht und schlagen andere Begriffe vor wie *realisierter Millennialismus*, um deutlich zu machen, dass sie das Millennium nicht leugnen, sondern einfach nur glauben, dass es vollständig im gegenwärtigen Zeitalter erfüllt wird, in dem Christus vom Himmel aus regiert.

160 Zitiert in Robert Lightner, *Handbook of Evangelical Theology: A Historical, Biblical, and Contemporary Survey and Review* (Grand Rapids: Baker, 1995), S. 269.

161 Siehe Charles C. Ryrie, *Basic Theology: A Popular Systematic Guide to Understanding Biblical Truth* (Chicago: Moody Press, 1999), ohne Seitenangabe.

162 Zitiert in Charles C. Ryrie, *Basic Theology: A Popular Systematic Guide to Understanding Biblical Truth* (Chicago: Moody Press, 1999), S. 511.

163 Siehe Paul Enns, *The Moody Handbook of Theology*, überarbeitete Ausgabe (Chicago: Moody, 1989), S. 408; Ryrie, *Basic Theology*, Kap. 78.

164 Charles C. Ryrie, *A Survey of Bible Doctrine* (Chicago: Moody Press, 1972), S. 163.

165 Siehe Loraine Boettner, *Millennium* (Phillipsburg: Presbyterian and Reformed, 1990).

166 Enns, *The Moody Handbook of Theology*, S. 370.

167 Siehe John F. Walvoord, *The Millennial Kingdom* (Grand Rapids: Zondervan, 1975); s. auch Charles C. Ryrie, *Dispensationalism Today* (Chicago: Moody, 1965).

168 Siehe George Eldon Ladd, *The Blessed Hope: A Biblical Study of the Second Advent and the Rapture* (Grand Rapids: Eerdmans, 1990).

169 Paul Enns, *The Moody Handbook of Theology*, überarbeitete Ausgabe (Chicago: Moody, 1989), S. 418–419.

170 Siehe z. B. John Nelson Darby, *Notes on the Book of Revelation* (Whitefish, MT: Kessinger, 2009); Lewis Sperry Chafer, *Systematic Theology* (Grand Rapids: Kregel, 1993).

171 Charles Berlitz, *Doomsday 1999 AD* (New York: Doubleday & Company, 1981), S. 9.

172 Basierend auf Berlitz, *Doomsday 1999 AD* und Frederick H. Marten, *The Story of Human Life*, zitiert in *Critique* 31 (Juni–September 1989), S. 65.

173 Siehe z. B. Bill Lawren, «Are You Ready for Millennial Fever?» *Utne Reader 38* (März–April 1990); Stanley Young, «An Overview of the End», *Critique* 31 (Juni–September 1989), S. 28–31.

174 Beachten Sie, dass die meisten Berichte über Turbulenzen und Panik, die unmittelbar vor dem Jahr 1000 n. Chr. auftraten, indirekt aus *Histories*

of Raoul Glaber stammen, von einem burgundischen Mönch, der im späten 10. Jahrhundert geboren wurde.

175 Russell Chandler, *Doomsday: The End of the World* (Ann Arbor: Servant, 1993), S. 54.

176 Siehe Chandler, *Doomsday*, S. 52.

177 Yuri Rubinsky und Ian Wiseman, *A History of the End of the World* (New York: William Morrow, 1982), S. 66.

178 Chandler, *Doomsday*, S. 54.

179 Chandler, *Doomsday*, S. 54.

180 Louis Berkhof, *The History of Christian Doctrines* (Grand Rapids: Baker, 1981), S. 263.

181 Philip Schaff, *History of the Christian Church*, Bd. 2 (Grand Rapids: Eerdmans, 1994), S. 348.

182 Stanley J. Grenz, *The Millennial Maze: Sorting Out Evangelical Options* (Downers Grove: InterVarsity, 1992), S. 14.

183 Grenz, *The Millennial Maze*, S. 44.

184 Henri Focillon, *The Year 1000* (New York: Frederick Ungar, 1969), S. 59–60.

185 Siehe R. Gustav Niebuhr, «Millennium Fever: Prophets Proliferate, The End Is Near», *Wall Street Journal*, 5. Dezember 1989, A5.

186 Zitiert in Grenz, *The Millennial Maze*, S. 19.

187 Grenz, *The Millennial Maze*, S. 22.

188 Chandler, *Doomsday*, S. 60.

189 Chandler, *Doomsday*, S. 67.

190 John Hogue, «The Millennium: The Last Predictions – Nostradamus and our Future», *Critique* 31, S. 43.

191 Zitiert in Chandler, *Doomsday*, S. 62.

192 Zitiert in Lawren, «Are You Ready for Millennial Fever?», S. 96.

193 David Spangler, *Emergence: The Rebirth of the Sacred* (New York: Dell, 1984), S. 19.

194 Es wird angenommen, dass Ascended Masters ehemalige historische Personen sind, die ihre irdische Entwicklung durch Reinkarnation beendet haben. Auf ihrem Weg zur Gottheit helfen diese Ascended Masters freiwillig weniger entwickelten Menschen, die gegenwärtige Ebene des Masters zu erreichen. Angeblich lassen diese Master spirituell empfänglichen Menschen Offenbarungen zukommen.

195 Zitiert in John Dart, «Sect Leader Continues to Spread Word Despite Uproar over Forecasts», *Los Angeles Times*, 23. Februar 1991, F20.

[196] Siehe Ron Rhodes, «What's New in the Headlines?» *Christian Research Newsletter*, Bd. 3, Nr. 3, S. 6.

[197] Zitiert in Timothy Egan, «Guru's Bomb Shelter Hits Legal Snag», *New York Times*, 24. April 1990, A8.

[198] William Alnor, *Soothsayers of the Second Advent* (Grand Rapids: Eerdmans, 1989), S. 31.

[199] Alnor, *Soothsayers of the Second Advent*, S. 33.

[200] Zitiert in Alnor, *Soothsayers of the Second Advent*, S. 29.

[201] Alnor, *Soothsayers of the Second Advent*, S. 31.

[202] Zitiert in Perucci Ferraiuolo, «Could ‹1994› Be the End of Family Radio?» *Christian Research Journal* (Sommer 1993), S. 5.

[203] Zitiert in Ferraiuolo, «Could ‹1994› Be the End of Family Radio?», S. 5.

[204] Harold Camping, *Open Forum* Programm, 4. September 1992.

[205] Harold Camping, *1994?* (Burlington: Vantage Press, 1992), S. xvi.

[206] Mary Stewart Relfe, *Economic Advisor*, 28. Februar 1983.

[207] Lester Sumrall, *I Predict 2000 AD* (South Bend: Sumrall, 1987), S. 74.

[208] Siehe Ron Rhodes, «How, Then, Should We Live?» in *Northern Storm Rising* (Eugene: Harvest House, 2008).

[209] Siehe z. B. Gerald A. Larue, «Survival in the Apocalyptic Era: A Humanist Prescription for Countering Biblical Apocalypticism», *The Humanist* (September–Oktober 1987), S. 11.

[210] J. C. Ryle, *Holiness* (Moscow, ID: Charles Nolan, 2001), S. xxiii.

[211] Ryle, *Holiness*, S. xv.

[212] J. I. Packer, *Serving the People of God* (Great Britain: Paternoster Press, 1998), S. 23.